도르트 신조(1619)

The Canons of Dort

도르트 신조(1619)

펴낸 날 · 2013년 9월 25일 | 초판 1쇄 찍은 날 · 2013년 9월 30일
지은이 · 최찬영 | 펴낸이 · 김승태
등록번호 · 제2-1349호(1992. 3. 31) | 펴낸 곳 · 예영커뮤니케이션
주소 · (136-825) 서울시 성북구 성북1동 179-56 | 홈페이지 www.jeyoung.com
출판사업부 · T. (02)766-8931 F. (02)766-8934 e-mail: edit1@jeyoung.com
출판유통사업부 · T. (02)766-7912 F. (02)766-8934 e-mail: sales@jeyoung.com

Copyright ⓒ 2013, 최찬영
ISBN 978-89-8350-865-2 (03230)

값 12,000원

이 도서의 국립중앙도서관 출판시도서목록(CIP)은 서지정보유통지원시스템 홈페이지(http://seoji.nl.go.kr)와 국가자료공동목록시스템(http://www.nl.go.kr/kolisnet)에서 이용하실 수 있습니다.(CIP제어번호: CIP2013018767)

도르트 신조(1619)

The Canons of Dort

최찬영 지음

도르트 총회 모습 13. Nov. 1618 ~ 9. May. 1619

예영커뮤니케이션

추천사

이번에 최찬영 목사님이 또 하나의 역작을 발표하게 된 것에 대해 축하와 감사의 인사를 드립니다. 도르트 신조는 1618년 11월부터 1619년 5월에 이르기까지 6개월간에 걸쳐서 영국, 독일 등 유럽의 많은 신학자들이 네덜란드 도르트레흐트Dordtrecht에 모여 (프랑스 대의원들은 참석하지 못함) 야곱 아르미니우스Jacob Arminius, 1560-1609의 제자들이 네덜란드 정부에 상소한 항서(Remonstrance) 내용을 심의하여 성경대로 믿는 구원의 도리를 정확히 확인한 역사적 신앙고백서입니다.

우리가 살고 있는 세상의 기독교 교계에는 온갖 그릇된 교리들이 순진한 성도들을 유인하고 있고, 교리를 잘 모르는 성도들이나 교역자들은 쉽게 교리적 오류에 빠져들게 됩니다. 얼마나 많은 성도들이 "신사도 운동" 같은 그릇된 교리를 따라가고 있습니까? 사도 바울은 갈라디아서 1장 8절과 9절에서 다른 복음은 없으며 오직 사도들이 전해 준 복음뿐이라는 것을 두 번씩이나 반복해서 말씀하면서 말씀이 혼란한 이 시대를 살고 있는 우리에게 밝히 가르쳐 주고, 또 엄하게 경고하고 있습니다. 본문의 "저주"(아나세마)란 말은 "위에 (하나님 앞에) 놓인 바 되었으니 만일 죄상이 드러나면 하나님의 저주를 받아 구원을 받지 못한다."는 말입니다. 그러므로 우리는 우리가 믿는 도리를 바로 알아야 합니다.

우리는 주일마다 외우는 "사도신경"과 "웨스트민스터 신앙고백서"는 알지만 다른 여러 역사적 신앙고백서들은 잘 모르고 있습니다. 지금 유럽이나 미국의 개혁주의 신앙을 지키는 교회에서는 "개혁주의 3대 교리"The Three Forms of Unity를 믿는데, 이는 "벨직 신앙고백서"Confessio Belgica, 1561, "하이델베르그 요리문답"The Heidelberg Catechism, 1563 그리고 "도르트 신조"The Canons of Dort, 1619로서 성경의 교훈을 가장 잘 정리한 고전적 개혁주의 신앙고백서들입니다. 도르트 신조를 깊이 연구하는 사람들은 드문 것 같습니다. 도르트 신조는 성경적 구원의 도리를 가장 정확하게 가르쳐 주는 귀한 신앙고백서로서 누구나 꼭 알아 두어야 할 필수 신앙고백서입니다. 성도들은 교리를 잘 모르기 때문에 오늘날의 세대주의자들이 오도하는 그릇된 가르침에 빠지게 됩니다. 역사적 신앙고백서를 모르면 비성경적 가르침에 쉽게 넘어가게 됩니다.

이 책은 모든 성도들이 반드시 읽고 믿는 바 교리를 바로 정립해야 할 필독서sine qua non입니다. 이번에 저의 절친한 동역자 최찬영 목사님께서 선교로 바쁘신 중에도 오랜 연구의 결과물인 역작을 선보이게 되어 기쁜 마음이 한량없습니다. 최찬영 목사님은 바른 신학, 개혁주의 신앙을 전파하기 위해서 영국에 파송된 선교사님이시고, 선교 현지에서 항상 학문에 열중하며 〈칼빈 개혁신앙연구회〉를 설립하여 바른 신앙을 전파하시는 귀한 분으로, 그가 이 책에서 하는 말을 우리 모두가 귀담아 들어야 할 것입니다.

이 역작을 내놓으신 최찬영 목사님께 박수를 보내며 일반 성도들은 물론, 많은 목회자들이 이 『도르트 신조(1619)』를 통하여 개혁주의 신학을 바로 터득하여 바로 알고 바로 믿으며 하나님에게 영광을 돌리는 역사가 있어지기를 기도하며 이 책을 여러분에게 적극 추천하는 바입니다."

김명도 목사(미국 튤립교육선교회 회장, 나성 칼빈신학교 대학원 원장)

종교개혁의 가장 큰 공헌은 그리스도인의 삶에서 하나님의 주권이 회복된 것이라고 할 수 있다. 마르틴 루터Martin Luther, 1483-1546는 수도승이 되면서부터 시작하여 신학박사가 되고 학생을 가르치는 교수가 되어서도 "내가 어떻게 하면 하나님의 은혜를 받을 수 있는가"의 문제를 두고 처절한 투쟁을 하였다. 그는 당시의 가톨릭 가르침을 통해서는 구원의 확신을 가질 수 없어 수없이 절망하는 가운데 계속 구원의 길을 찾던 중 "의인은 믿음으로 말미암아 살리라(롬 1:17)."라는 말씀의 의미를 깨닫게 되었다. 이에 그는 천국의 문을 들어가는 듯한 기쁨과 확신을 가질 수 있었다. 그가 깨달은 것은 구원은 인간의 노력(공로)으로 이루어지는 것이 아니라 은혜로 주시는 하나님의 선물이라는 것이다. 즉 구원은 하나님의 주권에 달려 있다는 것이다.

그의 이 깨달음은 그 누구도 막을 수 없었다. 천국과 지옥의 권세를 가지고 있다는 교황도, 그의 목숨을 빼앗을 수 있는 황제도 이 은혜의 복음을 외치는 루터의 입을 막을 수 없었다. 그는 황제에게 불려서 보름스 제국회의로 가면서 자신이 죽을 것을 알고 자신을 키워 준 아버지를 생각하며 눈물을 흘렸다. 그러나 그는 황제 앞에서 자신의 입장을 분명히 밝혔다. 그리고 다음의 말로 자기 변호를 마쳤다.

"나는 어찌할 수 없다! 나는 여기에 서 있다. 주여, 나를 도우소서. 아멘!"

유럽의 종교개혁은 이러한 루터의 깨달음과 죽음 앞에서도 흔들리지 않는 믿음으로부터 시작되었다. 루터의 외침은 당대 최대의 학자인 인문주의자 에라스무스Desiderius Erasmus, 1469-1536도 막지 못했다. 그는 책을 통한 논쟁에서 루터에게 참패를 당했다.

하나님의 주권에 대한 가르침은 종교개혁 2세대 사람인 칼빈John Calvin, 1509-1564에게 와서 예정론으로 체계를 갖추게 되었다. 그는 당시 유럽 전역에서 서서히 힘을 얻어가는, 인간의 자유의지를 강조하는 인문주의자들의 격렬한 공격을 받으며, 그들과 많은 논쟁을 겪으면서 하나님의 주권에 대한 가르침을 어거스틴Aurelius Augustinus, 354-430의 예정론의 옷을 입혀서 체계화시킨 것이다. 칼빈의 가르침을 통해 개혁교회는 힘을 얻게 되고 유럽에서 서서히 자리를 잡게 되었다. 네덜란드에서는 개혁교회가 성장하여 구교 국가인 스페인의 지배를 벗어나 국교가 되었다. 그러나 개혁교회 내에서는 인본주의적인 에라스무스의 제자들이 적지 않게 있었다. 이들은 구원에 있어서 하나님의 주권을 거부하고, 인간은 자신의 선택으로 하나님을 믿어 구원을 받을 수 있으며, 자신의 노력으로 구원을 유지할 수 있다는 가톨릭의 가르침으로 다시 돌아간 것이다. 그러므로 개혁교회 내부에서의 충돌은 불가피하게 되고, 이를 해결하기 위해 네덜란드 도르트레히트에서 회의를 열어 결정을 내리게 되었다. 따라서 도르트 신조는 "구원은 어디에서 오는가?"에 대한 명확한 성경적인 대답을 찾은 것이다. 이 신조는 성경을 중심으로 하나님의 주권에 대한 가르침을 간결하면서도 명확하게 해설해 놓았다.

오늘날에도 17세기의 신조가 필요하냐고 생각하기 쉽다. 그러나 신자의 삶에서 가장 중요한 것 중 하나가 하나님의 주권을 인정하는 것이라는 가르침은 예수 그리스도께서 재림하시는 날까지 변하지 않는다. 하나님의 주권을 인정한다는 것은, 나의 구원이 하나님으로부터 왔으며, 하나님께서 내 삶에서 주인이 되시기를 원하신다는 의미이다. 하나님께 대한 나의 순종은 계명에 대한 구체적인 순종으로 나타나며, 천지를 창조하신 하나님 말씀이 나의 삶속에 권위와 능력으로 역사하는 것이다.

그러나 오늘날의 교회 현실은 그렇지 않다. 하나님의 주권을 가르치고 실행하는 자는 마치 산 위에서 인내하며 방주를 짓는 노아와 같다. 마음과 힘을 다해서 하나님을 사랑하며, 거룩한 삶에 힘쓰며, 이웃 사랑에 힘쓰는 그리스도인은 오히려 예외처럼 여겨진다.

오순절주의와 값싼 복음을 가르치는 잘못된 복음주의가 기승을 부리는 현실의 교회 상황에서, 하나님의 주권을 실천하면서 가르치고자 하시는 최찬영 목사님이 『도르트 신조(1619)』를 내셨다. 최찬영 목사님은 어려운 교리도 쉽게 해설하는 은사를 가지고 계신 분이라 누구라도 이 책을 통해 어렵지 않게 종교개혁 신학의 핵심을 접할 수 있을 것이다. 성도들에게 일독을 권한다.

송다니엘 목사(독일 프랑크푸르트개혁교회, 유럽개혁신학원 교장)

타락한 세상은 항상 교회의 올바른 성장을 방해하고 있다. 지상교회는 이 점을 인식하는 가운데 자라가야만 한다. 교회에 속한 성도들은 신학적으로 굳건해야 하며, 신앙적으로 풍성함을 유지해야 한다. 이는 교회를 통한 공동체적인 의미를 지니는 것으로써 올바른 교리가 없는 참된 신앙은 기대하기 어렵다는 사실을 말해 준다. 교리는 인간의 몸을 지탱하는 뼈대와 같은 역할을 감당하게 된다. 그 뼈를 중심으로 살이 자리잡고 있는 것이다. 물론 건강한 사람의 몸은 살만 찐 비만의 몸매가 아니라 근육질의 몸매를 갖추어야 한다. 튼튼한 뼈와 근육이 풍부한 살처럼 굳건한 교리와 풍성한 신앙이 교회와 성도들을 건강하게 만드는 것이다.

오늘날 한국교회는 건전한 신학에 근거한 교리가 거의 사라진 상태라 해도 과언이 아니다. 많은 교인들이 힘을 기울여 전도하고 열심히 기도하며 다양한 활동을 하고 있다. 하지만 그들에게는 마땅히 소유해야 할 참된 교리가 없다. 이는 마치 뼈대가 연약한 상태에서 과중한 살로 인해 비만해진 것과 같다. 교인 수가 많고 외적인 성장을 이루는 것이 중요한 것이 아니다. 그것은 도리어 전체를 무너뜨리게 할 수 있는 위험 부담을 안고 있다. 우리 시대의 교회는 지금이라도 교회를 통한 건강 회복에 힘쓰지 않으면 안 된다. 그러기 위해서는 성경말씀에 대한 이해와 더불어 그에 조화되는 교리를 분명히 깨달아야 한다.

교회사 가운데는 믿음의 선배들이 남긴 신앙고백서와 교리문답 등 소중한 유산들이 많이 남아 있다. 종교개혁 시대였던 1550년대 말부터 1560년대 초까지 하나님의 진리를 지키기 위해 많은 믿음의 선배들이 분투했다. 그때 나온 보편적인 신앙고백서들과 교리문답서 가운데는 스코틀랜드 신앙고백서, 프랑스 신앙고백서, 벨직 신앙고백서, 하이델베르그 요리문답 등이 있다. 당시 영국 북부의 스코틀랜드와 프랑스, 네덜란드, 독일 등 전 유럽 지역에서는 진리를 지키기 위한 믿음의 선배들의 투쟁이 멈추지 않았다. 그때 작성된 문서들은 교회에 의해 공적으로 승인되었다.

그러나 이와 같은 노력에도 불구하고 그리 오래지 않아 악한 무리들이 등장하기 시작했다. 믿음의 선배들이 작성한 소중한 문서들과 신실한 교회들의 고백을 버리고 인본주의 사상을 끌어들이는 자들이 생겨나기 시작한 것이다. 이와 같은 일은 17세기에 접어들면서 더욱 심한 기승을 부리기 시작했다. 하나님의 말씀을 경솔히 여기는 자들은 진리를 왜곡시키는 일에 열성을 냈다. 그 가운데 알미니우스Jacobus Arminius, 1560-1609 같은 사람의 잘못된 주장은 신앙이 어린 교인들에게 심각한 위협이 되었다. 그래서 1618년에는 당시 범세계적인 교회회의라 일컬을 수 있는 도르트 회의the Reformed Synod of Dordrecht가 열리게 되었다. 이 종교회의에서 '무조건적 선택, 제한 속죄, 전적 타락, 불가항력적 은혜, 성도의 견인' 등을 내용으로 하는 개혁주의 신학 교리를 확증했다. 그것이 오늘날 우리가 일반적으로 일컫는 칼빈주의 5대 교리이다.

우리는 믿음의 선배들을 통해 말씀에 기초하여 작성된 교리들은 단순한 역사적 산물이 아니라 하나님의 인도하심 가운데 허락된 은혜의 열매로 이해해야 한다. 그럼에도 불구하고 타락한 현실 교회들은 그것을 버리거나 사문화(死文化) 하고 있는 실정이다.

교회는 이를 다시금 회복되어야 한다. 그것이 역사적인 교회를 지키는 소중한 방편이 될 것이기 때문이다. 이번에 이를 위해서 영국 런던의 '다윗의교회'에서 목회하며 〈칼빈개혁신앙연구회〉를 이끌고 있는 최찬영 목사가 『도르트 신조(1619)』 해설서를 내놓았다. 이는 올바른 교리를 이해하고자 하는 일반 성도들을 염두에 두고 쓴 소중한 책이다. 혼탁해진 우리 시대의 교회들이 이 책을 통해 참된 교리를 굳건히 세워 나갈 수 있게 되기를 간절히 바란다.

이광호 목사(실로암교회)

영국에서 유학생활의 말년을 힘겹게 버티고 있던 2012년 여름, 최찬영 목사님이 목회하는 다윗의교회 수련회에 초청을 받아 가족과 함께 참석했습니다. 그때 제가 만난 이 교회의 정식 교인은 목사님 가족과 집사님 가족, 그리고 청년 한 명이 전부였습니다. 알미니안주의와 은사주의를 배경으로 하는 교단에서 목사로 장립하여 살다가, 어느 순간 개혁신앙을 알게 되어 이전의 모든 헛된 지식을 배설물로 여기고 교회를 개척하는 것은 말처럼 쉬운 일이 아닙니다.

대학 시절, 제게는 개혁신앙에 가슴 벅차하며 평생 이 길을 걷자고 손가락 걸고 다짐했던 선후배, 친구들이 있었습니다. 신대원 시절, 제게는 개혁신앙과 반대의 길을 가고 있는 교회의 현실 속에 가슴 아파하며 두 손 모아 개혁하자던 피 끓는 동지들이 있었습니다. 목사가 된 후, 제게는 타락과 배교의 경계에서 흔들거리는 교회의 범죄 앞에서 심장이 터지듯 함께 울며 이 영혼 다 바쳐 싸우자던, 그러나 이제 기억에서조차 아련한 전사들이 있었습니다. 함께 마주 건 손가락, 심장을 담아 내밀던 두 손, 흐르던 그 눈물, 오래전 그 함성은 아직도 뚜렷이 귓가에 맴도는데, 정작 그들 중 대부분의 얼굴은 이제 망각의 강 레테Lethe 저편으로 사라져 버렸습니다. 개혁신앙의 전사들조차 하나 둘 쓰러져가는 이때, 오히려 알미니안주의와 은사주의의 배경을 배설물로 여기고 교회를 개척한다는 것은 말처럼 그렇게 쉬운 일이 아닙니다.

솔직히 저는 최찬영 목사님이 쓴 이 책을 아직 읽지 못했습니다. 그러나 그가 도르트 신조에 관한 책을 쓴 이 행동은 제게 어떤 분명한 소망을 가져다 주기에는 충분했습니다. 내 손가락, 내 심장, 내 눈물, 나의 피, 심지어는 함께 부둥켜안고 흐느끼며 굳은 다짐 되새기는 일그러진 내 입술보다, 아니, 내 평생 함께 의지하며 살아갈 나의 동역자, 내 가족보다, 오히려 참새 한 마리 먹이시며 들풀 하나 입히시는 하나님의 작정과 섭리가 새로운 시대를 창조하며, 그 구속의 역사를 이어가는 힘이라는 소망! 성부 하나님께서 시작하신 것을, 성자께서 성취/회복하시고, 성령께서 적용/보존/완성하신다는 바로 이 소망!

하나님께서 이 책을 통해 이 소망을 독자들에게도 주시기를 바랍니다. 그래서 강포를 휘두르던 용사들의 활이 꺾이고, 넘어진 자들이 힘으로 그 띠를 띠며, 이제 거꾸로 그들의 활시위를 먹여 거짓 복음의 성채를 향해 날리는 새 시대의 한나의 노래가 시작되기를 바랍니다.

그러나 용사이신 여호와여, 이 전투를 준비하기 위해 도르트 신조를 먼저 독자들의 가슴에 쏘아 깊이 박히게 하옵소서!

권기현 목사(포항 샘터교회)

칼빈주의 전통 하에 있는 개혁주의 사상이 핵심적 내용으로 담겨 있는 도르트 회의의 결정은 오늘의 장로교회가 신학적 선언과 신앙 양심의 표현을 분명히 하는 한 간과하거나 경홀히 여길 수 없다. 왜냐하면 어느 시대에나 기독 종교 안에서 복음을 듣고 이로 인하여 회심에 이르고 생애 전체를 통하여 위로받을 자들에게 인간의 전적인 부패에 대한 인식과 전적인 하나님의 은혜의 차원, 인생 자체는 극한 죄인임에도 불구하고 구원의 보증에 대한 확실한 근거로서의 하나님의 끊임없는 열심과 긍휼하심에 대한 고백은 결정적이기 때문이다. 정통성을 가늠하는 본질이 가물가물해져 가는 수상한 시대에 최찬영 목사가 나그네 목회자로서 외로움과 괴로움이 많을 것임에도 불구하고 교회와 성도를 위한 유익한 글을 작성한 것에 격려와 치하의 뜻을 전한다.

강승완 목사(일산 코스모스교회)

도르트 신조는 1618년부터 1619년까지 네덜란드 도르트레히트에서 열린 총회의 결정문이다. 총회는 네덜란드 개혁교회 내에서 문제된 알미니우스파(항론파)의 견해를 심사하는 자리였으나, 회의 과정에 스위스, 영국, 독일 등 각국의 주요한 신학자들 및 목회자들의 의견서가 반영된 국제적 성격의 회의였다. 그 총회에서 구원은 인간의 어떤 조건에 의해 좌우되는 것이 아니라 하나님의 기뻐하신 뜻에 따라 주어진 선물이라는 것을 공적으로 확인하였다. 다시 말해 예지된 신앙^{fidespraevisa}과 하나님의 예정의 조건이라는 알미니우스주의자들의 견해를 이단사설^{heterodoxae}로 보고, 성경이 말하는 하나님의 진리 지식에 배치되는 것으로 보았다. 주지의 사실은 저들의 견해처럼 하나님의 절대 예정이 우리 구원에 있어서 불안을 조장하지 않는다는 데 있다. 오히려 그것은 구원의 근거를 전적으로 하나님 편에 둠으로써 우리 구원의 확실성을 증거하고 교회는 그것으로 가장 큰 위로를 받는다. 도르트레히트 총대들은 전 성경을 통해 당시 알미니우스주의자들의 견해로부터 교회를 보존하려 했다.

시간과 공간, 문화와 언어적 배경이 전혀 다름에도 성경이 하나님 말씀으로 고백되는 한, 역사의 한 시점에 남겨진 진리 지식을 우리 시대 교회가 간과해서는 안 될 것이다. 시대와 환경을 초월하여 하나님이 자신의 백성을 성경 진리로 구원하고 위로하는 역사는 오늘날도 동일하기 때문이다.

금번 출판되는 『도르트 신조(1619)』는 평이하게 쓰여진 만큼 구원에 관한 풍성한 진리 지식을 더 쉽게 얻도록 하는 데 많은 유익을 줄 것이다.

조성재 목사(화란 아펠돈신학교 조직신학 박사)

글을 시작하면서

개혁교회들은 3대 일치 신조라 불리는 벨직 신앙고백서(1561), 하이델베르그 요리문답(1563) 그리고 도르트 신조(1619)를 공통적으로 고백하며 교회에서 가르쳤습니다. 그런데 오늘날 현대교회들은 무엇을 가르치며 무엇을 고백하고 있습니까?

우리는 종교개혁의 후손들입니다. 우리의 앞선 믿음의 선진들이 우리에게 남겨 준 신앙의 유산들을 잊어버리지 말아야 합니다. 더 나아가서 그 신앙의 유산들을 교회에서 자라나는 2세들에게 가르치며 물려 주어야 합니다. 우리가 물려 주어야 할 것 중 하나가 바른 신앙의 교리와 신조들입니다.

이 책이 너무 미비하다는 것은 저자 스스로가 잘 알고 있습니다. 다만 이 책을 통하여 기독교인들이 신조들에 대해 관심을 갖고, 배우고자 하는 열정을 갖게 하는 작은 불씨가 되었으면 하는 심정으로 쓰게 되었습니다. 성도들이 쉽게 이해할 수 있도록 짧게 설명하였습니다.

한 가지 바라는 것이 있다면 앞으로 더 훌륭하고 깊이가 있는 많은 분들이 더 좋은 해설과 가르침의 책들을 냈으면 합니다. 그리하여 한국교회 안에 우리의 앞선 종교개혁주의자들이 역사적으로 남겨 준 바른 신조들과 고백서들의 가르침이 더욱 많아지기를 소원합니다. 이것이 교회와 성도들이 하나님 앞에서 바로 서는 길이며, 제2의 종교개혁이 일어날 것이라 믿습니다.

이 책이 나올 수 있도록 늘 곁에서 힘이 되어 준 사랑스런 아내, 기도로 도와주신 다윗의교회 성도님들, 원고를 지도해 주신 김명도 목사님과 송다니엘 목사님, 원고를 교정해 주신 민병곤 장로(교수)님, 그리고 아낌없이 추천서를 써 주신 목사님들께 감사드립니다.

개혁주의 성도는 개혁교회를 다녀야 합니다.
오직 하나님께만 영광을 돌립니다.

2013년 가을
다윗의교회 최찬영 목사

목차

도르트 신조(1619)

The Canons of Dort

두 번째 교리 : 그리스도의 죽으심과 인간의 구속(救贖)

세 번째, 네 번째 교리 : 인간의 타락(墮落)과 하나님께의 회심(回心),
그리고 회심 후의 태도

I. 서 론

TULIP

Total Depravity

Unconditional Election

Limited Atonement

Irresistible Grace

Perseverance of the Saints

교회의 역사를 살펴보면 참된 신앙을 오염시키고 변질시키는 거짓 가르침들이 거짓 교사와 목사들을 통하여 전해졌음을 볼 수 있습니다. 그들은 교회 안에서 신조(고백서)를 가르치지 않습니다. 그들은 신조를 무시하고 멀리합니다. 그러나 정통 기독교에서는 이 신조들을 중요시 여기며 가르쳤습니다. 특히 칼빈(개혁)주의 교회와 성도들은 무엇보다도 신조를 중요하게 여겼습니다. 칼빈주의 교회의 중요한 특성 중 하나가 바로 교회가 공적으로 고백하는 신조를 귀중히 여기며 교인들에게 가르쳤다는 것입니다. 종교개혁주의자 칼빈John Calvin, 1509-1564은 "교리문답(신앙고백서)은 옛적부터 그리스도인들 가운데서 준수되어 왔고, 교회가 완전히 부패했을 경우를 제외하고는 결코 포기된 적이 없는 전통적인 것이다."라고 하였습니다.

오늘날의 성도들은 자신들이 믿고 따르는 신조가 무엇인지, 어떤 것이 있는지 모릅니다. 심지어 목사들 가운데서도 이런 신조들을 모르고 있는 경우가 있습니다. 이것은 소경이 소경을 인도하고 있는 것입니다.

참된 성도들은 반드시 자기가 믿는 신앙의 신조에 대해서 알아야 합니다. 왜냐하면 신조를 배움으로써 자신이 믿는 신앙에 대한 확신과 요동하지 않는 믿음을 가지게 되기 때문입니다. 즉 자신이 믿는 신앙의 내용을 분명하고도 정확하게 알고 신앙을 갖게 된다는 것입니다. 예를 들어, 구원에 있어서 예정이나 성도의 견인에 대한 신조를 알게 되면 구원에 대한 의심이나 흔들림 없이 구원의 안전함과 확신에 찬 신앙을 갖게 됩니다. 그리고 성도들은 선조들의 가르침이나 내용과 배치되거나 맞지 않는 것을 배우거나 따라가지 않도록 주의해야 합니다.

정통 기독교에서 믿고 따르는 신조들에는 스코틀랜드 신앙고백서(1560), 제2 스위스 신앙고백서(1566), 제네바 교리문답(1542), 프랑스 신앙고백(1559년) 등 여러 가지가 있습니다. 이중에서도 반드시 알아야 할 신조들이 있습니다. 그것은 벨직 신앙고백서(1561), 하이델베르그 교리문답서(1563), 도르트 신조(1619), 웨스트민스터 신앙고백서(1647)입니다. 이 4가지 신조는 성도라면 누구나 기본적으로 반드시 알아야 할 것들입니다. 그렇다고 해서 나머지 신조나 고백서들은 몰라도 된다는 말이 아닙니다. 다른 신조들도 배우고 알아야 하지만 기본적으로 이 4가지 신조는 알아야 한다는 것입니다. 이 4가지 신조에 대해서 알지도 못하면서 어떻게 성경을 이해하며 분별할 수 있겠습니까? 특히 사이비와 이단들 그리고 거짓 진리들이 난무하는 이 시대 속에서 이 4가지 신조는 참과 거짓을 구별하는 데 더욱 필요한 것입니다.

신조를 무시하거나 따르지 않는 자들은 대부분 진리에서 멀어진 자들입니다. 사람들이 볼 때 그들은 바른 신앙을 가지고 있는 것처럼 보이나 실상은 아닙니다. 이제는 성도들이 눈을 뜨고 신조들을 배워서 무엇이 참된 진리이고 거짓 진리인지를 분별해야 합니다. 믿음의 선진들이 16-17세기 종교개혁을 통하여 우리에게 유산으로 물려 준 이런 신조들을 왜 외면합니까? 성도들이 외면을 하면 할수록 교회는 더욱 진리에서 멀어져 갑니다.

이제는 성도들이 신조들을 알아 교회를 바르게 개혁해야 합니다. 인간이 구원을 받는 것은 인간의 어떤 조건에 의해서가 아니라 하나님의 주권임을 가르치는 것이 도르트 신조The Canons of Dort의 내용입니다.

II. 역사적 배경

TULIP

Total Depravity
Unconditional Election
Limited Atonement
Irresistible Grace
Perseverance of the Saints

정통 기독교의 신조들 가운데 도르트 신조에 대해 살펴보도록 하겠습니다. 도르트 신조는 네덜란드의 도르트레히트Dordrecht에서 모여 작성된 신조로, 1618년 11월 13일부터 1619년 5월 9일까지 약 6개월에 걸쳐 154회의 공식 회의를 통해 나온 신조입니다. 이 회의에는 각국 대표단이 구성되어 모두 105인이 참석하였는데 이것은 세계적인 종교회의였습니다.

도르트레히트에서 나온 이 신조는 다른 신조들과 차이점이 있습니다. 다른 신조들은 여러 가지 주제들(예를 들면, 세례, 성찬, 성경, 그리스도, 하나님, 교회, 칭의, 양자 등)에 대해서 고백하며 가르치고 있는데 도르트 신조는 구원(예정)에 대한 주제로 일관되어 있습니다. 도르트 신조는 "구원"에 대해 올바르게 그리고 성경에서 말씀하고 있는 구원에 대한 가르침을 정확하게 알려 주고 있기 때문에 아주 중요한 신조입니다.

우리는 1517년에 일어난 종교개혁의 후손들이라고 말은 하면서도 종교개혁의 유산인 신조들에 관해서는 소경이요, 벙어리입니다. 매년 10월 마지막 주일을 종교개혁주일로 정하고 지키기는 하지만 종교개혁의 참된 의미와 실질적인 가르침에는 무지합니다.

특히 구원에 관해서 성경적인 가르침인 도르트 신조를 알지 못하는 성도들이 많습니다. 그 이유는 바로 목회자들이 교회에서 성도들을 가르치지 않았기 때문입니다. 가르치지 않았고 배우지 않았기에 성도들은 모를 수밖에 없습니다. 모르기 때문에 잘못된 신앙의 지식을 가지고 있는 것입니다. 그러므로 성도들은 이제라도 신조들을 배워서 교회를 바로 세울 뿐만 아니라 자신의 신앙도 바로 세워 나가야 합니다.

도르트 총회The Synod of Dort를 통하여 나온 도르트 신조는 성경에서 말씀하시는 구원에 대해 아주 잘 설명하고 있습니다. 그러므로 우리는 이 총회가 왜 열렸는지에 대한 역사적 배경을 알 필요가 있습니다. 역사적 배경을 통해서 옳고 그름을 올바로 판단할 수 있기 때문입니다.

　　이 총회가 열린 배경을 살펴보기 전에 좀더 시간을 거슬러 올라가서 초대교회로부터 시작하여 이단으로 정죄받은 4세기의 펠라기우스주의Pelagianism와 6세기의 반펠라기우스주의Semi-Pelagianism 그리고 17세기에 하나님의 섭리 가운데 열렸던 도르트 총회에 이르기까지의 역사적 흐름을 간략하게 살펴보도록 하겠습니다.

　　먼저 사도행전을 통하여 나타난 초대교회 당시 구원에 대한 역사를 보면 "이방인들이 듣고 기뻐하여 하나님의 말씀을 찬송하며 영생을 주시기로 작정된 자는 다 믿더라(행 13:48),"라고 기록하고 있습니다. 이 말씀은 구원을 받는 자들은 작정(예정)된 자들임을 분명하게 말씀하고 있습니다. 예정이란 창세전에 구원받을 사람을 택하여 구원하시는 하나님의 특별 계획입니다. 특히 사도 바울은 "내 어머니의 태로부터 나를 택정(예정)하시고 은혜로 나를 부르신 이가(갈 1:15)"라는 자신의 고백을 통해서 예정에 대한 말씀을 말하고 있습니다. 바울은 이 고백을 통하여 창세전에 그리스도 안에서 예정(豫定)된 하나님의 섭리를 증거하고 있습니다.

　　그리고 바울은 예정이 하나님의 참 뜻임을 선포하고 있습니다. "곧 창세전에 그리스도 안에서 우리를 택하사 우리로 사랑 안에서 그 앞에 거룩하고 흠이 없게 하시려고 그 기쁘신 뜻대로 우리를 예정하사 예수 그리스도로 말미암아 자기의 아들들이 되게 하셨으니… 모든 일을 그 마음의 원대로 역사하시는 자의 뜻을 따라 우리가 예정을 입어 그 안에서 기업이 되었으니(엡 1:4-5, 11)" 그리고 로마서를 보면 "이뿐 아니라 또한 리브가가 우리 조상 이삭 한 사람으로 말미암아 잉태하였는데 그 자식들이 아직 나지도 아니하고 무슨 선이나 악을 행하지 아니한 때에 택하심을 따라 되는 하나님의 뜻이 행위로 말미암지 않고 오직 부르시는 이에게로 말미암아 서게 하려 하사 리브가에게 이르시되 큰 자가 어린 자를 섬기리라 하셨나니 기록된 바 내가 야곱은 사랑하고 에서는 미워하였다 하심과 같으니라(롬 9:10-13)"라고 기록하고 있습니다.

사도 바울은 아브라함의 후손이라고 해서 다 하나님의 백성이 되는 것은 아니라는 것을 에서와 야곱을 통하여 분명하게 설명하고 있습니다. 하나님은 야곱을 택하여 하나님의 백성으로 삼으셨는데 이 선택의 기준은 전적으로 하나님의 뜻이었음을 말씀하고 있습니다. 바울은 하나님께서 에서는 미워하고 야곱을 사랑하신 것이 그들이 어떤 선한 행동이나 악을 행하여서 정한 것이 아니라 그들이 아직 나지도 아니하고 무슨 선이나 악을 행하지 아니한 때에 택하심을 따라 되는 하나님의 뜻이 행위로 말미암지 않고 오직 부르시는 하나님에 의해서라고 말씀하고 있습니다.

바울 외의 사도들의 말씀에도 구원은 예정된 것임이 나타나 있습니다. "이방인들이 듣고 기뻐하여 하나님의 말씀을 찬송하며 영생을 주시기로 작정된 자는 다 믿더라(행 13:48, 누가의 말)", "너희가 나를 택한 것이 아니라 내가 너희를 택하여 세웠나니…(요 15:16, 요한의 말)", "아버지께서 내게 주시는 자는 다 내게로 올 것이요 내게 오는 자는 내가 결코 내어 쫓지 아니하리라… 나를 보내신 이의 뜻을 행하려 함이니라 나를 보내신 이의 뜻은 내게 주신 자 중에 내가 하나도 잃어버리지 아니하고 마지막 날에 다시 살리는 이것이니라… 나를 보내신 아버지께서 이끌지 아니하면 아무라도 내게 올 수 없으니…(요 6:37, 39, 44, 요한의 말)", "곧 하나님 아버지의 미리 아심을 따라 성령의 거룩하게 하심으로 순종함과 예수 그리스도의 피 뿌림을 얻기 위하여 택하심을 입은 자들에게 편지하노니 은혜와 평강이 너희에게 더욱 많을찌어다(벧전 1:2, 베드로의 말)."

초대교회 시대의 사도들을 통하여 구원은 예정된 자들이 받는 것임을 분명히 말씀하고 있음을 보았습니다. 그 어디에도 구원이 인간의 노력으로,

인간의 자유의지로 받을 수 있다고 전하는 사도들은 없습니다. 사도들의 가르침은 구원은 예정이라는 것이며, 그 가르침은 4세기까지 내려왔습니다.

이제 펠라기우스주의에 대해서 살펴보겠습니다. 우리는 이 펠라기우스주의에 대해 알아둘 필요가 있습니다. 왜냐하면 이 펠라기우스주의가 훗날 도르트 회의를 통하여 벌어진 알미니안주의자들의 주장과 동일하게 서 있는 주장들이기 때문입니다. 17세기 알미니우스에게 영향을 준 코른헤르트Drick Koornhert, 1522-1590의 주장들은 어느날 갑자기 나온 것이 아니라 역사적으로 4세기의 펠라기우스주의에서 영향을 받은 것임을 알아야 합니다.

구원은 예정된 자들이 받는다는 사도들의 가르침이 4세기에 와서 큰 논쟁이 벌어지게 되었습니다. 그것은 어거스틴Augustin, 354-430과 펠라기우스Pelagius, 354-418의 논쟁입니다. 어거스틴은 신학자로, 교부로 교회 역사에 있어서 아주 중요한 위치를 차지하고 있으며, 펠라기우스는 영국의 수도사, 철학자로 자신의 잘못된 이론을 내세워 이단으로 정죄받은 자입니다. 어거스틴과 펠라기우스의 논쟁을 살펴보면 다음과 같습니다.

어거스틴은 아담을 통한 원죄는 전 인류에게 유전이 되며 그 죄의 결과로 죽는다고 가르쳤습니다. 그리고 구원은 사도들의 가르침과 같은 하나님의 예정된 자들이 받는 하나님의 은혜임을 주장하였습니다. 그러나 펠라기우스는 아담을 통한 원죄를 부인하였고, 그 죄는 아담에게만 국한된다고 하였습니다. 그러므로 아담의 원죄는 유전되지 않으며 아담은 처음부터 죽는 존재로 창조되었다고 합니다. 그리고 구원은 율법을 지키려는 인간의 노력과 자유의지로 받을 수 있다고 주장하였습니다.

논쟁 가운데 구원에 대한 부분을 살펴보면 펠라기우스는 인간의 노력과 자유의지를 통하여 구원을 얻을 수 있다고 합니다. 하나님의 예정을 부인하고 인간의 선택을 말하고 있습니다. 이것은 성경의 가르침에서 벗어난 인본주의적 가르침입니다.

이 논쟁은 416년 카르타고Carthago에서 펠라기우스주의가 이단으로 정죄 받고, 418년 펠라기우스가 파문을 당하는 일로 결론이 내려졌습니다. 그리고 그후 펠라기우스주의를 따르던 율리아누스Julianus는 431년 에베소 공의회The Council Of Ephesus에서 이단으로 정죄를 받았습니다.

사도들과 어거스틴이 가르친 예정에 정면으로 도전한 펠라기우스주의 는 성경의 가르침이 아닙니다. 본성적으로 타락한 인간들의 귀에는 인본주의 적인 펠라기우스주의가 옳게 들릴 수도 있습니다. 그러나 분명한 사실은 펠 라기우스주의의 가르침은 역사적으로 이단으로 정죄받았다는 사실입니다.

우리는 펠라기우스주의의 가르침이 역사적으로 이단으로 정죄받았다 는 사실을 확인하였습니다. 펠라기우스는 아담을 통한 원죄를 부인하였고, 그 죄는 아담에게만 국한된다고 하였으며, 아담의 원죄는 유전되지 않으며, 아 담은 처음부터 죽는 존재로 창조되었다고 하며, 구원은 율법을 지킴으로 인 간의 노력과 자유의지로 받을 수 있다고 주장하였지만 결국 이단으로 정죄 를 받았습니다.

16-17세기에 펠라기우스와 비슷한 주장을 한 소시니안주의Socinianism, 소키 누스주의가 나타납니다. 이들은 예정을 부인하고 인간의 자유의지를 강조하였 으며, 아담이 중립적으로 창조되었고, 아담이 범죄했을 때 오직 아담만 그 죄 에 영향을 받았다고 주장하였습니다. 이 소시니안주의에서 삼위일체를 부인 하는 유니테리언Unitarian이 형성되기도 하였습니다. 소시니안주의나 유니테리 언도 펠라기우스주의처럼 성경에서 벗어난 이단임에는 틀림없는 사실입니다. 이 말은 정통 기독교의 가르침인 예정이 성경적이며 올바르다는 것을 보여 주 는 것입니다.

펠라기우스주의 이후 200년이 지난 6세기에 와서 새로운 주의가 나왔습 니다. 그것은 반펠라기우스주의Semi-Pelagianism입니다.

반펠라기우스주의에서 '반'이라는 말은 'semi'(반(半)·준(準))의 뜻으로, 펠 라기우스를 반대한다는 것이 아니라 펠라기우스와 어거스틴의 주장을 반반

씩 받아들였다는 것입니다. 반펠라기우스주의는 원죄와 죄의 유전을 인정하였으며 은혜를 통한 구원을 주장합니다. 그러나 다른 한편으로 인간의 자유의지에 따른 선택적 구원을 주장합니다.

반펠라기우스주의를 한마디로 말하자면 구원을 얻는 것은 하나님의 은혜와 인간의 자유의지의 협력으로 이루어진다는 것입니다. 다른 용어로 표현하자면 16세기에 나타난 '신인협동설'神人協動說, Synergism이라고 말할 수 있습니다. 즉 사람이 구원을 얻는 것은 인간의 노력과 하나님의 은혜가 함께 작용함으로써 이루어진다는 것입니다. 예를 들면, 물에 빠져 죽어가는 사람들에게 하나님은 구원의 손길을 내밀지만 그 구원의 손길을 잡는 사람은 구원을 받고 그 구원의 손길을 잡지 않는 사람은 구원을 받지 못한다는 것입니다.

반펠라기우스주의는 구원에 대해, 하나님의 은혜의 필요를 무시하지 않으면서 인간의 자유의지에 강조점을 두고 있습니다. 그러나 이러한 반펠라기우스주의는 529년에 열린 오렌지 회의The Synod of Orange에서 이단으로 정죄를 받았습니다.

우리는 펠라기우스주의와 반펠라기우스주의의 역사를 통하여 그들이 이단으로 정죄받은 사실과 무엇이 잘못되었는지를 보았습니다. "역사는 거울이다."라는 말처럼 하나님은 교회의 역사, 종교개혁의 역사들을 통하여 우리에게 참되고 바른 것들을 알려 주십니다. 역사를 보면서 깨닫지 못하는 것도 죄입니다.

Ⅲ. 도르트 총회의
역사적 배경

TULIP

Total Depravity

Unconditional Election

Limited Atonement

Irresistible Grace

Perseverance of the Saints

초대교회로부터 펠라기우스주의 그리고 반펠라기우스주의까지의 역사적 상황을 살펴보면서 성경적 구원은 하나님의 예정임을 보았습니다. 그리고 인간이 구원을 선택할 수 있다고 주장한 펠라기우스주의와 반펠라기우스주의는 이단으로 정죄받았다는 사실을 알게 되었습니다.

6세기의 반펠라기우스주의가 이단으로 정죄받은 후 1,000년의 시간이 지나 16세기에 들어서자 또 한 번의 사건이 일어나게 되었습니다. 그것은 코른헤르트라는 네덜란드 정부의 관리가 1583년에 『테스트(Test)』라는 책을 저술하여 네덜란드 정부에 올리게 되었는데 이것이 큰 문제가 된 것입니다. 코른헤르트는 성경의 가르침인 예정에 대해 고백서로 작성된 벨직 신앙고백서와 하이델베르그 교리문답서에서 가르치는 하나님의 주권과 예정에 관한 부분들을 비판했습니다. 네덜란드 정부는 라이덴Leyden 대학의 교수들에게 코른헤르트의 비판에 대한 문제를 해결하게 하였는데 이 일을 알미니우스가 맡게 되었습니다.

그런데 아이러니하게 알미니우스는 코른헤르트의 주장에 동의하게 되었고, 그것을 발전시키는 일의 중심인물이 되었습니다(실상 알미니우스는 코른헤르트와 같은 생각을 가지고 있었습니다.). 1609년 알미니우스가 죽고 그 다음 해인 1610년경 그의 제자들은 알미니우스의 신학적 입장을 정리하면서 소위 '항론'(抗論, Remanstrance), 즉 예정론에 대한 반대 성명을 발표하였습니다. 그후 알미니우스의 추종자들을 가리켜 '항론파'Remonstrants라고 불렀습니다. 알미니우스의 제자들은 그 당시 네덜란드 교회의 공식적 신앙고백서였던 벨직 신앙고백서와 하이델베르그 교리문답서의 내용을 수정, 삭제할 것을 요구하면서 그들의 주장인 5개조의 항의문을 내어놓게 되었습니다. 1610년에 46명의 목사들이 고우다Gouda에 모여서 '항론'이라는 다섯 가지 신앙고백서를 내놓았는데 로져 니콜Roger Nicole, 1915-2010은 그것을 다음과 같이 요약하였습니다.

1. 하나님께서는 미리 예견하신 믿음 또는 불신앙의 기초 위에서 선택 또는 책벌하신다.
2. 비록 믿는 자들만이 구원을 얻는 것이지만 그리스도께서는 모든 사람, 곧 모든 각 사람을 위해 죽으셨다.
3. 사람은 너무나 부패했기 때문에 신성한 믿음이나 어떤 선행에는 은혜가 필요하다.
4. 이 은혜는 저항할 수 있다.
5. 진정으로 거듭난 모든 사람이 믿음으로 인내할 수 있을 것인가 하는 것은 보다 더 연구를 요하는 강령이다.[1]

이들이 주장하는 항론서를 읽어보면 본성적으로 타락한 인간들이 볼 때는 너무나 와 닿는 주장임을 볼 수 있습니다. 결국 이 문제를 해결하기 위하여 총회가 열립니다. 1618년 도르트레히트에서 열린 총회는 각국 대표단이 구성되어 105인이 참석한 세계적인 종교회의입니다. 이 회의는 1618년 11월 13일부터 1619년 5월 9일까지 흐로테교회Grote Kerk에서 열렸고, 154회 공식회의를 거쳐 도르트 신조가 작성되었습니다.

이 총회에서 요한 위텐보가르트John Uytenbogaert, 1557-1644가 의장으로 선출되고, 페스투스 홈미우스Festus Hommius, 1576-1642가 수석 서기로 선출되어 회의를 진행하였습니다. 도르트 총회의 결과로 항변파의 정치적 지도자인 올덴바네벨트Jan van Oldenbaneveldt, 1547-1619와 법률가이며 신학자인 그로티우스Hugo Grotius, 1583-1645 그리고 200여 명의 알미니안주의를 따르는 목회자들은 형(刑)과 파면을 당하게 되었습니다. 최종적으로 도르트 총회에서 알미니안주의는 이단으

---

1) 데이비드 스틸리, 커티스 토마스, 『칼빈주의의 5대 강령』 (생명의 말씀사, 1987), p.16.

로 정죄를 받았습니다. 이들의 사상이 이단으로 정죄를 받았다는 사실은 알미니안주의자들이 주장하는 내용들이 성경적으로 오류가 많은 것임을 선언하는 것입니다.

결국 도르트레히트에서 열린 총회는 이들의 5가지 주장에 대해 조목조목 답변하면서 이들의 주장이 잘못된 것임을 보여 줌과 동시에 무엇이 바른 것인가에 대해 5가지 신조로 가르쳐 주고 있습니다. 우리는 이것을 "칼빈주의 5대 강령"The five points of Calvinism 또는 영어의 첫 글자를 따서 "튤립"TULIP이라고 부릅니다. 간단히 살펴보면 다음과 같습니다.

1. 전적 타락 Total Depravity : 인간은 전적으로 타락하였기에 구원에 이르기 위하여 어떤 영적 선을 추구하는 모든 능력을 완전히 상실하였다. 자기의 힘으로는 하나님을 선택하여 믿을 수 없다.
2. 무조건적 선택 Unconditional Election : 하나님께서 인간을 선택하시는 예정 섭리는 이미 창세전에 결정되는 작정과 전적인 하나님의 기쁘신 뜻과 은혜에 의해 결정되는 것이며, 인간의 어떠한 선한 행위조건을 보고 선택하는 것은 아니다.
3. 제한 속죄 Limited Atonement : 그리스도의 십자가 속죄는 모든 인류를 위한 것이 아니라 오직 택함을 받은 자들을 위한 것이다.
4. 불가항력적 은총 Irresistible Grace : 인간은 택한 자들을 부르시는 이 부르심에 저항할 수 없으며 성령께서는 택한 자들을 그리스도께로 이끄신다.
5. 성도의 견인 Perseverance of Saints : 선택되고 구속을 받은 사람은 하나님의 은혜로 믿음 안에서 지켜지며 끝까지 견인한다.

IV. 본론

TULIP

Total Depravity
Unconditional Election
Limited Atonement
Irresistible Grace
Perseverance of the Saints

첫 번째 교리 : 하나님의 선택과 유기(遺棄)

제1항 모든 사람이 범죄함

모든 인간이 아담 안에서 죄를 범하여 저주 아래 놓여 있으며, 영원한 죽음에 해당하기에(롬 5:12), 만일 하나님께서 모든 인류를 죄와 저주 아래 버려두고, 그 죄로 인해 정죄받도록 하는 것이 그의 뜻이라 해도, 사도의 말과 같이, 어느 누구에게라도 그가 불의를 행하신 것이 아니다.

"이는 모든 입을 막고 온 세상으로 하나님의 심판 아래 있게 하려 함이니라(롬 3:19)."

"모든 사람이 죄를 범하였으매 하나님의 영광에 이르지 못하더니(롬 3:23)"

"죄의 삯은 사망이요(롬 6:23)."

첫째 교리는 하나님의 선택과 유기로부터 시작합니다. 즉 하나님이 이 세상을 창조하시기 전에 영원한 생명을 얻을 사람을 선택하셨고 그리고 영원한 죽음을 당할 사람을 유기하셨다는 것입니다. 우리는 이것을 "이중 예정"double predestination이라고 말을 합니다. 예정(predestination)이란 무엇입니까? 사람들은 흔히 '모든 것이 결정되어 있다.'라고 이해합니다. 하지만 이것은 예정론과는 다른 '결정론' 또는 '운명론'이라고 볼 수 있습니다. 웨스트민스터 신앙고백서는 이 예정에 대해서 "하나님의 결정에 따라 하나님은 그의 영광을 나타내시기 위해서 어떤 사람과 천사들은 영원한 생명에 이르도록 예정(선택)되고, 다른 이들은 영원한 사망에 이르도록 예정(유기)되어 있다."[1]
라고 가르치고 있습니다.

칼빈John Calvin, 1509-1564은 예정에 대해서 "하나님의 말씀이 알려주는 것 이외의 것을 알려고 하는 것은 길 없는 황야를 걸어가려는 것이거나(욥 12:24 참조) 또는 어두운 데서 무엇을 보려고 하는 것 못지않게 어리석다는 것이다."[2]라고 말하면서 예정에 대한 교리는 중요하므로 무례한 논의나 침묵은 불가하다고 보았습니다.

예정의 개념에 대한 바른 정의를 내린 사람들이 있습니다. 폴라누스Amadus Polanus, 1561-1610는 "예정은 신이 이성적 피조물을 영원 전에 이 일시적이고 자연적인 생명을 넘어서는 일정된 경역으로 정하여, 그들이 그 결정과 더불어 영원 전에 미리 설정한 방편에 의하여 그리로 인도되는 그의 결정이다."[3]라고 말하였습니다. 또한 리쎈 Hendrik van Riessen, 1911-2000은 "예정은 신이, 창조되고 타락이 결정된 인류 전체 가운데서 얼마를 영원한 생명으로, 나머지는 영원한 사망으로 미리 정한 인간의 예정이다."[4]라고 말하였습니다. 그리고 칼빈은 "우리는 예정을 하나님의 영원한 작정이라고 부르며, 이 작정에 의해서 하나님께서는 각 사람이 어떻게 되기를 원하신다는 것을 스스로 예정하셨다. 이는 모든 사람이 같은 상태로 창조되는 것이 아니라 도리어 어떤 사람을 위해서는 영생이 예정되며 어떤 사람을 위해서는 영원한 저주가 예정되기 때문이다. 각 사람은 이 중의 어느 한쪽 결말에 이르도록 창조되므로, 우리는 생명 또는 사망에 예정되었다."[5]라고 말하였습니다.

1) 웨스트민스터 신앙고백서(1647), 제3장 8절.
2) 존 칼빈, 『기독교강요』, 제3권 21장 2절.
3) 하인리히 헤페, 『개혁과 정통교의학』(크리스찬다이제스트, 2011), p.234.
4) Ibid. p.234.
5) 존 칼빈, 『기독교강요』, 제3권 21장 5절.

누구는 선택하고 누구는 버림을 받는다는 이 사실은 인간 편에서 생각할 때는 불공평하게 보일지 몰라도 하나님 편에서는 전혀 문제가 되지 않으며 또한 불의를 행하시는 것이 아닙니다. 우리는 먼저 생각해야 할 것이 있습니다. 그것은 누구는 선택하고 누구는 버리는가에 초점을 맞추는 것이 아니라 인간이 어떤 상태였는가입니다. 이것을 알면 하나님의 선택과 유기에 대해서 인간은 입이 열 개가 있어도 아무 말도 하지 못합니다. 그래서 이 신조의 첫 문항이 인간의 상태를 말하므로 하나님의 선택과 유기에 대해서 보다 분명한 사실을 설명을 해주고 있습니다.

도르트 신조는 인간의 상태에 대해서 아담 안에서 범죄하여 저주 아래 놓였다고 말하고 있습니다. 누가 아담 안에서 범죄하여 저주 아래 놓였습니까? 바로 모든 인간들이라는 것입니다. 저주 아래 놓인 인간들은 하나님의 심판을 받아 죽을 수밖에 없는 존재입니다. 영원한 죽음을 받기에 마땅한 존재입니다. 그러기에 설령 하나님께서 이런 존재들인 인간을 내버려둔다고 해도 하나님은 불의하지 않으시며 인간들은 항의를 할 수 없습니다.

이 신조의 시작인 "모든 인간"이라는 말은 중요한 의미를 가지고 있습니다. 아담 이후의 모든 인간을 가리키며 한 사람도 예외가 없다는 말입니다. 만일 모든 인간이 아니라 특정한 인간으로 제한한다면 예수 그리스도의 구속사는 불필요한 것이 되며 기독교라는 종교는 타종교와 다를 바 없는 일반종교가 될 것입니다.

인간이 어떤 존재였는가를 아는 것은 신앙에 있어서 아주 중요한 부분이며 반드시 알아야 할 사항입니다. 모든 인간은 범죄한 죄인입니다. 우리 주변에는 법 없이도 사는 선한 사람들이 있습니다. 그들은 살인과 도적질을 하지 않습니다. 남에게 해를 끼치지 않는 자들입니다. 오히려 덕을 세우는 사람들입니다. 그럼에도 불구하고 그들 모두는 죄인입니다.

그러나 성경의 이 가르침을 부정하며 예외적인 사람을 만들어 세운 로만가톨릭에서는 1854년 교황 비오 9세Papa Pio IX, 1792-1878가 마리아는 죄가 없다고 선언하였습니다. 과연 그렇습니까? 아닙니다. 마리아도 우리와 같이 아담 안에서 범죄하여 저주 아래 태어나 영원히 죽을 죄인입니다. 사도 바울은 "기록한 바 의인은 없나니 하나도 없으며(롬 3:10)" "이러므로 한 사람으로 말미암아 죄가 세상에 들어오고 죄로 말미암아 사망이 왔나니 이와 같이 모든 사람이 죄를 지었으므로 사망이 모든 사람에게 이르렀느니라(롬 5:12),"라고 말씀하였습니다. 그러므로 마리아도 죄인입니다. 만일 마리아에게 죄가 없다면 바울이 말한 성경은 하나님의 말씀이 될 수 없습니다. 그리고 마리아에게 죄가 없다면 예수 그리스도의 구속사는 반쪽짜리 구속사이며 이것은 성경이 말씀하시는 구속사역이 아닙니다. 아담의 범죄로 인하여 그 이후의 모든 인간은 모두 죄인입니다. 오직 예수님만이 죄 없는 사람으로 오셨습니다.

성경은 모든 사람이 죄를 지었다고 분명하게 말씀하고 있습니다. 바빙크Herman Bavinck, 1854-1921는 죄로 인한 죽음에 대해 "모든 사람이 아담 안에서 죽었다면 그들 모두가 그 안에서 죄를 지었다. 죄와 죽음은 아담의 범죄로 말미암아 세상에 들어왔고 모든 사람에게 이르렀다. 이는 이 범죄가 특별한 성격을 띠었기 때문이다. 즉 이것은 특별한 법의 어김이었고 아담 개인으로서만이 아니라, 인류의 머리로서의 아담으로 말미암은 범죄였기 때문이다."[6]라고 하였습니다. 그리고 칼빈은 "죄악 중에 출생하였음이여 모친이 죄 중에 나를 잉태하였나이다(시 51:5),'라고 고백한 다윗의 고백은 자기의 부모의 죄를

---

6) 헤르만 바빙크, 『하나님의 큰일』 (기독교문서선교회, 2007), pp.231-232.

비난하는 것이 아니라 자기는 잉태된 때부터 악했다고 고백하는 것이며, 이것은 다윗에게만 있는 일이 아니며 인류의 공통된 처지를 대표한 것이다."[7]라고 하였습니다.

제2항 하나님의 사랑

그러나 여기에 하나님의 사랑이 나타났으니.

"하나님의 사랑이 우리에게 이렇게 나타난 바 되었으니 하나님이 자기의 독생자를 세상에 보내심은 저로 말미암아 우리를 살리려 하심이니라(요일 4:9)."

"하나님이 세상을 이처럼 사랑하사 독생자를 주셨으니 이는 저를 믿는 자마다 멸망치 않고 영생을 얻게 하려 하심이니라(요 3:16)."

아담의 타락과 범죄로 인하여 모든 인간은 원죄(Original sin, 原罪)를 가지고 태어나게 되었습니다. 그 죄의 결과로 모든 인간은 영원한 심판을 받아 지옥으로 갈 수밖에 없는 비참한 존재가 되어버렸습니다. 윌리엄 부카누스William Bucanus, 1824-1911는 "원죄는 단지 원초적 의로움의 결여가 아니라 영혼의 모든 부분을 통하여 확산되었고, 아담에 의하여 그의 모든 후속에게 전수된 인간 본성의 부패와 오염, 그리고 아기가 태어날 때 아담의 타락 때문에 사죄를 받기까지 신의 진노와 영원한 사망을 받을 책임이 있는 죄책의 상태이다."[8]라고 말하였습니다. 이러한 상태에 있는 인간들에게 소망이라는 것은 전혀 없습니다. 오직 심판만이 있을 뿐입니다.

그러나 하나님은 이러한 상태에 있는 인간들에게 사랑을 베푸셨습니다. 하나님은 모든 인간들을 다 버리지(유기) 않으시고 택자

---

7) 존 칼빈, 『기독교강요』, 제2권 1장 5절.
8) 하인리히 헤페, 『개혁파 정통교의학』 (크리스찬다이제스트, 2011), p.482.

들을 예정(선택)하여 구원하기로 하셨습니다. 하나님의 사랑은 말로만 그친 것이 아니라 실제로 본을 보여 주셨습니다. 하나님은 자기의 사랑하는 독생자, 즉 하나밖에 없는 외아들을 이 세상에 보내셨습니다. 그 독생자가 바로 예수 그리스도입니다. 예수 그리스도로 말미암아 선택받은 자들이 구원을 받게 된 것입니다.

예수 그리스도가 이 세상에 오신 것은 단순한 사건이 아닙니다. 엄청난 사건입니다. 제2위 하나님이신 예수께서 인간의 몸을 입고 오신 '성육신'incarnation, 成肉身의 사건은 하나님의 사랑을 표현하는 최고의 절정인 것입니다. 요한은 "말씀이 육신이 되어 우리 가운데 거하시매(요 1:14)"라고 말씀하였습니다. 그러나 소시니안주의자들은 "예수가 사람이었으되 신이 되었다."고 주장하는데 이것은 분명 잘못된 가르침입니다. 성경은 "예수께서 하나님이셨으나 육체가 되셨다."고 말하고 있음을 분명히 알아야 합니다.

예수 그리스도께서는 육신의 모양을 입고 이 세상에 임하셨습니다. 하나님께서는 죄를 알지도 못하신 독생자 예수 그리스도를 우리를 대신하여 형벌을 받게 하셨습니다. 예수 그리스도께서 타락하여 벌레만도 못한 인간들을 구원하시기 위하여 육신의 몸을 입고 오신 것은 인간들을 향한 하나님의 사랑이 얼마나 크셨는가를 보여주는 큰 사건입니다. 인간은 자기 스스로의 힘으로는 결코 구원을 얻을 수 없습니다. 인간은 구원에 대해서는 아무것도 할 수 없는 존재입니다. 이렇게 구제불능의 상태에 있는 인간을 사랑하신 하나님, 하나님의 사랑은 그 어느 것과도, 그 어떤 것과도 비교할 수 없는 사랑입니다. 찬송가의 가사처럼 말입니다.

"그 크신 하나님의 사랑 말로 다 형용 못하네…
하늘을 두루마리 삼고 바다를 먹물 삼아도
하나님의 사랑 다 기록할 수 없겠네…"

사도 바울은 하나님 사랑의 넓이와 길이와 깊이와 높이를 깨달으라고 하였습니다. 하나님의 사랑을 인간들은 측량할 수 없습니다. 영원히 변치 않는 하나님의 사랑, 그 사랑에 선택받은 자는 복된 자입니다.

제3항 기쁜 소식, 복음

인간이 믿음을 얻도록 하기 위하여 하나님께서는 복음의 전파자들을 그가 원하시고 기뻐하시는 사람에게 보내시는데, 이들의 사역으로 사람들이 부름을 받아 회개하고 십자가에 못 박힌 그리스도를 믿는 것이다.

"그런즉 저희가 믿지 아니하는 이를 어찌 믿으리요 전파하는 자가 없이 어찌 들으리요…(롬 10:14-15)."

하나님은 창세전에 선택한 자들을 구원하시기 위하여 그 사랑을 보여 주셨습니다. 그 사랑은 독생자를 보내서 그를 믿는 자마다 멸망하지 않고 영생을 얻게 하는 것이었습니다. 이 영생을 얻기 위해서는 믿음이 필요합니다. 이 믿음은 십자가에 못 박힌 그리스도를 믿는 믿음입니다. 하나님은 자신이 원하시고 기뻐하시는 자신의 백성들에게 믿음을 주기 위하여 복음을 주셨습니다. 자신의 백성들이 이 복음을 듣고 하나님께 나오도록 하나님은 전도자들을 보내서 믿고 회개하여 돌아오게 하십니다. 전도자들은 이 복음의 기쁜 소식을 전하는 사명을 가진 이들입니다.

하나님께서는 생명에 이르도록 예정하신 모든 사람들을 복음을 통하여 부르시는데 이 부르심은 자신이 정하시고 적당하다고 생각하시는 때에, 그리고 효과적으로 부르십니다. 부르심에는 '외적 부르심'과 '내적 부르심'이 있습니다. 외적 부르심은 복음에로의 초대입니다. 모든 사람에게 복음을 전하며 초청하는 것입니다. 그러나 외적 부르심을 받았다고 해서 다 구원을 받는 것은 아닙니다. 이들은 아들을 위하여 혼인잔치를 베푼 어떤 임금의 비유(마 22:1-14)처럼 청함을 받은 자들입니다. 청함을 받은 자들은 많지만 다 택함을 받은 것이 아니라는 것입니다.

그러나 외적 부르심으로 복음의 초청을 받은 자들 중에 내적 부르심을 받은 자들이 있습니다. 이들이 구원의 자리에 들어가는 것입니다. 그래서 내적 부르심을 '유효한 부르심' 또는 '효과적 부르심'이라고 말합니다. 이 부르심은 절대로 후회가 없는 부르심입니다. 내적 부르심으로 하나님은 창세전에 예정된 자신의 백성들을 예수 그리스도에게로 이끄십니다. 반강제적인 마음이 아니라 자원하는 마음으로 그리스도께 나오도록 하십니다.

그런데 알미니안주의자들이나 다른 많은 사람들은 "만일 예정된 자들만이 구원을 받는다면 굳이 복음을 전파할 필요가 있는가? 복음을 전하지 않아도 예정된 자들은 구원을 받는데…."라고 하면서 비판하기도 합니다. 그러나 이 부분은 예정에 대한 의미와 하나님의 사랑에 대한 무지로 인해 오는 오해입니다. 우리가 분명히 알 것은 하나님은 창세전에 예정한 자신이 원하시고 기뻐하는 자가 누구인지를 아시지만 우리는 모른다는 것입니다. 누가 예정된 자인지, 예정된 자가 아닌지를 모르기 때문에 우리가 나가서 복음을 전하는 것입니다. 우리가 전하는 복음을 듣고 하나님의 백성들이 하나님 앞으로 나오게 되는 것입니다.

로뢰인 뵈트너Loraine Boettner, 1901-1990 박사는 "누가 택함을 입었는지 누가 택함을 입지 못했는지 그것을 구별하려고 하지 않고 전도를 듣는 사람들을 희망으로 보고 그들이 모두 선택을 받은 자들 가운데서 하나가 되기를 기도하여야 할 것이다. 그러므로 성경은 말하기를 택함을 받은 자에게 복음을 전하기 위하여 모든 사람에게 다 복음을 전하라고 하였다.[9]고 하였습니다.

이 복음을 유효하게 듣고 그리스도에게로 나오게 하는 것은 오직 하나님의 값없이 주시는 특별한 은혜이지, 사람들의 어떤 행위나 공로를 통해서 이루어지는 것은 아닙니다. 그리고 창세전에 예정을 받지 못한 자들이, 복음을 전하는 자들의 소식을 듣고 나온다 할지라도 그들은 결코 구원을 받을 수 없습니다. "하나님이 우리를 구원하사 거룩하신 부르심으로 부르심은 우리의 행위대로 하심이 아니요 오직 자기 뜻과 영원한 때 전부터 그리스도 예수 안에서 우리에게 주신 은혜대로 하심이라(딤후 1:9)."

웨스트민스터 소요리문답 제31문 질문이 "효력 있는 부르심은 무엇인가?"입니다. 이에 대한 답으로 "효력 있는 부르심은 하나님의 영이 하시는 일이니 우리의 죄와 비참을 깨닫게 하시고 또 우리의 마음을 밝혀 그리스도를 알게 하시고 우리의 의지를 새롭게 하시고 우리를 권하사 능히 복음 중에 값없이 주시는 예수 그리스도를 믿도록 하시는 것이다."라고 가르쳐 주고 있습니다.

우리가 그리스도에게로 인도함을 받은 것을 생각해 보시기 바랍니다. 우리 스스로가 먼저 알아서 그리스도를 믿었습니까? 아니면 우리가 스스로 죄의 비참함을 깨닫고 그리스도 앞으로 나갔습니까? 이것은 불가능한 일입니다. 하나님께서 택함받은 자들을 부르시지 않으면 절대로 그리스도 앞으로 나갈 수 없습니다. 우리가 그리스도를 믿을 수 있었던 은혜는 하나님께서 창세전에 우리를 예정하사 그리스도를 통하여 복음을 듣게 하셔서 십자가에 못 박히신 예수를 구세주로 믿게 하신 것임을 알아야 합니다.

---

9) 로뢰인 뵈트너, 『칼빈주의 예정론』 (보문출판사, 1987), p.321.

제4항 복음의 결과

하나님의 진노는 이 복음을 믿지 아니하는 사람들에게 임한다. 그러나 참되고 살아 있는 믿음으로 이 복음을 받고 예수를 구세주로 영접하는 사람은 그리스도로 인하여 하나님의 진노와 멸망시키심에서 구원을 받고 그들에게 주어진 영생을 선물로 얻게 되는 것이다.

"아들을 믿는 자는 영생이 있고 아들을 순종치 아니하는 자는 영생을 보지 못하고 도리어 하나님의 진노가 그 위에 머물러 있느니라(요 3:36)."

"믿고 세례를 받는 사람은 구원을 얻을 것이요 믿지 않는 사람은 정죄를 받으리라(막 16:16)."

하나님은 창세전에 선택하신 자신의 백성들을 부르시고 그들에게 은혜를 베푸사 구원을 주셨습니다. 이 구원은 예수 그리스도를 믿음으로 말미암아 주어집니다. 그러나 믿지 아니하는 자들에게는 하나님의 진노가 임합니다. 이것은 당연합니다. 믿지 않았기에 하나님의 진노가 임하며 그 마지막은 영원한 죽음으로 지옥에 들어가게 되는 것입니다. 사도 요한은 이렇게 말씀하고 있습니다. "아들을 믿는 자는 영생이 있고 아들을 순종치 아니하는 자는 영생을 보지 못하고 도리어 하나님의 진노가 그 위에 머물러 있느니라(요 3:36)."

믿음으로 말미암아 예정된 자들은 예수 그리스도를 구원자로 믿어 그들의 영혼이 구원을 받을 뿐만 아니라 하나님의 진노와 멸망에서 벗어나게 됩니다. 하나님의 진노에서 벗어날 수 있는 유일한 길은 예수 그리스도를 영접하는 것입니다. 이것 외에 다른 것으로는 하나님의 진노에서 벗어날 수 없습니다.

하나님의 진노로 인하여 사람들이 심판을 받아 멸망을 받으며 영원히 꺼지지 않는 불못인 지옥으로 가게 된다고 이야기하면 어떤 사람들은 이해할 수 없다고 말을 합니다. 사랑의 하나님이 어떻게 진노하실 수 있냐고 하면서 불만스러운 목소리를 내곤 합니다. 사랑의 하나님이 예수 그리스도를 믿지 않았다는 이유로 사람들을 어떻게 지옥으로 넣을 수 있냐는 것입니다. 지옥에 가지 않도록 사랑의 하나님께서 다 건져내야 하는 것이 옳다고 말합니다.

그러나 이렇게 말하는 자들은 하나님을 오해하고 있는 것입니다. 하나님에 대해서 잘못 알고 있는 것입니다. 하나님은 사랑이십니다. 맞습니다. 타락으로 죄악에 빠진 사람들을 구원하시기 위하여 하나밖에 없는 자기의 외아들인 예수를 십자가에 죽기까지 내놓으실 만큼 사람들을 사랑하셨습니다. 영원한 멸망을 받아야 마땅한 사람들을 구원하셨습니다.

그런데 여기에는 조건이 있습니다. 그 조건이란 바로 예수 그리스도를 믿는 자들만이 멸망치 않고 구원을 얻는다는 것입니다. 사도 요한은 "내가 진실로 진실로 너희에게 이르노니 내 말을 듣고 또나 보내신 이를 믿는 자는 영생을 얻었고 심판에 이르지 아니하나니 사망에서 생명으로 옮겼느니라(요 5:24)."라고 분명히 말씀하고 있습니다. 하나님께서 이 땅에 보내신 이, 즉 예수를 믿는 자는 영생을 얻으며, 하나님의 심판에 이르지 아니하며, 사망에서 생명으로 옮겨지는 은혜를 받는다는 것입니다. 이 복음을 믿지 아니하는 자들에게는 심판과 사망이 있다는 것입니다. 복음을 믿지 않는 자들에게 어찌 하나님의 사랑이 전해질 수 있겠습니까? 그들에게는 하나님의 진노만이 있을 뿐입니다. 이것은 공평합니다. 하나님의 사랑과 공의가 이렇게 하는 것입니다.

제5항 죄에 대한 책임

다른 모든 죄와 마찬가지로 이 불신앙의 원인과 그 죄는 하나님에게 있는 것이 아니라 인간 그 자신에게 있다. 반면에 예수 그리스도 안에 있는 믿음과 그를 통한 구원은 하나님의 값없는 은사로서, 다음의 말씀과 같다.

"너희가 그 은혜를 인하여 믿음으로 말미암아 구원을 얻었나니 이것이 너희에게서 난 것이 아니요 하나님의 선물이라(엡 2:8)."

"그리스도를 위하여 너희에게 은혜를 주신 것은 다만 그를 믿을 뿐 아니라(빌 1:29)."

하나님은 사랑이십니다. 하나님께서는 죄로 말미암아 영원한 심판을 받아 지옥으로 가는 인류를 버리시지 않으시고 이 땅에 예수 그리스도를 보내사 예수를 믿는 자들에게는 영생을 얻게 하시며, 하나님의 심판에 이르지 않게 하시며, 사망에서 생명으로 옮겨지는 은혜를 베푸셨습니다. 이 은혜는 오직 창세전에 예정된 선택받은 자들에게만 유효한 은혜입니다. 그러나 하나님의 진노는 이 복음을 믿지 아니하는 사람들에게 임하여 영원한 심판을 받게 하셨습니다. 예수 그리스도를 믿지 아니하므로 그 죄의 대가로 꺼지지 않는 영원한 형벌의 장소인 지옥으로 들어가는 것입니다. 이는 예수를 믿지 않았기 때문입니다.

그런데 어떤 사람들은 불신앙과 죄의 결과에 대한 책임을 인간에게 돌리지 않고 하나님에게 그 죄의 책임을 묻습니다. 인간이 불신앙을 가지는 이유와 그 죄를 짓게 하는 원인은 하나님에게 있다는 것입니다. 그래서 인간이 구원을 얻지 못하는 것이라고 말합니다. 사실이 그렇습니까? 정말로 인간들이 구원을 얻지 못하는 이유가 하나님께서 인간들로 하여금 죄를 짓게 하셔서 구원을 받을 수 없게 만드셨기 때문입니까? 아닙니다. 절대로 하나님께서 인간들로 하여금 죄를 짓게 하셔서 구원을 못 받게 하신 것이 아닙니다. 죄의 원인을 하나님에게 돌리지 마시기를 바랍니다. 인간들이 스스로 불신앙을 가져 죄를 지었음을 분명히 아시기를 바랍니다. 죄의 원인이 하나님에게 있다고 말하는 자들은 거짓말을 하는 자들입니다.

또 하나 우리가 알아야 할 것은 예수 그리스도 안에 있는 믿음과 그를 통한 구원은 하나님의 값없는 은사로 주어지는 것이기 때문에 결코 교만하거나 자만할 수 없다는 것입니다. 어느 누가 자신의 공로를 내세워 구원을 얻었다고 자신 있게 말할 수 있습니까? 참된 성도라면 이렇게 말하지 않습니다. 참된 성도라면 이렇게 고백할 것입니다. "우리가 은혜를 인하여 믿음으로 말미암아 구원을 얻었나니 이것은 우리의 공로나 행위로 인한 것이 아니라 하나님의 선물이라."

그렇습니다. 우리가 구원을 얻는 것은 우리의 어떤 행위나 조건에 의해서가 아니라 다만 예수 그리스도를 믿음으로써 받는 하나님의 은혜입니다. 구원은 인간에게서 나는 것이 아니라 하나님의 선물입니다. 구원에 대해서 인간이 할 수 있는 것은 아무것도 없습니다. 우리에게 은혜를 주시며 예수 그리스도를 믿게 하신 것은 하나님의 역사입니다. 전적으로 하나님의 일입니다.

그리고 이 5항에서는 '타락 후 선택설'Infralapsarianism을 말하고 있음을 볼 수 있습니다. 이 설은 아담이 범죄한 후에 하나님께서 선택과 유기를 작정하셨다는 것입니다. 이것은 고마루스Franciscus Gomarus, 1563-1641가 주장했던 아담이 타락하기 전에 선택과 유기를 작정한 '타락 전 선택설'Supralapsarianism과는 다른 주장입니다.

초기 개혁주의자들은 일반적으로 타락 전 선택설을 주장했으나 후기에 올수록 타락 후 선택설을 지지하고 있습니다. 어느 쪽이 더 옳은지에 대해서는 아직도 논쟁 가운데 있지만 타락 전 선택설이 더 성경적으로 가깝다고 봅니다. 왜냐하면 아담의 범죄를 하나님이 작정하심에는 변함이 없는 사실입니다. 만일 하나님의 선택과 유기를 아담이 범죄한 후에 작정하셨다면 두 가지의 문제가 제기됩니다. 첫째는 하나님이 아담의 범죄 전까지는 아무 계획도 세우지 않았다가 갑자기 세우게 된다는 논리가 되며, 둘째는 하나님께서 아담이 범죄하도록 작정하셨다면서 선택과 유기도 작정하지 않았다는 말이 됩니다. 이는 앞뒤가 맞지 않습니다. 그렇다고 해서 타락 전 선택설에서 아담의 범죄가 하나님의 작정이라면 죄의 기원을 하나님에게로 돌리는 문제도 난제이기는 하나 이 부분은 인간의 이성이나 논리로 해결되는 문제가 아니라고 봅니다. 이 부분은 하늘 아래 사는 인간의 머리로 이해할 수 없는 일입니다. 이 부분은 하나님의 주권에 속하는 일로써 인간은 월권을 행하여서는 안 됩니다.

그러나 도르트 회의에서는 후택설을 선택하고 전택설을 정죄하지 않았으므로, 우리는 후택설의 입장에서 신조를 보아야 하며, 결정론에 빠지지 않으려고 상당히 조심했다는 것을 알아야 하겠습니다. 그리고 또 한 가지 주의해야 할 사실은 타락 전 선택설을 말한다고 해서 '하이퍼 칼빈주의'Hyper Calvinsm, 즉 '극단적 칼빈주의자'들로 오해해서는 안 됩니다. 이 둘을 종종 같은 부류로 오해하는 경향이 있는데, 타락 전 선택설을 말하는 자들과 하이퍼 칼빈주의자는 분명히 다릅니다.

하이퍼 칼빈주의자들은 값없이 주시는 복음의 은혜와 일반 은총을 부인합니다. 하이퍼 칼빈주의자들의 문제점은 크게 두 가지로 볼 수 있습니다. 첫째는, 예정에 대한 관심이 한쪽으로 너무 치우쳐 전도의 필요성을 무시한다는 것입니다. 이들은 어차피 구원받기로 예정되어 있는데 전도가 무슨 필요가 있느냐고 반문합니다. 둘째는, 하나님의 주권을 너무 극단적으로 강조한 나머지 인간의 책임과 성화에 대해 무시한다는 것입니다. 이들은 죄에 대한 인간의 책임을 배제하며 율법의 폐지로 나갑니다.

하이퍼 칼빈주의자로 불리우는 사람은 헤르만 훅스마Herman Hoeksema, 1886-1965, 리차드 데이비스Richard Davis, 1658-1714, 조셉 허시Joseph Hussey, 1660-1726, 존 스케프John Skepp, 1670-1721, 존 브라인John Brine, 1703-1765, 존 길John Gill, 1697-1771 등이 있습니다. 이 가운데 조셉 허시는 『하나님의 은혜는 작용하지만 은혜의 제공은 없다』라는 책에서 복음의 값없는 제공을 부인한 바 있습니다. 특히 하이퍼 칼빈주의로 유명한 존 길에 대해서 스펄전Charles Haddon Spurgeon, 1834-1892은 "존 길의 주석은 자신의 신조에 맞지 않는 본문을 접할 때 하나님의 말씀을 더 체계적인 형태로 만들기 위하여 무시무시하게 잘라내고 토막낸다."[10] 라고 비판하였습니다.

제6항 하나님의 작정

어떤 사람들은 하나님께로부터 믿음의 선물을 받는데, 또 어떤 사람들은 그 것을 받지 못하고 있다. 이 모든 것은 하나님의 영원한 작정(결정)하심에 달려 있는 것이다.

"예로부터 이것을 알게 하시는 주의 말씀이라 함과 같으니라(행 15:18)."

"모든 일을 그 마음의 원대로 역사하시는 자의 뜻을 따라 우리가 예정을 입어 그 안에서 기업이 되었으니(엡 1:11)"

그 작정에 따라 하나님께서는 택하신 자의 마음이 완고하다 하더라도 하나님은 택한 자로 하여금 마음 문을 열게 하여 믿도록 하시지만, 반면에 택하지 않은 사람들은 그 사악함과 고집대로 내버려두사 심판을 받게 하신다. 다 멸망받기에 마땅한 사람들 속에서 하나님의 오묘하고도 자비롭고 의로우신 택함과 유기의 작정이 있는 것인데, 이것은 하나님의 말씀에 게시된 대로 사악하고 범죄하여 요동하는 마음을 가진 사람들에게는 스스로 멸망 가운데 빠지게 하는 것이지만 거룩하고 경건한 영혼들에게는 말할 수 없는 위로가 되는 것이다.

---

10) 에롤 헐스, 『칼빈주의 기초』 (부흥과개혁사, 2012), p.134.

우리가 구원을 얻는 것은 우리의 어떤 행위나 조건에 의해서가 아닙니다. 다만 예수 그리스도를 믿음으로써 받는 하나님의 은혜이며, 이 구원은 인간에게서 나는 것이 아니라 하나님의 선물입니다. 그런데 어떤 사람들은 하나님께로부터 믿음의 선물을 받는가 하면, 또 어떤 사람들은 믿음의 선물을 받지 못하는 것을 볼 수 있습니다. 그 이유는 하나님의 영원한 작정(결정)하심에 달려 있는 것입니다.

하나님께서는 창세전에 자신의 선하시고 기쁘신 뜻을 따라 생명을 얻을 자들을 그리스도 안에서 선택하셨습니다. 먼저 여기서 알 것은 생명에 이르도록 창세전에 그리스도 안에서 선택받은 자들은 그들이 가진 선한 행위나 다른 어떤 조건들이 하나님을 감동시켜 선택하게 된 것이 아니라는 것입니다.

사도 바울은 로마서에 "이뿐 아니라 또한 리브가가 우리 조상 이삭 한 사람으로 말미암아 잉태하였는데 그 자식들이 아직 나지도 아니하고 무슨 선이나 악을 행하지 아니한 때에 택하심을 따라 되는 하나님의 뜻이 행위로 말미암지 않고 오직 부르시는 이에게로 말미암아 서게 하려 하사 리브가에게 이르시되 큰 자가 어린 자를 섬기리라 하셨나니 기록된 바 내가 야곱은 사랑하고 에서는 미워하였다 하심과 같으니라(롬 9:10-13)."라고 말씀하였습니다.

신앙에 있어서 예정은 아주 중요한 교리입니다. 이 예정에는 선택과 유기라는 두 부분이 있습니다. 우리는 이것을 "이중 예정"이라고 말하기도 합니다. 하나님은 창세전에 분명히 선택자와 유기자(버릴 자)를 정해 놓으셨습니다. 선택자와 유기자들 간에는 아무 차이점이 없습니다. 야곱과 에서는 태어나지도 않은 때에 선택과 유기로 결정되었듯이 인류 가운데서도 어떤 이들은 선택되고 어떤 이들은 유기로 결정되는 것입니다. 유기로 결정된 자들은 스스로 멸망 가운데 빠지게 되지만, 영원한 생명을 얻도록 구원을 받을 선택된 자들에게는 말할 수 없는 위로가 되는 것입니다.

제7항 하나님의 선택

선택이라는 것은 하나님의 불변하신 뜻으로써 이 세계가 만들어지기도 전에 하나님께서 모든 인간이 그들의 최초의 상태로부터 타락하여 죄와 파멸의 결과를 낳게 됨에 따라 그리스도, 즉 하나님께 영원부터 중보자로 또한 택한 자의 머리와 구원의 기초로서 세우신 그분 안에서 구원받은 자의 일정한 수를 뽑으시는 것이다. 그것은 그의 선하신 주권에 따라 은혜로 인하여 된 것인데 이는 하나님의 변할 수 없는 목적이 되었다. 택함받은 자들이 그 본성에 있어서는 그밖의 다른 사람들보다 더 낫거나 더 값어치 있는 것이 아니다. 오히려 똑같은 비참함 속에 있었다. 그러나 하나님께서는 그들에게 그리스도를 주셔서 그를 통하여 택함받는 자들이 구원을 얻도록 하셨다. 하나님께서는 그들을 부르시고 죄에서 벗어나게 하셔서 말씀과 성령으로 그분과 교통하도록 하시고, 그들에게 참 믿음을 주시어 의롭다 하시고 영화롭게 하셨다. 또한 그 아들과의 교제를 통해 능력 있게 그들을 보존해 주시면서, 결국은 하나님께서 그들에게 보여 주신 자비로우심에 영광을 돌리고 그의 풍성한 은혜를 찬양케 하신다.

"곧 창세전에 그리스도 안에서 우리를 택하사 우리로 사랑 안에서 그 앞에 거룩하고 흠이 없게 하시려고 그 기쁘신 뜻대로 우리를 예정하사 예수 그리스도로 말미암아 자기의 아들들이 되게 하셨으니 이는 그의 사랑하시는 자 안에서 우리에게 거저 주시는 바 그의 은혜의 영광을 찬미하게 하려는 것이라(엡 1:4-6)."

"또 미리 정하신 그들을 또한 부르시고 부르신 그들을 또한 의롭다 하시고 의롭다 하신 그들을 또한 영화롭게 하셨느니라(롬 8:30)."

하나님께서는 창세전에 자신의 영원하고 변함없는 목적, 그리고 자신의 선하시고 기쁘신 뜻을 따라 그리스도 안에서 구원받은 자의 일정한 수를 선택하셨습니다. 하나님이 선택하신 수는 인간은 모릅니다. 오직 하나님만이 아십니다. 그리고 이러한 선택은 택함받은 자들의 선한 행위나 또는 어떤 다른 요소들이 하나님을 감동시켜 저들을 선택하게 하는 원인이 된 것은 아닙니다. 택함받은 자들의 본성이 유기된 사람들보다 더 낫거나 더 값어치가 있어서 선택된 것도 아닙니다. 사도 바울은 로마서를 통하여 야곱과 에서가 나지도 않은 때에 선택과 유기로 결정되었듯이 인류 가운데서도 어떤 이들은 선택되고 어떤 이들은 유기로 결정되는 것은 하나님의 주권에 따른 것이라고 말씀하고 있습니다. 선택은 하나님께서 영원한 때부터 세우신 계획에 의하여 된 것입니다. 창세전에 선택받은 자들은 아담 안에서 타락했습니다. 본질상 진노의 자녀이었으나 그리스도로 말미암아 은혜로 구속받은 것입니다. 그리고 성령으로 말미암아 그리스도 안에서 유효하게 부르심을 받아 믿음으로 의롭다 하시고, 의롭다 하신 그들을 영화롭게 하신 것입니다.

그리스도 안에서 택함받은 자들을 선택하신 것은 전적으로 하나님의 주권에 의해서 결정된 것입니다. 이 결정에 불만을 가지는 사람들은 하나님이 불의하다고 말합니다. 즉 누구는 선택하고 누구는 유기하는 이 결정을 내리신 하나님은 독재자라는 것입니다. 이렇게 말하는 이유는 하나님의 주권에 대한 오해와 무지 때문입니다. 사도 바울은 이들을 향하여 "그런즉 우리가 무슨 말 하리요 하나님께 불의가 있느뇨 그럴 수 없느니라… 혹 네가 내게 말하기를 그러면 하나님이 어찌하여 허물하시느뇨 누가 그 뜻을 대적하느뇨 하리니 이 사람아 네가 뉘기에 감히 하나님을 힐문하느뇨 지음을 받은 물건이 지은 자에게 어찌 나를 이같이 만들었느냐 말하겠느뇨 토기장이가 진흙 한 덩이로 하나는 귀히 쓸 그릇을, 하나는 천히 쓸 그릇을 만드는 권이 없느냐(롬 9:14, 19-21)."라고 말씀하였습니다. 인간

편에서는 도저히 받아들일 수 없는 일이지만 하나님 편에서는 당연한 주권을 행사하시는 것입니다.

토기장이에게 진흙 한 덩어리로 귀하게 또는 천하게 쓸 그릇을 만드는 권한이 있는 것은 당연한 것입니다. 만일 당신이 토기장이라고 할 때에 어떤 사람이 "당신은 왜 이 진흙으로 귀한 그릇 또는 천한 그릇을 만드느냐?"라고 묻는다면 여러분은 뭐라고 대답하시겠습니까? 분명한 사실은 이 진흙으로 그릇을 귀하게 만들든 천하게 만들든 그 권한은 당신에게, 즉 토기장이에게 있다는 것입니다.

하나님은 토기장이십니다. 토기장이이신 하나님은 선택하시는 자로 그리고 버리는 자로 예정하시는 권한이 있습니다. 하나님의 결정하심에 인간은 아무런 영향력이 없습니다. 이 결정은 하나님의 절대적인 주권입니다. 예레미야 선지자는 "진흙으로 만든 그릇이 토기장이의 손에서 파상하매 그가 그것으로 자기 의견에 선한 대로 다른 그릇을 만들더라… 나 여호와가 이르노라 이스라엘 족속아 이 토기장이의 하는 것같이 내가 능히 너희에게 행하지 못하겠느냐 이스라엘 족속아 진흙이 토기장이의 손에 있음같이 너희가 내 손에 있느니라(렘 18:4, 6)."라고 하며 하나님의 주권을 분명하게 드러내고 있습니다.

예정론에는 크게 '타락 전 선택설'과 '타락 후 선택설' 두 가지가 있습니다. 전택설의 내용은 다음과 같습니다.

"창조될 자들 가운데 어떤 자들은 영생하도록 선택하시고, 어떤 자들은 멸망하도록 정하셨다. 창조하시고, 인간의 타락을 허용하시고 선택받은 자를 위해 그리스도를 보내시고 이 구속을 선택받은 자들에게 적용하시기 위해 성령을 보내셨다."

인간의 타락 이전에 하나님의 선택이 이루어졌다는 것입니다.

전택설은 로마서 9장의 토기장이의 비유에 따라 하나님의 절대 주권에 따르므로 지지를 받고 있습니다. 그러나 '아직 창조되지 않은 사람이 하나님의 선택과 유기로 정해진다는 것은 불가능하다.', '하나님을 죄의 조성자로 만든다.'는 약점을 가지고 있습니다. 이 전택설을 주장하는 대표적인 인물로 베자Theodore Beza, 1519-1605, 고마루스Franciscus Gomarus, 1563-1641, 잔키우스Jerome Zanchius, 1516-1590 등을 들 수 있습니다.

반면 후택설은 "창조하시고, 인간의 타락을 허용하시고, 타락한 인간 가운데 어떤 자들은 영생의 복락을 주기로 선택하시고, 또 어떤 자들은 마귀와 악한 천사들과 함께 그들이 받을 당연한 형벌 아래 버려두시고 선택받은 자를 위해 그리스도를 보내시고, 그리스도로 말미암아 얻을 구속을 위해 성령을 보내셨다."는 이론입니다. 물론 후택설도 하나님의 작정에서 이루어진다고 말합니다. 그러나 '하나님의 예정이 예지로 약화되는, 즉 인간이 타락하기 전까지는 하나님이 아무 계획 없다가 인간이 타락한 후에 어떻게 할 것인가를 선택과 유기하였다.'는 약점이 있습니다. 후택설을 주장하는 대표적인 인물로 워필드Benjamin B. Warfiekd, 1851-1921, 핫지Charles Hodge, 1797-1878, 블링거Heinrich Bulinger, 1504-1575 등을 들 수 있습니다. 그리고 이 두 설을 서로 상호간에 인정하는 대표 인물은 카이퍼Abraham Kuyper, 1837-1920, 바빙크Herman Bavinck, 1854-1921를 들 수 있습니다.

제8항 동일한 작정

이 선택에는 다양한 하나님의 뜻이 있는 것이 아니라 구원받을 모든 사람들에게 관한 하나의 동일한 작정이 있을 뿐이다. 이 모든 것은 구약과 신약에 기초하고 있다. 이 성경에 나타난 바 영원 전부터 우리를 구원에 이르도록 선택하신 하나님의 기쁘신 뜻과 목적이 우리로 하여금 하나님의 은혜와 영광을 노래하게 하였다. 또한 성경은 구원을 찬양하면서 우리로 하여금 구원의 길에서 살아가도록 부르셨음을 보여 주고 있다.

"곧 창세전에 그리스도 안에서 우리를 택하사 우리로 사랑 안에서 그 앞에 거룩하고 흠이 없게 하시려고 그 기쁘신 뜻대로 우리를 예정하사 예수 그리스도로 말미암아 자기의 아들들이 되게 하셨으니(엡 1:4-5)."

"우리는 그의 만드신 바라 그리스도 예수 안에서 선한 일을 위하여 지으심을 받은 자니 이 일은 하나님이 전에 예비하사 우리로 그 가운데서 행하게 하려 하심이니라(엡 2:10)."

선택은 인간의 머리에서 나온 이론이나 사상이 아닙니다. 전적으로 하나님의 작정에 속하는 하나님의 일입니다. 하나님께서는 영원한 때부터 자신의 가장 지혜롭고 거룩하신 계획에 의하여 선택하셨습니다. 그런데 이 선택은 하나님께서 결정하실 때, 장차 어떤 일이 일어날 것을 아시기 때문에, 즉 예지(豫知)하셨기 때문에 결정하신 것은 아닙니다. "하나님이 우리를 구원하사 거룩하신 부르심으로 부르심은 우리의 행위대로 하심이 아니요 오직 자기 뜻과 영원한 때 전부터 그리스도 예수 안에서 우리에게 주신 은혜대로 하심이라(딤후 1:9)."

그러나 알미니안주의자들은 "영생에 이르도록 하는 하나님의 선택에는 여러 가지 종류가 있다. 하나는 일반적이며 불명확한 것이요, 또 다른 하나는 특별하고 분명한 것이다. 따라서 선택은 불완전하고 취소될 수 있으며 미결정적이고 조건적이든지, 또는 완전하고 취소될 수 없으며 결정적이고 절대적이라는 것이다. 따라서 하나는 믿음에 이르는 택함이요 또 다른 하나는 구원에 이르는 택함이므로, 구원에 이르는 결정적인 선택이 아니고서도 이 선택은 믿음으로 의롭다 함에 이를 수 있는 것이다."라고 말합니다. 이러한 알미니안주의자들의 주장은 성경의 가르침과는 무관한 인간의 머리에서 나온 상상일 뿐이므로 선택에 대한 성경의 가르침을 그릇되게 하여 구원의 보배로운 줄을 끊어버리는 결과가 될 뿐입니다.

알미니안주의자들은 믿음으로 구원을 받지만 잃어버릴 수도 있다고 말합니다. 끝까지 인내하며 나간 사람만이 구원을 받을 수 있다는 것입니다. 과연 이 과정을 끝까지 거쳐 구원을 받을 수 있는 사람이 있습니까? 이것은 불가능한 일입니다. 성경에서 말씀하시는 것은 하나님은 믿는 자를 구원할 뿐만 아니라 영원 전부터 특정한 수를 택하여 뽑으셔서 때가 이르면 그리스도 안에서 믿음을 얻게 하시고 인내를 갖게 하신다고 말씀하고 있는 것입니다. "세상 중에서 내게 주신 사람들에게 내가 아버지의 이름을 나타내었나이다 저희는 아버지의 것이었는데 내게 주셨으며 저희는 아버지의 말씀을 지키었나이다(요 17:6)." "영생을 주시기로 작정된 자는 다 믿더라(행 13:48)." "곧 창세전에 그리스도 안에서 우리를 택하사 우리로 사랑 안에서 그 앞에 거룩하고 흠이 없게 하시려고(엡 1:4)"

제9항 선택의 기초

하나님께서 인간을 선택하시는 것은 그 선택의 선행 조건이나 원인 등으로서 인간 속에 있는 어떤 예지적인 믿음이나 그 믿음에 대한 순종, 거룩함 또는 그밖의 다른 어떤 착한 성품이나 기질에 근거한 것이 아니다. 그것은 인간이 선택을 받아서 믿음에 이르고 그 믿음에 순종하여 거룩함에 이르는 등의 순서를 갖게 되는 것이다. 따라서 선택받았다고 하는 사실이 모든 선행의 기초(원인)를 이루게 되는 것이며, 선택받음으로 인하여 믿음과 거룩함과 그 밖의 구원의 은사를 얻게 되어 결국은 그 열매로서 영생을 소유하게 되는 것이다. 이것은 "곧 창세전에 그리스도 안에서 우리를 택하사 우리로 사랑 안에서 그 앞에 거룩하고 흠이 없게 하시려고(엡 1:4)" 하셨다는 사도 바울의 말과 같다.

하나님께서는 전적으로 자신의 선하시고 기쁘신 뜻을 따라서 오직 그의 거저 주시는 값없는 은혜와 사랑에 근거하여 그리스도 안에서 인간을 선택하십니다. 그리스도 안에서 우리를 선택하시는 것은 하나님의 절대적 주권으로 말미암은 것입니다. 하나님의 절대적 주권으로 선택하시는 좋은 예가 바로 야곱과 에서입니다.

사도 바울은 로마서 9:10, 11, 13에 "이뿐 아니라 또한 리브가가 우리 조상 이삭 한 사람으로 말미암아 잉태하였는데 그 자식들이 아직 나지도 아니하고 무슨 선이나 악을 행하지 아니한 때에 택하심을 따라 되는 하나님의 뜻이 행위로 말미암지 않고 오직 부르시는 이에게로 말미암아 서게 하려 하사… 기록된 바 내가 야곱은 사랑하고 에서는 미워하였다 하심과 같으니라."라고 말씀하였습니다. 하나님이 야곱을 선택하고 에서를 버린 것은 그들의 어떤 행위나 조건에 의해서 결정된 것이 아니라는 것입니다. 만일 조건이나 행위를 따지자면 야곱보다 에서가 더 났습니다. 그러나 하나님은 야곱을 선택하셨습니다. 왜 하나님은 에서를 버리고 야곱을 선택하셨습니까? 야곱이 에서보다 착해서입니까? 아니면 에서보다 더 나은 어떤 조건이 있었습니까? 아닙니다. 성경은 이 부분에 대해 "여호와께서 자기를 위하여 야곱 곧 이스라엘을 자기의 특별한 소유로 택하셨음이로다(시 135:4)."라고 말합니다. 그리고 다른 설명은 없습니다. 이것은 무엇을 의미합니까? 그것은 바로 선택은 인간으로부터 시작되는 것이 아니라 전적으로 하나님으로부터 시작된다는 것을 말하는 것입니다. 만일 선택이 인간의 조건이나 행위로 말미암아 된다고 한다면 그 기준은 무엇이며 어느 정도의 행위를 해야만 그 선택에 대한 충족을 만족시켜 선택받을 수 있습니까? 이 질문에 정확한 답은 없습니다. 아니, 말할 수 없습니다. 이것은 막연한 일입니다. 선택받음이 인간의 어떤 조건이나 행위를 통하여 되지 않는 것이 오히려 은혜입니다. 만일 선택받음이 인간의 어떤 조건이나 행위로 말미암는다면 선택받을 사람은 이 세상에 아무도 없으며, 인간은 아주 비참하고도 불행한 존재가 되어버립니다. 그러나 하나님의 절대적 주권으로 선택받았기에 그리스도 안에서 소명을 시작으로 중생, 회개, 믿음, 칭의, 양자, 성화, 견인, 그리고 영화의 은혜를 받는 것입니다.

제10항 선택의 원인

하나님의 선하고 기뻐하심이 이 은혜로운 선택의 유일한 원인이 되는데, 이 선하고 기쁘신 뜻이란, 하나님께서 구원의 조건으로서 인간의 어떤 능력이나 행위에 근거한 것이 아니라 죄를 범한 모든 사람들 중에서 기꺼이 얼마를 뽑아서 자기에게 속한 특별한 백성으로 삼으신 것인데 이는 기록된 다음의 말씀과 같다.

"그 자식들이 아직 나지도 아니하고 무슨 선이나 악을 행하지 아니한 때에 택하심을 따라 되는 하나님의 뜻이 행위로 말미암지 않고 오직 부르시는 이에게로 말미암아 서게 하려 하사 리브가에게 이르시되 큰 자가 어린 자를 섬기리라 하셨나니 기록된 바 내가 야곱은 사랑하고 에서는 미워하였다 하심과 같으니라(롬 9:11-13)."

"영생을 주시기로 작정된 자는 다 믿더라(행 13:48)."

하나님께서 인간을 선택하시는 기준은 무엇입니까? 그것은 전적으로 자신의 선하시고 기쁘신 뜻을 따라 선택하시는 것입니다. 인간 편에서 기준이 되어 선택받는 것이 아니라는 것입니다. 사도 바울은 에서와 야곱을 예를 들면서 "그 자식들이 아직 나지도 아니하고 무슨 선이나 악을 행하지 아니한 때에 택하심을 따라 되는 하나님의 뜻이 행위로 말미암지 않고 오직 부르시는 이에게로 말미암아 서게 하려 하사 리브가에게 이르시되 큰 자가 어린 자를 섬기리라 하셨나니 기록된 바 내가 야곱은 사랑하고 에서는 미워하였다 하심과 같으니라(롬 9:11-13)."라고 말씀하시면서 선택에 대한 기준을 말씀해 주셨습니다. 즉 인간의 어떤 능력이나 행위에 근거한 것이 아니라 하나님의 기쁘신 뜻에 따라 선택받는다는 것입니다.

찰스 스펄전도 이 부분에 대하여 다음과 같이 설교한 적이 있습니다.

"선택은 명확한 사실입니다. 이것은 부인할 수 없는 진리이므로 우리는 이것을 잘 믿어 왔습니다. 여러분은 견해를 달리할지도 모릅니다. 그러나 여러분이 사실을 변경할 수는 없습니다. 여러분이 단순한 교리를 바꿀 수 있을지는 몰라도, 실제로 존재하는 실재를 바꿀 가능성은 없습니다. 여러분이 그 교리에 대해 논쟁하기 전에, 여러분이 교리에 대해 어떻게 생각하더라도 이 교리를 변경할 수 없다는 것을 명심하십시오. 여러분이 아무리 이 교리를 반대한다 할지라도, 하나님이 야곱은 사랑하셨고 에서는 사랑하지 않았다는 것은 실제적인 사실입니다."

그러나 대부분의 사람들은 이 선택의 교리인 예정에 대해서 들을 때 상당히 불쾌하고 기분 나쁘게 생각합니다. 하나님께서 누구는 선택하고 누구는 버리는가 하는 것입니다. 우리는 이에 대한 사도 바울의 말씀에 주의를 기울일 필요가 있습니다. "이 사람아 네가 누구이기에 감히 하나님께 반문하느냐 지음을 받은 물건이 지은 자에게 어찌 나를 이같이 만들었느냐 말하겠느냐 토기장이가 진흙 한 덩이로 하나는 귀히 쓸 그릇을, 하나는 천히 쓸 그릇을 만들 권한이 없느냐(롬 9:20-21)." "그런즉 원하는 자로 말미암음도 아니요 달음박질하는 자로 말미암음도 아니요 오직 긍휼히 여기시는 하나님으로 말미암음이니라(롬 9:16)."

하나님께서 자신의 뜻대로 선택하시는 것은 하나님의 주권입니다. 하나님의 선택에 있어서 인간은 왈가왈부 할 수 없습니다.

제11항 선택의 불변

하나님은 가장 지혜로우시며 불변하시며 전지(全知)하시며 무소부재하신 분이시므로 그가 행하신 선택은 중단되거나 변하거나 취소되거나 무효화 될 수 없다. 또한 택함받은 자는 버림받거나 그 수가 감소될 수도 없는 것이다.

우리는 선택하시는 하나님에 대해서 잘 알아야 합니다. 그래야 우리가 가진 선택에 대해 확신을 가질 수 있습니다. 그러나 구원받을 자를 선택하시는 하나님에 대하여 알지 못하면 확신을 가질 수없습니다. 그렇다면 구원하시고자 선택하시는 하나님은 어떤 분이십니까?

첫째는, 가장 지혜로운 분입니다. 가장 지혜로우시기에 그 지혜로 말미암아 선택하는 데 문제가 없습니다.

둘째는, 불변하시는 분입니다. 하나님은 불변이십니다. 인간들처럼 마음이 조석(朝夕)으로 바뀌지 않습니다. 어제나 오늘이나 영원토록 변하지 않습니다. 만일 하나님이 불변하지 않다면 선택은 불안정합니다. 오늘 선택하였다가 내일 버리거나, 오늘 버리고 내일 선택하는 이런 식이라면 어느 누가 안심하며 확신을 가질 수 있겠습니까? 인간들은 매일매일 불안 속에 떨며 살아갈 수밖에 없습니다. 또한 취소되지도 않습니다. 우중(雨中)으로 인해 경기가 취소되듯이 선택도 취소되거나 무효화 되지 않습니다.

셋째는, 전지(全知)하신 분입니다. 하나님께서는 모든 일들에 대하여 장차 어떤 일이 일어날 수 있는가를 다 알고 계십니다. 모르시는 것이 없습니다. 전지하시기에 누구를 선택하시는 일에 있어서 모자람이 없습니다. 왜냐하면 누구를 선택하며 누구를 버려야 하는지 잘 알고 계시기 때문입니다.

그리고 마지막으로, 무소부재(無所不在)하신 분입니다. 선택하시는 하나님은 아니 계신 곳이 없는 광대한 분이십니다. "내가 주의 신을 떠나 어디로 가며 주의 앞에서 어디로 피하리이까 내가 하늘에 올라갈찌라도 거기 계시며 음부에 내 자리를 펼찌라도 거기 계시니이다(시 139:7-8)." 그러기에 하나님께서 행하시는 선택은 중단되거나 변하거나 취소되거나 무효화 될 수 없습니다.

하나님께서 택한 자의 수는 줄지도 늘지도 않습니다. 하나님께서 창세전에 선택한 자들의 수가 있습니다. 그 수가 어느 정도인지 우리는 알 수 없습니다. 오직 하나님만이 아십니다. 그리고 이 숫자는 인간에 의해 늘거나 줄지 않습니다. 만일 알미니안주의자들이 말하는 바대로 구원이 인간의 선택에 의한 것이라면 이 구원의 수는 늘기도 하며 줄기도 할 것입니다. 믿고자 하는 사람이 많으면 늘 것이고, 믿다가 타락하여 신앙을 버리면 그 수는 줄게 될 것입니다. 즉 구원의 수가 인간에 의해 좌지우지된다는 것입니다.

만일 알미니안주의자들의 말이 맞는다면 하나님의 지혜가 부족하다는 것이요, 하나님의 능력이 모자란다는 것이요, 그리고 하나님의 전지성에 결점이 있다는 말과 같습니다. 그러므로 그들의 주장은 잘못된 것임을 알 수 있습니다. 선택받는 구원의 숫자는 특별합니다. 이 숫자는 계획되어 있습니다. 그래서 선택받은 자들의 수는 더하거나 뺄 수 없습니다. "내가 너희를 다 가리켜 말하는 것이 아니라 내가 나의 택한 자들이 누구인지 앎이라(요 13:18)."

제12항 선택의 확신

구원의 확신에 대한 정도와 그 방법은 다양할 수 있지만 구원받은 사람들이 영원불변한 택정함의 확신을 얻는 것은 하나님의 비밀스런 오묘한 일에 대해 호기심을 느끼는 것에 의해서가 아니다. 그것은 성령의 기쁨과 거룩한 즐거움을 가지면서 하나님의 말씀 안에 나타난 바 구원받는 자의 확실한 열매를 잘 지켜 나감으로 이루어진다. 즉 이것은 그리스도를 믿는 참된 믿음과 충성스런 경외심, 죄에 대한 거룩한 탄식, 그리고 의를 추구하고자 하는 열망과 의에 주리고 목마른 갈증 등이다.

"오직 하나님이 성령으로 이것을 우리에게 보이셨으니 성령은 모든 것 곧 하나님의 깊은 것이라도 통달하시느니라 사람의 사정을 사람의 속에 있는 영 외에는 누가 알리요 이와 같이 하나님의 사정도 하나님의 영 외에는 아무도 알지 못하느니라(고전 2:10-11)."

"너희가 믿음에 있는가 너희 자신을 시험하고 너희 자신을 확증하라 예수 그리스도께서 너희 안에 계신 줄을 너희가 스스로 알지 못하느냐 그렇지 않으면 너희가 버리운 자니라(고후 13:5)."

"하나님의 뜻대로 하는 근심은 후회할 것이 없는 구원에 이르게 하는 회개를 이루는 것이요 세상 근심은 사망을 이루는 것이니라(고후 7:10)."

"의에 주리고 목마른 자는 복이 있나니 저희가 배부를 것임이요(마 5:6)."

참된 성도는 자신의 구원에 대한 확신을 갖습니다. 특히 자신이 선택받았다는 사실에 더욱 그러합니다. 사람들마다 자신이 어떻게 구원을 받았는지, 이것을 얼마나 확신하는지는 다양합니다. 그러나 분명한 사실은 하나님께서는 자신의 자녀들을 부르시고 영원불변한 택정함의 은혜를 자녀들로 하여금 알게 하신다는 것입니다. 왜냐하면 선택은 구원의 확신을 더욱 강하게 하시는 하나님의 은혜이기 때문입니다. 물론 이 선택에 대한 확신의 깊이는 각자의 신앙의 성숙에 따라 다를 수도 있습니다.

그런데 알미니안주의자들은 이 선택의 확신에 대해서 이렇게 말을 합니다. "세상의 삶에 있어서는 영광에 이르도록 변함없이 선택받은 자의 열매나 자각(自覺)이 없으며, 더욱이 이에 대한 확실성도 없고 다만 가변적이며 불명확한 조건이 있을 따름이다." 즉 이 말의 요점은 인간이 어떻게 하느냐에 달려 있다는 것입니다. 쉽게 말하자면, 믿음생활을 잘하면 구원을 받았다는 선택에 확신이 생기지만, 혹 은혜에서 조금 멀어지고 믿음생활을 잘하지 못할 때는 구원을 받았다는 선택에 대해 확신이 없다는 것입니다.

알미니안주의자들의 말이 맞다면 우리가 어떻게 평안을 얻을 수 있겠습니까? 늘 불안과 초조함으로 '구원을 잃어버리면 어떻게 할까?' 하는 강박 속에 위로라고는 전혀 찾아볼 수가 없을 것입니다. 그러나 구원받음이 선택에 대한 확신 위에 있다면 우리의 구원은 영원히 안전하며 우리의 마음은 평안으로 넘쳐날 것입니다.

사도 바울의 고백처럼 누가 이 구원의 확신을 우리에게서 빼앗아 갈 수 있겠습니까? "누가 능히 하나님의 택하신 자들을 송사하리요 의롭다 하신 이는 하나님이시니… 내가 확신하노니 사망이나 생명이나 천사들이나 권세자들이나 현재 일이나 장래 일이나 능력이나 높음이나 깊음이나 다른 아무 피조물이라도 우리를 우리 주 그리스도 예수 안에 있는 하나님의 사랑에서 끊을 수 없으리라 (롬 8:33, 38-39)."

제13항 선택의 가치

이 선택을 잘 깨닫고 확신을 갖게 될 때 하나님의 자녀들은 날마다 하나님 앞에서 겸손해지며, 그들의 모든 죄를 사해 주신 하나님의 깊은 자비로우심을 경외하며, 그들에게 향하신 하나님의 그 놀라운 그 큰 사랑으로 인하여 열렬하게 그분을 사랑하도록 하는, 더 큰 동기를 부여해 준다. 또한 이 선택의 교리를 이해할 때 구원받은 사람들은 하나님의 명령을 잘 지킴으로써 나태한 자리에 있지 않도록 하고 세속적인 유혹에 빠져들지 않도록 하지만, 이 선택의 교리와 이를 심사숙고함이 그들로 하여금 하나님의 계명 준수를 해이케 한다든지 거짓된 안정을 준다고 하는 말은 전혀 사실이 아니다. 여기에 하나님의 공의로운 판단이 있게 된다.

"주를 향하여 이 소망을 가진 자마다 그의 깨끗하심과 같이 자기를 깨끗하게 하느니라(요일 3:3)."

"우리가 사랑함은 그가 먼저 우리를 사랑하셨음이라(요일 4:19)."

선택에 대한 확신을 가지고 있어야 한다는 사실은 너무나 중요한 것임을 보았습니다. 그러면 자신이 선택받았다는 사실을 어떻게 증명할 수 있습니까? 어떤 이는 자기는 방언을 말하므로, 어떤 이는 꿈에 천사가 나타나서, 혹은 음성을 들어서 자신이 선택받았다고 말하기도 합니다. 그러나 이런 것을 체험했다고 해서 선택받았다고 말할 수는 없습니다. 왜냐하면 사단의 역사도 있기 때문입니다. "악한 자의 임함은 사단의 역사를 따라 모든 능력과 표적과 거짓 기적과 불의의 모든 속임으로 멸망하는 자들에게 임하리니 이는 저희가 진리의 사랑을 받지 아니하여 구원함을 얻지 못함이니라(살후 2:9-10)."

선택받음에 대한 증거는 내적 증거와 외적 증거로 나눌 수 있습니다. 내적 증거는 하나님의 말씀에 의한 성령의 확신이며, 외적 증거는 12항에서의 열매를 통한 증거입니다. 특히 12항에서 말하고 있는 열매들이란 "그리스도를 믿는 참된 믿음과 충성스런 경외심, 죄에 대한 거룩한 탄식, 그리고 의를 추구하고자 하는 열망과 갈증"입니다. 우리는 주변에서 선택받았다고 말하면서도 입만 열면 거짓말이요, 사기를 치며 중상모략을 하는 사람들을 보게 됩니다. 이들도 교회에 와서 예배를 드리고 봉사를 합니다. 그러나 이런 자들을 선택받은 자라고 말하지 않습니다. 이들에게서 선택받은 참된 성도의 열매들을 찾아볼 수 없기 때문입니다.

특히 이 부분에 대해서 마태는 아주 잘 말씀해 주고 있습니다. "좋은 나무가 나쁜 열매를 맺을 수 없고 못된 나무가 아름다운 열매를 맺을 수 없느니라 아름다운 열매를 맺지 아니하는 나무마다 찍혀 불에 던지우느니라 이러므로 그의 열매로 그들을 알리라… 그날에 많은 사람이 나더러 이르되 주여 주여 우리가 주의 이름으로 선지자 노릇하며 주의 이름으로 귀신을 쫓아내며 주의 이름으로 많은 권능을 행치 아니하였나이까 하리니 그때에 내가 저희에게 밝히 말하되 내가 너희를 도무지 알지 못하니 불법을 행하는 자들아 내게서 떠나가라 하리라(마 7:18-23)."

선택받음에 대한 참된 성도의 삶은 날마다 하나님 앞에서 겸손해지며, 그들의 모든 죄를 사해 주신 하나님의 깊은 자비로우심을 경외하며, 그들에게 향하신 하나님의 그 놀라운 자비를 보여 주신 예수 그리스도의 그 뜨거운 사랑에 감사하며 사는 것입니다.

제14항 선택의 선포

하나님의 놀라운 지혜로 인한 이 신성한 선택의 가르침이 선지자들과 그리스도 자신 그리고 사도들에 의해서 선포된다. 또한 구약성경과 신약성경을 통하여 분명하게 보였듯이 이것은 여전히 하나님의 교회에서 시간과 장소를 따라 이루어지고 있다.

우리는 이 일이 진지하고 경건한 가운데에서 특별히 이루어지며 하나님의 그 거룩한 이름의 영광을 위하여, 또한 높으신 하나님의 비밀스런 길을 완전히 깨달아 알 수는 없으나 하나님께서 그의 백성들을 북돋우고 위로해 주시기 위하여 일어남을 알 수 있다.

"깊도다 하나님의 지혜와 지식의 부요함이여 그의 판단은 측량치 못할 것이며 그의 길은 찾지 못할 것이로다(롬 11:33)."

"내게 주신 은혜로 말미암아 너희 중 각 사람에게 말하노니 마땅히 생각할
그 이상의 생각을 품지 말고 오직 하나님께서 각 사람에게 나눠 주신 믿음의 분
량대로 지혜롭게 생각하라(롬 12:3)."

"형제들아 내가 너희를 위하여 이 일에 나와 아볼로를 가지고 본을 보였으니
이는 너희로 하여금 기록한 말씀 밖에 넘어가지 말라 한 것을 우리에게서 배워 서
로 대적하여 교만한 마음을 먹지 말게 하려 함이라(고전 4:6)."

선택의 가르침은 성경의 처음부터 흘러 내려오는 하나님의 진
리입니다. 이 선택의 가르침이 선지자들과 사도들에 의해서 선포되
며 전해져 왔습니다. 아브라함은 우리 믿음의 조상입니다. 이 아브
라함이 믿음의 조상이 되기 위해 하나님을 선택하였습니까? 아니면
하나님께 선택을 당하였습니까? 모세는 어떻습니까? 그가 어린 아
기 때에 나일 강에서 죽을 뻔하였지만 바로 왕의 딸인 공주의 손에
들려 궁에서 자랐고, 자신의 혈기로 사람을 죽인 일로 광야로 도망
하여 이드로를 만나 목축을 했습니다. 그런 모세에게 찾아와 그를
이스라엘의 지도자로 선택한 분이 누구입니까? 모세가 이스라엘의
지도자가 되기 위해서 하나님을 찾아 선택하였습니까? 다윗이 왕으
로 기름부음을 받을 때에 그가 이스라엘의 왕이 되기 위해서 하나
님을 선택하였습니까? 이외에도 수많은 인물들의 삶을 보면 인간
이 하나님을 찾아 선택한 것이 아니라 하나님이 인간을 선택하였다
는 사실을 쉽게 볼 수 있습니다. "너희가 나를 택한 것이 아니요 내
가 너희를 택하여 세웠나니(요 15:16)"라고 성경은 말하고 있습니다.

알미니안주의자들은 선택의 가르침이 인간의 머리에서 나온
사상이라고 말합니다. 어떤 사람들은 선택의 가르침이 칼빈이나 어

거스틴이 만든 하나의 신학적 산물이라고 말하지만 이것은 잘못 알고 있는 것입니다. 선택의 가르침은 사람의 머리에서 나온 것이 아니라 성경의 가르침입니다. 오히려 알미니안주의자들이 말하는 인간의 의지로 선택하는 교리가 사람의 머리에서 나온 사상임을 알아야 합니다.

그런데 오늘날 현대교회는 이 선택의 가르침에 거의 침묵을 하다시피 합니다. 선택을 말씀하고 가르치는 교회나 목회자를 오히려 이상하게 바라보는 시대입니다. 톱 레이디Augustus Montague Top lady, 1740-1778는 이러한 세태를 다음과 같이 비판합니다.

"우리 영국 교회는 에드워드 4세, 엘리자베스 여왕, 야고보 1세의 치세 또한 찰스 1세의 치세까지 교역자치고 칼빈의 예정 교리를 설교하지 않는 자가 별로 없었으나 지금에는 전혀 그렇지 못하니 현대의 교회는 종교개혁의 원리를 버린 셈이다."[11]

우리는 선택에 대한 말씀을 호기심으로 다가가서는 안 됩니다. 웨스트민스터 신앙고백서는 선택의 가르침에 대해서 "아주 신비한 이 예정의 교리는 특별히 신중하고 조심성 있게 다루어져야 하는데, 이는 사람들이 하나님의 말씀에 계시된 그의 뜻에 유의하고, 그리고 거기에 순종하여 그들이 받은 유효한 부르심에 대한 확신함으로, 그들의 영원한 선택을 확신하도록 하기 위함이다."[12]라고 말씀하였습니다.

오늘날, 톱 레이디가 지적한 대로 장로교회라고 말하면서도 예정에 관한 설교가 강단에서 사라져버렸습니다. 예정에 관한 설교를 하지 않는 이유에는 여러 가지가 있지만 가장 큰 이유는 예정에 관해서 설교하면 사람들이 모이지 않을 뿐만 아니라 사람들이 듣기

11) 로뢰인 베트너, 『칼빈주의 예정론』 (보문출판사, 1987), p.14.
12) 웨스트민스터 신앙고백서(1647), 제3장 8절.

싫어하기 때문입니다. 사람들이 좋아하지 않는다고 해서 강단에서 예정에 관한 설교를 하지 않는 것은 설교자로서 직무 유기에 해당 하는 범죄를 행하는 것입니다. 사도 바울은 "이제 내가 사람들에게 좋게 하랴 하나님께 좋게 하랴 사람들에게 기쁨을 구하랴 내가 지 금까지 사람의 기쁨을 구하는 것이었더면 그리스도의 종이 아니니 라(갈 1:10)."라고 말씀하였습니다. 오늘날 설교자들은 바울의 이 말 씀을 잊어서는 안 됩니다. 사람들이 좋아하는 설교를 하는 설교자 는 그리스도의 종이 아닙니다. 사람들이 듣던지 안 듣던지 설교자 는 하나님의 말씀인 예정을 설교해야 합니다. 그래야 그리스도의 종 이라 인정받습니다.

예정, 선택과 유기의 이 교리는 하나님의 교회에서 하나님의 백성들에게 하나님의 영광을 위하여 오늘날 반드시 가르쳐져야 합 니다.

제15항 유기

특별히 우리에게 설명이 요구되는 것은 이 영원하고도 값없이 주신 은혜로운 택하심에 관해서이다. 이는 거룩한 성경에 나타난 증거로서, 모든 인간이 택함받 은 것이 아니라 그중 얼마가 택함을 받았을 뿐이라는 사실이다. 그 외의 사람들은 하나님의 거룩하고 의롭고 자비로우신 그 불변하는 사랑에서 제외되어 스스로 파멸에 빠져 구원의 믿음과 회개하는 은총을 받지 못한 채, 그들의 길을 따라 하 나님의 심판을 자초하여 끝내는 하나님의 공의로우신 심판 앞에서 영원한 형벌을 받게 된다. 그들에게는 구원받는 믿음과 회개의 은혜를 주지 않기로 작정하셨다. 이는 그들의 불신앙으로 인할 뿐만 아니라 또한 그들이 지은 모든 죄악으로 인한 결과이다. 이것이 징벌에 대한 하나님의 작정인데, 이것으로 인하여 결코 하나님 이 죄의 조성자가 되는 것이 아니요(이런 생각은 가장 악한 생각의 태도이다.), 다만 하 나님께서는 무섭고 맹렬하신 의로운 재판자시요 보응자이심을 선언해 줄 뿐이다.

"만일 하나님이 그 진노를 보이시고 그 능력을 알게 하고자 하사 멸하기로 준

72
⋯⋯⋯⋯⋯
도르트 신조(1619)

비된 진노의 그릇을 오래 참으심으로 관용하시고(롬 9:22)"

"또한 부딪히는 돌과 거치는 반석이 되었다 하나라 저희가 말씀을 순종치 아니하므로 넘어지나니 이는 저희를 이렇게 정하신 것이라(벧전 2:8)."

"하나님이 지나간 세대에는 모든 족속으로 자기의 길들을 다니게 묵인하셨으나(행 14:16)"

선택 교리에 있어서 한 가지 분명한 사실은 하나님은 모든 사람을 택하지 않으셨다는 것입니다. 선택하신 자들이 있는가 하면 반대로 유기(버림)하신 자들이 있다는 것입니다. 우리는 이것을 '이중 예정'이라고도 말합니다. 사람들은 예정 가운데 선택하심에 대해서는 어느 정도 받아들이기는 하지만 유기에 대해서는 반발이 심합니다. 이 유기의 교리에 대해서는 많은 사람들이 성경의 가르침이 아니라고 말합니다. 받아들이지 않습니다. 사랑의 하나님이 어떻게 버릴 수 있는가 하는 것입니다. 그러나 성경은 유기된 자들이 하나님의 사랑에서 제외되었다고 말씀합니다. 그 이유는 그들의 죄로 인하여 하나님의 심판을 받아 버림받은 것이라고 말합니다. 결코 하나님이 그렇게 만든 죄의 원인이 아니라는 것을 알아야 합니다. 어떤 이들은 죄의 원인을 하나님에게로 돌리는데, 이는 악한 자들의 생각입니다.

웨스트민스터 신앙고백서에는 "하나님의 결정(작정)에 따라 하나님은 그의 영광을 나타내시기 위해서 어떤 사람과 천사들은 영원한 생명에 이르도록 예정되고(딤전 5:21; 마 25:41), 다른 이들은 영원한 사망에 이르도록 예정되어 있다(롬 9:22-23; 엡 1:5-6; 잠 16:4). ⋯ 하나님께서는 피조물들 위에 행사하시는 그의 주권적인 능력의 영광을 위하여, 그가 기뻐하시는 대로 긍휼을 베풀기도 하시고 거두시기도

하는 바, 택함받은 자 이외의 나머지 인류에게는 그 자신의 뜻을 측량할 수 없는 계획에 따라서 그들의 죄를 인하여 그들을 버려두시고, 그리고 그들이 치욕과 진노를 당하도록 작정하시기를 기뻐하셨으니, 이는 그의 영광스런 공의를 찬미케 하려 하심이다(마 11:25-26; 롬 9:17-18, 21-22; 딤후 2:19-20; 유 4; 벧전 2:8)."[13]라고 고백하였습니다. 또한 칼빈은 "참으로 많은 사람들은 하나님으로부터 책망을 받지 않으려는 듯이 선택을 용인하면서도 누군가 정죄받는 자가 있다는 것을 부정한다. 그러나 이것은 대단히 무지하고 유치한 짓이다. 버림과 대조되지 않으면 선택은 성립될 수 없다. … 하나님께서는 선택하시지 않은 사람들을 정죄하신다. 그리고 이렇게 하시는 것은 자신의 자녀들을 위해서 예정하신 기업에서 그들을 제외하고자 하시는 것 이외에 다른 이유가 없다."[14]라고 말하였습니다. 유기를 말하면 사람들은 불만으로 가득 찬 화를 냅니다. 신경질적인 반응을 일으킵니다. 그렇다고 해서 유기가 사실이 아니라고 말할 수도 없습니다. 왜냐하면 유기는 분명한 사실이기 때문입니다. 유기를 받아들이지 않는 자들에게 칼빈은 "'내 천부께서 심으시지 않은 것은 뽑힐 것이니'라고 하신 그리스도의 말씀을(마 15:13) 어떻게 해석할 것인가?'를 설명하면서 "이 말씀의 뜻은 분명히 하늘 아버지께서 그의 농장에 거룩한 나무로서 심어 주시지 않은 사람들은 멸망을 받기로 작정되었다는 것이다. 만일 그들이 이 말씀은 유기의 표가 아니라고 한다면, 아무리 분명한 일이라도 그들에게 증명할 수는 없을 것이다."[15]라고 하였습니다.

유기된 자들에게는 천국의 비밀을 아는 것이 허락되지 않습니다. 예수님은 마태복음 13장의 씨 뿌리는 비유를 통해서 "…천국

---

13) Ibid. 제3장 3절, 7절.
14) 존 칼빈, 『기독교강요』, 제3권 23장 1절.
15) Ibid. 제3권 23장 1절.

의 비밀을 아는 것이 너희에게는 허락되었으나 저희에게는 아니되었나니(마 13:11)"라고 말씀하셨고, "…저희가 보아도 보지 못하며 들어도 듣지 못하며 깨닫지 못함이니라(마 13:13),"라고 말씀하였습니다.

또한 유기된 자들에게는 하나님 아버지를 알 수 있는 계시가 주어지지 않습니다. "내 아버지께서 모든 것을 내게 주셨으니 아버지 외에는 아들을 아는 자가 없고 아들과 또 아들의 소원대로 계시를 받는 자 외에는 아버지를 아는 자가 없느니라(마 11:27),"

제16항 유기에 대한 두려움

그리스도 안에서 산 믿음으로 확신을 가지고 화평한 마음과 충성스런 순종을 따라 부지런히 노력하며, 그리스도를 통해 하나님께 영광을 돌리는 일에 적극적이지는 못하나 택한 자들 속에서 은혜로 역사하도록 하나님께서 내려 주신 이 방법들을 사용하는 사람들은, 자신이 버림받을까 하는 공포심이나 또는 그 스스로 버림받았다고 하는 마음을 가질 것이 아니라 인내심을 가지고 부지런히 이를 행하되 풍성한 은혜를 기다리는 겸손한 마음을 가져야 할 것이다. 비록 그런 사람들이 진정으로 하나님께로 돌아와서 하나님만을 기쁘게 하고 사망에서 벗어난다 하더라도 그들이 원하는 거룩함과 온전한 신앙에 이르기가 어렵다. 그렇다고 해서 이 가르침이 그들을 공포로 몰아넣을 수는 없다. 왜냐하면 자비로우신 하나님은 꺼져가는 심지를 끄지 아니하시고 상한 갈대조차 꺾지 않겠다고 약속하셨기 때문이다. 다만 이 유기의 가르침은 하나님과 구세주 예수 그리스도에 관하여 무관심하고 하나님께 진정으로 돌아오지 않고 자기 자신을 전적으로 이 세상과 육체의 쾌락에 방임해 두는 사람들에게 무서운 형벌이 있음을 가르칠 뿐이다.

"영혼 없는 몸이 죽은 것같이 행함이 없는 믿음은 죽은 것이니라(약 2:26)."

"육체의 일은 현저하니 곧 음행과 더러운 것과 호색과 우상 숭배와 술수와 원수를 맺는 것과 분쟁과 시기와 분냄과 당 짓는 것과 분리함과 이단과 투기와 술 취함과 방탕함과 또 그와 같은 것들이라 전에 너희에게 경계한 것같이 경계하노니 이런 일을 하는 자들은 하나님의 나라를 유업으로 받지 못할 것이요(갈 5:19-21)."

하나님의 작정 가운데 선택받은 사람들은 복된 자들입니다. 자신이 선택받았다는 확신을 가진 사람은 정말 복된 자입니다. 그러나 자신이 선택받았다는 확신이 없는 사람들은 '혹시 내가 버림받은 자는 아닌가?' 하는 생각에 불안과 공포에 빠집니다. 물론 선택에 대한 확신을 가지기 전까지 어린아이와 같은 신앙을 가진 자들은 이런 생각을 가질 수도 있습니다. 또한 어느 정도 신앙생활을 한 자들도 이런 생각을 가질 수도 있습니다. 그러나 자신이 유기된 자가 아닌가라는 생각보다는 주의 은혜에 겸손히 믿음으로 나아가 말씀 속에 거하기를 힘써야 합니다. 왜냐하면 자비로우신 하나님은 말씀 가운데 약속을 하셨기 때문입니다. "상한 갈대를 꺾지 아니하며 꺼져가는 등불을 끄지 아니하고 진리로 공의를 베풀 것이며(사 42:3)"

유기의 교리가 이 세상과 육체의 쾌락에 젖어 사는 자들에게 두려운 말씀으로 다가가는 것은 당연합니다. 이들에게는 이 유기의 교리가 무섭고 떨릴 것입니다. 유기되는 것은 인간의 행위 때문이 아니라 오직 하나님의 뜻에 의해서 생기는 일로써 선택과 마찬가지로 유기도 하나님의 기뻐하시는 뜻 안에서 이루어진 하나님의 공평함입니다.

그러나 분명한 사실은 누가 선택받았으며 유기되었는지 우리는 모른다는 것입니다. 오직 하나님만이 아십니다. 그러기에 우리는 함부로 판단해서는 안 됩니다. 사도 바울을 예로 들 수 있습니다. 사도 바울이 다메섹 도상에서 변화하기 전의 모습을 살펴보면 우리는 그가 선택받은 자라고 말할 수 없습니다. 오히려 유기된 자로 하나님 앞에서 심판을 받을 자의 모습이었습니다. 그러나 그는 선택받은 자였습니다. 우리는 이런 상황을 종종 경험하곤 합니다.

그렇다고 해서 바울의 상황이 모든 사람에게 적용되는 것은 아닙니다. 우리가 분명히 알 것은 선이나 공로를 통해서 구원을 받는 것은 아니지만 구원받은 성도는 참 열매가 나타난다는 사실입니다. 누가 선택을 받아 구원을 받았는지는 확실히 알 수 없지만 나타나는 열매로 보아 짐작할 수 있습니다. 물론 위선자들이 말하고 나타내 보이는 선이나 공로를 말하는 것이 아닙니다. 사도 야고보가 말씀하신 것처럼 '행함이 없는 믿음은 죽은 것'임을 무시해서는 안 됩니다. 다른 말로 하자면 열매가 없는 사람은 참 성도가 아니라는 것입니다.

그런데 열매는 열매인데 어떤 열매를 맺느냐가 중요합니다. 사도 마태는 "이와 같이 좋은 나무마다 아름다운 열매를 맺고 못된 나무가 나쁜 열매를 맺나니 좋은 나무가 나쁜 열매를 맺을 수 없고 못된 나무가 아름다운 열매를 맺을 수 없느니라(마 7:17-18)."라고 말씀하면서 열매로 그들을 알 것이라 하셨습니다. 즉 가시나무에서 포도를, 또는 엉겅퀴에서 무화과를 딸 수 없다는 것입니다. 이처럼 선택받은 자들은 선택받은 자로서의 열매를 맺고, 유기된 자들은 유기된 자로서의 열매를 맺는 것입니다.

거짓된 자들은 참 열매 맺는 것보다 믿음을 내세웁니다. 그러나 이들이 말하는 믿음은 성경에서 말씀하시는 믿음과 다른 거짓 믿음입니다. 그들은 믿음을 말하면서도 음행과 더러운 것과 호색과 우상 숭배와 술수와 원수를 맺는 것과 분쟁과 시기와 분냄과 당 짓는 것과 분리함과 이단과 투기와 술 취함과 방탕함에 이르는 거짓 열매를 맺습니다. 이들은 유기된 자들로서 하나님의 나라를 유업으로 받지 못하는 자들입니다.

제17항 영아들의 구원

우리는 하나님의 뜻을 따라 그 말씀으로 심판을 받게 된다. 그러므로 믿는 자의 자녀는 그 본성에 의해서가 아니라 은혜로운 계약으로 인하여 그 부모의 믿음을 따라 거룩한 것이기 때문에, 경건한 부모들은 하나님께서 유아기에 불러가신 그들의 자녀들이 이 거룩한 믿음을 따라 하나님을 기쁘게 하도록 하기 위해 자녀들이 택함받아 구원되었다는 사실을 의심해서는 안 된다.

"내가 내 언약을 나와 너와 네 대대 후손의 사이에 세워서 영원한 언약을 삼고 너와 네 후손의 하나님이 되리라(창 17:7)."

"여호와께서 또 가라사대 내가 그들과 세운 나의 언약이 이러하니 곧 네 위에 있는 나의 신과 네 입에 둔 나의 말이 이제부터 영영토록 네 입에서와 네 후손의 입에서와 네 후손의 후손의 입에서 떠나지 아니하리라 하시니라 여호와의 말씀이니라(사 59:21)."

"이 약속은 너희와 너희 자녀와 모든 먼 데 사람 곧 주 우리 하나님이 얼마든지 부르시는 자들에게 하신 것이라 하고(행 2:39)."

"믿지 아니하는 남편이 아내로 인하여 거룩하게 되고 믿지 아니하는 아내가 남편으로 인하여 거룩하게 되나니 그렇지 아니하면 너희 자녀도 깨끗지 못하니라 그러나 이제 거룩하니라(고전 7:14)."

선택과 유기를 말함에 있어서 우리는 한 가지 깊이 생각해 보아야 하는 부분이 있습니다. 그것은 영아(嬰兒)들에 관한 것으로 영아들이 죽었을 때 그들이 구원을 받을 수 있는가 하는 문제입니다. 특히 믿음과 신앙이 없는 사람들은 이 문제를 걸고 시비를 걸곤 합니다. 예를 들면, "예수를 믿어야 구원을 얻는다고 하는데 그렇다면 어린 아기들이 태어나자마자 죽었을 경우에는 어떻게 되는가? 이 영아들은 말도 못하고 자신의 믿음을 표현도 못하고 자범죄도 짓지 않으며 예수가 누군지도 모르는데 구원을 받는가 아니면 받지 못하는가?"라는 질문을 던지며 공격합니다.

영아들의 구원 문제에 대해서 어떻게 생각을 해야 합니까? 이 부분에 대해서 펠라기우스와 알미니안주의자들은 모든 영아들이 구원을 받는다고 말합니다. 정말 모든 영아들이 구원을 받을 수 있습니까? 물론 우리가 인간적으로 생각할 때 모든 영아들이 구원받았으면 하는 마음이 있습니다. 아직 저들은 죄가 무엇인지 모르며 죄를 짓지 않은 상태이기 때문에 이방인의 영아라도 구원받을 수 있다는 마음이 들 수도 있습니다.

그러나 웨스트민스터 신앙고백서를 보면 영아들의 구원에 대해 분명하고도 확실한 고백을 가르쳐 주고 있습니다.

"영아기에 죽은 택함을 받은 영아들은 성령을 통하여 그리스도로 말미암아 중생하고 구원받는다. 성령께서는 그가 기뻐하시는 때와 장소와 방법을 따라 역사하신다(요 3:8; 눅 18:15-16; 행 2:38-39; 요 3:3, 5; 요일 5:12; 롬 8:9)."[16]

우리가 이 고백서를 좀더 주의 깊게 살펴보면 한 가지 사실을 발견하게 됩니다. 그것은 택함받은 영아들, 즉 언약의 자녀에 대해서만 설명을 하고 있다는 것입니다. 즉 언약의 자녀가 아닌 영아들, 유기된 영아들에 대해서는 침묵을 하고 있지만 택함받은 언약의 자녀들에 대해서는 분명하게 구원을 받을 것이라고 고백하고 있다는 것입니다. 이러한 역사는 성령을 통하여 이루어지는 것으로 우리는 알 수 없습니다. 오직 성령의 신비로운 역사로 말미암아 이루어진다는 것입니다.

언약의 자녀에 대해 좀더 살펴보면 구약의 유월절 사건을 볼 수 있습니다. 이스라엘 백성은 모세의 인도 하에 출애굽을 하기 전날, 문설주에 어린 양의 피를 바름으로 죽음의 재앙을 피하게 되는

---

16) 웨스트민스터 신앙고백서(1647), 제10장 3절.

유월절을 지내게 됩니다. 모든 집의 장자들이 문설주에 바른 이 피로 인하여 죽지 않고 생명을 유지하게 되는 은혜를 입습니다. 이 피는 순결한 어린 양이신 예수 그리스도로 말미암는 구원을 예표하는 사건입니다. 그런데 이 유월절을 통하여 구원받은 것은 가족 전체입니다. 어른들만이 아니라 그 집안에 있는 어린 아이들이나 영아들도 포함되어 있습니다. 그러므로 유월절 사건을 통하여 어린 아이나 영아들도 구원받을 수 있다는 사실을 보여 주고 있습니다.

또한 구약의 이스라엘 사람들이 행한 할례 의식을 통해서 언약의 자녀들이 하나님의 택하신 백성이라는 증거를 가져봅니다. 할례는 선민인 이스라엘 자녀들이 태어난 지 8일째 되는 날에 영아들에게 행해진 의식입니다. 이 할례는 영아들도 구원의 대상이 될 수 있음을 보여 주는 의식이라 말할 수 있습니다. 이 할례는 훗날 신약에 와서 예수를 믿음으로 죄 씻음과 구원받았음을 표하고 인치는 세례에 대한 예표이기도 합니다.

이러한 사실들을 통하여 언약의 영아들은 구원을 얻을 수 있음을 봅니다. 우리는 로마서의 "하나님은 리브가가 야곱과 에서를 잉태하였을 때 야곱은 사랑하고 에서는 미워하신다(롬 9:12-13)."는 사도 바울의 선언을 통해서도 쉽게 알 수 있듯이 영아들의 구원도 하나님의 선택과 유기에 달려 있음을 믿어야 합니다. 특히 경건한 부모들의 자녀들은 은혜로운 계약으로 인하여 그 부모의 믿음을 따라 태어났기에 그들이 택함받아 구원되었다는 사실을 믿어야 합니다.

제18항 선택과 유기에 대한 답변

하나님의 은혜로운 선택과 엄한 유기에 대해 불평하는 사람들에게 우리는 다음과 같은 사도들의 가르침으로 대답할 수 있다.

"이 사람아 네가 뉘기에 감히 하나님을 힐문하느뇨(롬 9:20)."

"내 것을 가지고 내 뜻대로 할 것이 아니냐 내가 선하므로 네가 악하게 보느냐(마 20:15)."

또한 이 놀라운 하나님의 오묘하심에 대하여 찬양과 함께 사도들과 더불어 다음과 같이 말할 수 있다.

"깊도다 하나님의 지혜와 지식의 부요함이여 그의 판단은 측량치 못할 것이며 그의 길은 찾지 못할 것이로다 누가 주의 마음을 알았느뇨 누가 그의 모사가 되었느뇨 누가 주께 먼저 드려서 갚으심을 받겠느뇨 이는 만물이 주에게서 나오고 주로 말미암고 주에게로 돌아감이라 영광이 그에게 세세에 있으리로다 아멘(롬 11:33-36)."

사람의 본성은 원래부터 악하기 때문에 하나님의 선택하심과 유기에 대해 불평을 갖는 자들이 있습니다. 누구는 선택하고 누구는 유기한다는 것에 심기가 불편합니다. 한마디로 불공평하다는 것입니다. 이러한 불평을 하는 자들에게 우리는 사도 바울이 말한 말씀들로 바르게 가르쳐야 할 것입니다. 로마서 9:20-21의 "이 사람아 네가 뉘기에 감히 하나님을 힐문하느뇨 지음을 받은 물건이 지은 자에게 어찌 나를 이같이 만들었느냐 말하겠느뇨 토기장이가 진흙 한 덩이로 하나는 귀히 쓸 그릇을, 하나는 천히 쓸 그릇을 만드는 권한이 없느냐"라는 말씀처럼 사람은 하나님께 따질 형편이 될 수 없다는 사실입니다. 왜냐하면 토기장이의 손에 놓인 진흙이기 때문입니다.

이처럼 하나님께서 자신의 손에 놓인 사람들 가운데 선택할 자와 유기될 자를 가름에 있어서 사람은 자신을 선택해 달라고 할 권한이 없는 것입니다. 이것은 진흙 한 덩이가 토기장이를 향해 나를 귀한 그릇으로 만들어 달라고 요구할 수 없는 것과 마찬가지입니다. 진흙 한 덩이로 귀히 쓰는 그릇으로 만들던지 천히 쓰는 그릇으로 만들던지 하는 것은 전적으로 토기장이의 마음에 달려 있습니다. 마찬가지로 누구를 선택하고 누구를 유기하는 것은 전적으로 하나님의 마음입니다.

유기된 자들에 대해서 칼빈은 "주께서는 멸망으로 갈 줄을 분명히 미리 아신 사람들을 창조하셨다. 주께서 그렇게 하시고자 했기 때문에 그렇게 된 것이다. 그러나 왜 그렇게 하고자 하셨는가 하는 것은 우리의 이성이 물을 바가 아니다. 왜냐하면 우리는 그 이유를 이해할 수 없기 때문이다."[17]라고 말하였습니다.

또한 부카누스William Bucanus, 1564-1603는 "왜 신이 모두를 선택하지 않았는가? 어거스틴이 말하는 대로 만일 우리가 그릇된 길로 나가기를 원치 않는다면 더 자세히 묻지 말자. 이 결의를 한 이유가 가장 공의롭고 우리 이해를 초월한다는 사실을 의심하지 말자."[18]라고 말하였습니다. 그릇된 길로 가지 않으려는 겸손한 마음으로 선택과 유기는 하나님의 주권임을 알고 받아들이는 것이 바른 신앙인의 모습입니다. 사람은 하나님의 오묘하심을 다 알지 못합니다. 선택과 유기를 작정하심에 있어서 하나님의 지혜는 깊고 그 판단을 측량할 수 없습니다. 어거스틴의 말처럼 더 자세히 묻지 않는 것이 올바릅니다.

---

17) 존 칼빈, 『기독교강요』, 제3권 23장 5절.
18) 하인리히 헤페, 『개혁파 정통교의학』 (크리스챤다이제스트, 2011), p.261.

선택과 유기에 관하여 지금까지 잘 설명했으므로, 종교회의에
서는 다음의 잘못된 주장들을 배격하는 바이다.

제1절
주장　　믿음 안에서 인내하며 순종하고자 하는 사람들을
구원코자 하시는 하나님의 뜻은 전체가 온전히 구원받는 선택의 작
정이다. 이런 작정에 관한 것 외에는 그 무엇도 하나님의 말씀에 계
시되어 있지 않다.

반박　　이와 같은 주장은 성경의 가르침을 명백히 부인하는
것이다. 성경에서 하나님은 믿는 자를 구원할 뿐만 아니라 영원 전
부터 특정한 수를 택하여 뽑으셔서 때가 이르면 그리스도 안에서
믿음을 얻게 하시고 인내를 갖게 하신다고 말씀하셨다. 이것은 다
음의 말씀과 같다. "세상 중에서 내게 주신 사람들에게 내가 아버지
의 이름을 나타내었나이다(요 17:6)." "영생을 주시기로 작정된 자는
다 믿더라(행 13:48)." "곧 창세전에 그리스도 안에서 우리를 택하사
우리로 사랑 안에서 그 앞에 거룩하고 흠이 없게 하시려고(엡 1:4)"

제2절
주장　　영생에 이르도록 하는 하나님의 선택에는 여러 가
지 종류가 있다. 하나는 일반적이며 불명확한 것이요, 또 다른 하나
는 특별하고 분명한 것이다. 전자는 불완전하고 취소될 수 있으며
미결정적이고 조건적이며, 후자는 완전하고 취소될 수 없으며 결정
적이고 절대적이다. 이와 동일한 방식으로 믿음에 이르는 선택이 있
고 또 다른 한편으로는 구원에 이르는 선택이 있다. 그러므로 선택

은 구원에 결정적이지 않고도, 의롭게 하는 믿음을 가지도록 하는 선택이 있을 수 있다.

반박 이 주장은 성경의 가르침과는 무관한 인간의 머리에서 나온 상상일 뿐이므로 선택에 대한 성경의 가르침을 그릇되게 하여 구원의 보배로운 줄을 끊어버리는 결과가 될 뿐이다. "또 미리 정하신 그들을 또한 부르시고 부르신 그들을 또한 의롭다 하시고 의롭다 하신 그들을 또한 영화롭게 하셨느니라(롬 8:30)."

제3절

주장 성경이 선택에 관하여 가르치는 바 하나님의 선하신 목적과 그 기쁘신 뜻대로 택했다는 것은 하나님께서 어떤 특정한 사람들을 뽑으셨다고 하는 데 있는 것이 아니라 오히려 모든 가능한 조건들로부터 (이중에는 율법의 행위들이 포함되는데) 또는 모든 사물의 질서로부터 믿음의 행위를 주셨다는 뜻이다. 이는 원래부터 구원의 조건으로써는 불완전한 순종일 뿐만 아니라 아무런 값어치가 없는 것이지만 하나님은 은혜로써 이것을 완전한 순종으로 여기셔서 영생을 얻을 가치가 있는 것으로 보신다.

반박 바로 이러한 잘못 때문에 하나님의 기뻐하심과 그리스도의 공로가 아무런 효력이 없게 되어, 인간은 성경이 명백히 가르치는 바 은혜로써 주신 칭의와는 아무런 관계를 갖지 못하게 될 뿐이다. 이러한 주장은 다음과 같은 사도의 교훈을 볼 때 잘못된 것이다. "하나님이 우리를 구원하사 거룩하신 부르심으로 부르심은 우리의 행위대로 하심이 아니요 오직 자기 뜻과 영원한 때 전부터 그리스도 예수 안에서 우리에게 주신 은혜대로 하심이라(딤후 1:9)."

제4절

주장　믿음에 이르도록 선택을 받는 조건은 먼저 인간이 영생을 얻기 위하여 본성의 빛을 합당하게 사용해야 하며, 경건하고 겸비하고 온유하고 영원한 생명을 위한 자격을 갖춰야 한다는 것이다.

반박　펠라기우스의 이러한 주장은 다음과 같은 사도 바울의 말씀과 반대되는 것이다. "전에는 우리도 다 그 가운데서 우리 육체의 욕심을 따라 지내며 육체와 마음의 원하는 것을 하여 다른 이들과 같이 본질상 진노의 자녀이었더니 긍휼에 풍성하신 하나님이 우리를 사랑하신 그 큰 사랑을 인하여 허물로 죽은 우리를 그리스도와 함께 살리셨고 (너희가 은혜로 구원을 얻은 것이라) 또 함께 일으키사 그리스도 예수 안에서 함께 하늘에 앉히시니 이는 그리스도 예수 안에서 우리에게 자비하심으로써 그 은혜의 지극히 풍성함을 오는 여러 세대에 나타내려 하심이니라 너희가 그 은혜를 인하여 믿음으로 말미암아 구원을 얻었나니 이것이 너희에게서 난 것이 아니요 하나님의 선물이라 행위에서 난 것이 아니니 이는 누구든지 자랑치 못하게 함이니라(엡 2:3-9)."

제5절

주장　어떤 특정한 사람들이 불완전하고 비결정적인 상태로 택함을 받았다가 구원에 이르게 되는 것은 예지된 믿음과 회심, 거룩함, 경건함 등의 생활 등을 이미 시작했거나 얼마 동안 지속되었기 때문에 일어나는 것이다. 그러나 완전하고 결정적인 선택은 믿음과 회심 그리고 거룩함과 경건함에 끝가지 이르도록 하는 견인(인내심)으로 일어나는 것이다. 바로 이것이 은혜롭고 복음적인 가치가 있는데, 이런 의미에서 택함받은 자가 택함받지 못한 자보다 더

귀중하다는 것이다. 따라서 믿음과 이 믿음에의 순종 그리고 거룩함과 경건함 또한 성도의 견인 등은 영광에 이르게 하는 불변하는 선택의 열매가 아니라 선행(先行)으로써 요구되는 조건이다. 그런데 이 조건은 완전히 선택될 사람들에게 보여질 일이며, 이러한 요소(조건)가 없다면 영광에 이르도록 하는 변함없는 하나님의 선택은 일어날 수 없다.

반박   이러한 주장은 모든 성경의 가르침과 모순되는 것이다. 성경은 변함없이 다음과 같이 말씀하고 있기 때문이다. "택하심을 따라 되는 하나님의 뜻이 행위로 말미암지 않고 오직 부르시는 이에게로 말미암아 세게 하려 하사(롬 9:11)" "영생을 주시기로 작정된 자는 다 믿더라(행 13:48)." "곧 창세전에 그리스도 안에서 우리를 택하사 우리로 사랑 안에서 그 앞에 거룩하고 흠이 없게 하시려고(엡 1:4)" "너희가 나를 택한 것이 아니요 내가 너희를 택하여 세웠나니(요 15:16)" "만일 은혜로 된 것이면 행위로 말미암지 않음이니(롬 11:6)" "사랑은 여기 있으니 우리가 하나님을 사랑한 것이 아니요 오직 하나님이 우리를 사랑하사(요일 4:10)"

제6절
주장   택함받은 모든 사람들이 구원에 이른다는 것은 불변하는 사실이지만, 하나님의 작정에도 불구하고 택함받은 사람들 중의 얼마는 여전히 멸망받을 수 있으며 또한 실제로 그러하다.

반박   이 엄청난 잘못으로 인하여 하나님이 변덕스러운 분으로 묘사되며 은혜로 택정함을 받은 성도의 위로가 무너지려고 한다. 또한 이 주장은 다음과 같은 성경의 가르침과 모순된다. "택하신 자들도 미혹하게 하리라(마 24:24)." "나를 보내신 이의 뜻은 내게 주신 자 중에 내가 하나도 잃어버리지 아니하고(요 6:39)." "또 미리 정하신 그들을 또한 부르시고 부르신 그들을 또한 의롭다 하시고 의롭다 하신 그들을 또한 영화롭게 하셨느니라(롬 8:30)."

제7절

주장　세상의 삶에 있어서는 영광에 이르도록 변함없이 선택받은 자의 열매나 자각(自覺)이 없으며, 더욱이 이에 대한 확실성도 없고 다만 가변적이며 불명확한 조건이 있을 따름이다.

반박　불확실한 확실성이라고 말하는 자체도 우스꽝스러울 뿐만 아니라 성도들의 신앙체험에도 위배되는데, 성도들은 분명한 의식을 가지고 구원받은 사실을 기뻐하며 하나님을 찬양하는 것이다(엡 1장). 또한 그리스도께서는 제자들에게 "너희 이름이 하늘에 기록된 것으로 기뻐하라(눅 10:20)."고 하셨다. 또한 사도 바울도 악마의 사악한 권세에 대항하여 싸우는 성도들을 향하여 "누가 능히 하나님의 택하신 자들을 송사하리요(롬 8:33)."라고 외쳤던 것이다.

제8절

주장　하나님은 오로지 그의 의로우신 뜻에 따라서 그 누구도 아담의 타락에 빠져 죄의 상태에 놓임으로 저주를 받게 하지도 않으셨고(보편구원=만인구원론) 또한 믿음과 회심에 필요한 하나님과의 은혜로운 사귐에서 벗어나도록 하지도 않으셨다.

반박　그러나 하나님의 말씀은 다음과 같다. "그런즉 하나님께서 하고자 하시는 자를 긍휼히 여기시고 하고자 하시는 자를 강퍅케 하시느니라(롬 9:18)." "대답하여 가라사대 천국의 비밀을 아는 것이 너희에게는 허락되었으나 저희에게는 아니되었나니(마 13:11)" "천지의 주재이신 아버지여 이것을 지혜롭고 슬기 있는 자들에게는 숨기시고 어린아이들에게는 나타내심을 감사하나이다 옳소이다 이렇게 된 것이 아버지의 뜻입니다(마 11:25-26)."

제9절

주장　하나님께서 어떤 이들에게는 복음을 주시고 또 어떤 이들에게는 주시지 않은 이유는 그것이 하나님의 선하신 뜻보다는 복음을 받은 사람들이 받지 못한 사람들보다 더 낫고 가치 있기 때문이다.

반박　모세가 이스라엘 백성들에게 다음과 같이 말한 것을 볼 때 위의 주장은 잘못된 것이다. "하늘과 모든 하늘의 하늘과 땅과 그 위의 만물은 본래 네 하나님 여호와께 속한 것이로되 여호와께서 오직 열조를 기뻐하시고 그들을 사랑하사 그 후손 너희를 만민 중에서 택하셨음이 오늘날과 같으니라(신 10:14-15)." 또한 그리스도께서도 이렇게 말씀하셨다. "화가 있을진저 고라신아 벳새다야 너희에게서 행한 모든 권능을 두로와 시돈에서 행하였더면 저희가 벌써 베옷을 입고 재에 앉아 회개하였으라(마 11:21)."

두 번째 교리 : 그리스도의 죽으심과 인간의 구속

제1항 속죄의 필요성

하나님은 가장 자비로우시며 공의로운 분이시다. 그의 공의로우심은 그의 말씀 안에서 스스로를 계시하셨듯이 그의 무한한 엄위에 어긋난 우리의 죄가 벌을 받아 마땅하다는 사실을 요구하신다. 즉 우리의 육과 영혼에 있어서 일시적으로 뿐만 아니라 영원한 형벌을 요구하신다는 것이다. 우리는 하나님의 공의가 만족케 되지 않는 한 이런 형벌들을 피할 수 없다.

"여호와께서 그의 앞으로 지나시며 반포하시되 여호와로라 여호와로라 자비롭고 은혜롭고 노하기를 더디하고 인자와 진실이 많은 하나님이로라 인자를 천 대까지 베풀며 악과 과실과 죄를 용서하나 형벌받을 자는 결단코 면죄하지 않고 아비의 악을 자손 삼사 대까지 보응하리라(출 34:6-7)."

"또 이 선물은 범죄한 한 사람으로 말미암은 것과 같지 아니하니 심판은 한 사람을 인하여 정죄에 이르렀으나 은사는 많은 범죄를 인하여 의롭다 하심에 이름이니라(롬 5:16)."

"무릇 율법 행위에 속한 자들은 저주 아래 있나니 기록된 바 누구든지 율법책에 기록된 대로 온갖 일을 항상 행하지 아니하는 자는 저주 아래 있는 자라 하였음이라(갈 3:10)."

둘째 교리는 속죄에 관한 것으로 알미니안주의자들은 "예수 그리스도는 모든 인류를 위해 죽으셨다."라고 주장합니다. 모든 인류란 의인들만이 포함된 것이 아니라 우리가 성경에서 악하다고 생각하는 인물들, 즉 가인, 에서, 아합, 이세벨, 아비멜렉, 가룟유다 뿐만 아니라 역사적으로 악인이라 칭함을 받는 네로, 칼리굴라, 히틀러, 마오쩌뚱, 메리 여왕 등 모든 사람을 포함한다는 말입니다. 알미니안주의자들은 예수님께서 저들을 위해서도 피를 흘리셨고 십자가에서 죽으심으로 속죄하였다는 것입니다. 그러나 이것은 성경에서 벗어난 잘못된 주장입니다.

개혁주의자들은 이러한 알미니안주의자들의 잘못된 주장에 반대하면서 "예수 그리스도께서는 오직 창세전에 택하신 자들을 위해서만 죽으셨다."라고 "제한 속죄"를 말합니다. 제한 속죄의 교리는 많은 논쟁이 있었습니다. 이 교리는 그 당시뿐만 아니라 오늘날까지도 가장 많은 논쟁 가운데 하나로 이어져오고 있습니다. 예수 그리스도의 죽음이 모든 인류를 위한 속죄인지 아니면 하나님이 창세전에 택하신 자신의 백성들을 위한 속죄인지 말입니다.

그런데 타락한 인간들의 본성은 전자를 좋아합니다. 예수 그리스도의 죽음이 모든 인류를 위한 속죄라는 이 달콤한 소리는 사람들의 귀에는 좋게 들립니다. 그러나 만일 알미니안주의자들의 주장대로 예수님께서 모든 사람을 위해 죽으셨다면 구원을 얻지 못할 사람은 아무도 없습니다. 모두가 다 구원을 받아야만 합니다. 지옥도 필요없습니다. 그러면 예수님께서 흘리신 보혈은 헛된 것이 되는 일이 발생합니다. 이것은 예수의 보혈이 멸망보다 능력이 없다는 말과 같습니다. 그러나 우리가 성경의 가르침대로 알고 있듯이 멸망받는 자들이 있다는 것입니다.

그런데 알미니안주의자들은 이 사실에 대하여 그들이 구원을 얻지 못하고 멸망당하는 이유를 그들의 자유의지로 예수 그리스도를 믿지 않았기 때문이라고 해명합니다. 얼핏 들으면 맞는 말같지만 이 해명도 결국은 예수님의 보혈이 인간의 자유의지보다 능력이 약하다는 것을 피할 수 없습니다. 정말로 예수님의 보혈이 인간의 자유의지보다 그 능력이 약합니까? 아닙니다. 그런데 알미니안주의자들의 말에 따르면 예수님께서 흘리신 피는 힘이 없는 무능력한 피일 수밖에 없습니다.

우리는 예수님께서 왜 십자가에서 보혈을 흘리셔서 자신의 택한 백성들을 속죄하셨는가를 알아야 합니다. 그 이유는 바로 하나님의 공의 때문입니다. 하나님께서는 자신의 공의에 대한 만족이 이루어지는 것을 요구하십니다. 죄를 범한 인간은 이 세상과 앞으로 올 세상에서 영원한 형벌을 받게 되어져 있습니다. 그런데 이 형벌도 피하고 다시 하나님의 사랑을 받을 수 있는 길은 하나님의 공의를 만족시키는 것입니다. 하나님의 공의는 죄를 용납하지 않습니다. 아주 작은 죄라도 말입니다. 하나님의 공의는 인간이 지은 죄에 대한 형벌의 대가를 요구합니다. 하나님이 요구하시는 공의는 피 흘림입니다. 피를 흘려야만 하나님의 공의를 만족시킬 수 있습니다. 이렇게 해야만 죄를 범한 인간들의 죄가 사해지기 때문입니다. "피 흘림이 없은즉 사함이 없느니라(히 9:2)."

그런데 문제는 이 하나님의 요구에 만족을 드릴 수 있는 자격을 가진 자나 능력을 지닌 자가 인간들 가운데에는 없다는 것입니다. 아담의 타락 이후로 이 세상에는 흠 없고 죄 없는 피를 가진 자가 아무도 없습니다. 사도 바울은 "…유대인이나 헬라인이나 다 죄 아래 있다고 우리가 이미 선언하였느니라 기록한 바 의인은 없나니 하나도 없으며(롬 3:9-10)"라고 말씀하였습니다. 모두가 다 죄 아래 있기에 하나님은 독생자 예수 그리스도를 이 땅에 어린 양으로 보내셨습니다. 어린 양 되신 예수님은 십자가 위에서 피를 흘리심으로 하나님의 공의를 만족시키어 창세전에 택한 자신의 백성들을 위해 속죄하신 것입니다.

제2항 하나님의 공의를 만족

그러나 우리 스스로가 공의를 만족시킬 수 없고, 하나님의 진노에서 벗어날 수 없으므로, 하나님은 사랑하는 독생자를 우리를 위한 보증으로 주심으로 그의 놀라운 자비를 기꺼이 보여 주셨던 것이다. 이 하나님의 아들은 죄를 담당하시고 저주받은 바 되어 우리를 위해 하나님의 심판에 대한 보상으로 희생되었다.

"우리가 아직 죄인 되었을 때에 그리스도께서 우리를 위하여 죽으심으로 하나님께서 우리에게 대한 자기의 사랑을 확증하셨느니라(롬 5:8)."

"하나님이 죄를 알지도 못하신 자로 우리를 대신하여 죄를 삼으신 것은 우리로 하여금 저의 안에서 하나님의 의가 되게 하려 하심이니라(고후 5:21)."

"그리스도께서 우리를 위하여 저주를 받은 바 되사 율법의 저주에서 우리를 속량하셨으니 기록된 바 나무에 달린 자마다 저주 아래 있는 자라 하였음이라(갈 3:13)."

우리가 진실로 고백해야 할 것은 인간은 하나님을 만족케 할 만한 보상을 가질 수 없으며 스스로 구원을 얻는 것은 불가능하다는 것입니다. 오히려 우리가 알아야 하는 것은 우리를 위하여 그리스도를 죽음의 자리에까지 내어 주신 하나님의 놀라운 사랑입니다. 하나님은 말로만이 아니라 직접 우리에게 자비를 보여 주셨습니다. 우리를 구원하시는 참된 보증으로 독생자이신 예수 그리스도를 주셨습니다. 이 예수 그리스도는 우리의 죄를 담당하셨습니다. 예수 그리스도 외에는 이 죄를 감당할 자가 없습니다. 하늘의 그 어떤 천사도, 이 땅의 그 어떤 성인도 우리의 죄를 감당할 수 없습니다. 오직 예수 그리스도만이 가능하시기에 하늘의 영광을 버리시고 낮고 천한 이 땅에 인간의 몸을 입으시고 오신 것입니다. 사도 바울은 "그는 근본 하나님의 본체시나 하나님과 동등됨을 취할 것으로 여기지 아니하시고 오히려 자기를 비어 종의 형체를 가져 사람들과 같이 되었고 사람의 모양으로 나타나셨으매 자기를 낮추시고 죽기까지 복종하셨으니 곧 십자가에 죽으심이라(빌 2:6-8).'라고 말씀하였습니다.

우리의 죄를 담당하시고 저주받은 바 되어 하나님의 심판에 대한 보상으로 십자가에서 희생된 그리스도의 죽음을 통하여 구원을 얻은 것은 전적으로 하나님의 은혜입니다. 예수 그리스도께서는 십자가에 달리신 때에 스스로 저주를 받으셨는데 이것은 우리의 죄 때문에 우리가 가지고 있던 저주를 예수 그리스도가 가지고 가신 것입니다. 우리의 구원은 그리스도를 통하여 가능합니다. 그의 죽음이 아니고는 해결될 수 없습니다. 칼빈은 "원래 정죄를 받아 죽고 멸망한 우리는 의와 해방과 생명과 구원을 그리스도에게서 구해야 한다는 것이 그 목적이다. 이것은 '천하 인간에 구원을 얻을 만한 다른 이름을 우리에게 주신 일이 없다(행 4:12)'라는 베드로의 유명한 말이 우리에게 가르치는 바와 같다.… 그리고 참으로 죽음 자체에서도 그가 기꺼이 하신 복종이 가장 중요한 일이다. 기꺼이 바치는 희생이 아니면 의를 더하지 못했을 것이다. 그러므로 주께서 자기는 '자기의 양을 위하여 목숨을 버린다(요 10:15)'라고 말씀하셨을 때에 '이를 내게서 빼앗는 자가 있는 것이 아니라(요 10:18)'라고 적절한 말씀을 첨가하셨다. 이런 뜻으로 이사야는 '털 깎는 자 앞에 잠잠한 양같이(사 53:7)'라고 말한다."[19]라고 하였습니다. 십자가에서 흘리신 이 보혈의 능력은 모든 인류가 아닌 창세전에 택한 자기 백성들에게만 유효합니다.

---

19) 존 칼빈, 『기독교강요』, 제2권 16장 5절.

제3항 무한한 가치가 있는 죽음

하나님의 아들의 죽으심은 유일하며 가장 완전한 희생이며 죄에 대한 보상이요 온 세상의 죄를 충분히 보상할 수 있는 무한한 가치가 있는 죽음이다.

"그리하면 그가 세상을 창조할 때부터 자주 고난을 받았어야 할 것으로되 이제 자기를 단번에 제사로 드려 죄를 없게 하시려고 세상 끝에 나타나셨느니라 이와 같이 그리스도도 많은 사람의 죄를 담당하시려고 단번에 드리신 바 되셨고 구원에 이르게 하기 위하여 죄와 상관없이 자기를 바라는 자들에게 두 번째 나타나시리라(히 9:26, 28)."

"저가 한 제물로 거룩하게 된 자들을 영원히 온전케 하셨느니라(히 10:14)."

"저는 우리 죄를 위한 화목 제물이니 우리만 위할 뿐 아니요 온 세상의 죄를 위하심이라(요일 2:2)."

죄를 범한 인류가 용서함을 받을 수 있는 길은 무엇입니까? 그것은 누군가 그 죄의 값을 치러 주는 것뿐입니다. 죄를 범한 죄의 값에 상응하는 값을 치르기만 하면 용서받을 수 있습니다. 그러면 누가 이 죄의 값을 치를 만큼 자격이 있습니까? 아담 이후로 태어나는 모든 인간들 중에 누가 이 자격을 가지고 있습니까? 아무도 없습니다. 사도 바울의 "기록한 바 의인은 없나니 하나도 없으며(롬 3:10)"라는 말씀처럼 그 죄의 값을 치를 만한 의인은 없습니다. 모든 인간이 죄인이기에 그 죄의 값을 치를 수 없습니다. 죄인은 죄의 값을 치를 수 없습니다. 오직 죄 없는 의인만이 죄의 값을 치를 수 있는 것입니다. 죄의 값을 치를 수 있는 자격을 가진 의인이 누구입니까? 바로 하나님의 아들 독생자이신 예수 그리스도입니다. 오직 그리스도만이 죄의 값을 치를 수 있는 유일하며 가장 완전한 희생양이 되십니다.

희생양에 대해서 좀더 살펴보려면 구약의 제사를 이해해야 합니다. 구약의 제사를 보면 염소나 황소의 피를 흘려야만 용서의 은혜를 받습니다. 이 염소나 황소들은 흠 없고 점 없는 완전한 것을 제물로 드려야 합니다. 그럼에도 불구하고 이 제사는 완전한 제사가 아닙니다. 완전한 제사의 그림자입니다. 그리고 단번에 드리는 제사가 아니라 끊임없이 행해지는 제사입니다.

그런데 흠 없고 점 없으신 어린 양 되신 예수 그리스도가 십자가에 죽으심으로 완전한 제사를 드릴 뿐만 아니라 단번에 영원한 제사를 드리므로 우리의 모든 죄를 사하셨습니다. "이 뜻을 좇아 예수 그리스도의 몸을 단번에 드리심으로 말미암아 우리가 거룩함을 얻었노라 제사장마다 매일 서서 섬기며 자주 같은 제사를 드리되 이 제사는 언제든지 죄를 없게 하지 못하거니와 오직 그리스도는 죄를 위하여 한 영원한 제사를 드리시고 하나님 우편에 앉으사(히 10:10-12)"

염소나 황소의 피를 통해서도 용서함을 받을진대 하물며 그리스도의 피를 통하여 죄사함을 받음은 크나큰 은혜입니다. "염소와 황소의 피와 및 암송아지의 재로 부정한 자에게 뿌려 그 육체를 정결케 하여 거룩케 하거든 하물며 영원하신 성령으로 말미암아 흠 없는 자기를 하나님께 드린 그리스도의 피가 어찌 너희 양심으로 죽은 행실에서 깨끗하게 하고 살아계신 하나님을 섬기게 못하겠느뇨(히 9:13-14)."

십자가 위에서 예수 그리스도의 죽으심은 온 세상의 죄를 충분히 보상할 수 있는 무한한 가치가 있는 죽음입니다. 그렇다고 해서 이 말이 보편구원론을 의미하는 것은 아닙니다. 모든 인류를 구원하신다는 말이 아닙니다. 예수 그리스도의 죽으심이 모든 인류를 구원하기에 충분하지만 그 구속의 적용은 오직 택함받은 자들에게만 제한되어 있음을 알아야 합니다. 알미니안주의자들은 디모데전서 2:4의 "하나님은 모든 사람이 구원을 받으며 진리를 아는 데 이르기를 원하시느니라."라는 말씀을 가지고 하나님 보편 구원론을 주장합니다. 이들은 하나님께서 모든 사람이 진리를 알고 구원받기를 원하시므로 "제한 속죄"는 맞지 않는다는 것입니다. 그리스도는 모든 사람을 위해서 속죄하셨다고 믿고 있습니다.

그러나 우리가 여기서 '모든'이라는 말을 어떻게 받아들이는가가 중요합니다. '모든'이라는 말은 알미니안주의자들이 의미하는 세상 모든 사람을 가리키는 것은 아닙니다. 만일 그렇다면 불신자나 지옥으로 가는 사람은 한 사람도 있어서는 안 됩니다. 하나님이 원하시는데 누가 감히 하나님이 원하시는 것을 하지 못하도록 막을 수 있겠습니까? 물론 알미니안주의자들은 "하나님이 원하시는데 타락한 인간이 거부하면 구원을 받을 수 없다."라고 말할 수도 있습니다. 그러면 인간은 피조물이 아니라 하나님과 동등한 위치에 있는 존재가 됩니다. 하나님의 원하심을 거절할 수 있는 피조물이란 있을 수 없기 때문입니다.

'모든'이라는 말은 창세전에 하나님께서 택하신 백성 모두를 말합니다. 이 모두가 하나님의 구원을 받기를 원하십니다. 그래서 하나님은 이들을 구속하고자 그리스도를 대속의 제물로 삼으시고 그의 이름을 "예수"라 하신 것입니다. "…이는 그가 자기 백성을 저희 죄에서 구원할 자이심이라 하니라(마 1:21)."

제4항 참 사람, 참 하나님

이 죽음이 무한한 가치와 존엄이 있는 이유는, 자기 자신을 내놓으신 그분은 온전한 거룩함을 가지신 실제의 인간일 뿐만 아니라 하나님의 독생자시요, 성부와 성령과 함께 동일하게 영원하며 무한한 본질을 지니신 분이기 때문이다. 바로 이런 본질이 우리를 위한 구세주로서의 필수적인 자격을 갖게 한 것이다. 더 나아가 바로 그분의 거룩함이 죄로 인하여 우리가 당할 하나님의 진노와 저주를 감당할 수 있게 된 것이다.

"우리에게 있는 대제사장은 우리 연약함을 체휼하지 아니하는 자가 아니요 모든 일에 우리와 한결같이 시험을 받은 자로되 죄는 없으시니라(히 4:15)."

"이러한 대제사장은 우리에게 합당하니 거룩하고 악이 없고 더러움이 없고 죄인에게서 떠나 계시고 하늘보다 높이 되신 자라(히 7:26)."

"하나님의 사랑이 우리에게 이렇게 나타난 바 되었으니 하나님이 자기의 독생자를 세상에 보내심은 저로 말미암아 우리를 살리려 하심이니라(요일 4:9)."

예수 그리스도의 죽음으로 말미암아 택함받은 자들은 구속을 얻게 되었습니다. 이 죽음은 돈으로 계산할 수 없는 무한한 가치가 있습니다. 그러면 '예수 그리스도의 죽음만이 무한한 가치를 지니는 존엄이 있는 것일까? 아니면 다른 어떤 성인(聖人)이나 성자(聖者)의 죽음도 이와 같은 가치가 있는 것일까?' 하는 생각을 하게 됩니다. 만일 차이가 없고 동일하다면 십자가에서 죽으신 예수님의 죽음은 무한한 가치를 지닐 수 없을 뿐만 아니라 존엄성도 기대할 수 없게 됩니다. 그러나 이 문제에 대한 분명한 사실은 예수 그리스도의 죽음은 다른 어떤 성인이나 성자의 죽음과는 질적으로 다르다는 것입니다. 같은 죽음이지만 그 차이는 하늘과 땅 차이입니다. 이 땅에서 수백, 수천 명의 성인과 성자들의 죽음도 예수 그리스도 한 분의 죽음과는 바닷가의 모래 한 알 정도라도 견줄 수 없습니다. 견주는 자체가 악입니다. 그렇다고 해서 성인이나 성자들의 죽음이 헛된 것이라고 폄하(貶下)하는 것은 아닙니다. 그들의 죽음도 귀합니다. 훌륭합니다. 그러나 그들의 죽음이 죄를 범한 인간들의 죄 값을 치를 만큼 능력이 있지 않다는 말이 아닙니다. 하나님의 공의를 만족시키며 인간의 죄를 사해 줄 값어치가 있는 죽음은 오직 예수 그리스도의 죽음밖에는 없습니다. 예수 그리스도의 죽음만이 무한한 가치와 존엄(尊嚴)이 있습니다.

그러면 왜 예수 그리스도의 죽음만이 무한한 가치가 있으며 존엄을 받습니까? 그 이유는 구세주로서의 자격을 가졌기 때문입니다. 그 자격이란 참 인간이시며, 참 하나님이시기 때문입니다. 아담의 범죄 이후로 인류 가운데 구세주의 자격을 갖추어 신성(神性)과 인성(人性)을 가진 인간은 없습니다. 사이비 이단과 거짓 선지자들이 사람들을 미혹하려고 자칭 구세주라 속이는 경우를 제외하고는 말입니다. 인류 역사 속에 오직 한 분, 예수 그리스도 외에는 없습니다. 성육신(成肉身)하신 예수님은 비록 인간의 몸을 가지고 있지만 죄가 없으신 완전한 사람인 것입니다.

그런데 간혹 어떤 이들은 사도 요한의 "…보라 세상 죄를 지고 가는 하나님의 어린 양이로다(요 1:29)."라는 말씀을 잘못 해석하여 "예수님의 신성은 죄가 없지만 인성을 지니신 예수님은 죄를 담당하셔야 하기에 죄인이시다."라고 하는데, 이는 분명히 잘못된 해석이며 이단 사상입니다. 성경은 예수님의 신성뿐만 아니라 인성에도 죄가 없다고 말씀하고 있습니다. "우리에게 있는 대제사장은… 모든 일에 우리와 한결 같이 시험을 받은 자로되 죄는 없으시니라(히 4:15)."

또한 예수 그리스도는 성부와 성령과 함께 동일하게 영원하며 무한한 본질을 지니신 완전한 하나님입니다. 참 인간이며 참 하나님이 되신 예수 그리스도만이 구세주의 자격이 있는 것입니다. 이 구세주께서 우리가 당할 하나님의 진노와 저주를 감당하신 것입니다. 예수 그리스도는 왜 참 사람이면서 진실로 의로우셔야 합니까? 그리고 그분은 왜 참 하나님이셔야 합니까? 그 이유는 하나님의 공의가 그것을 요구함이요, 사람이 죄를 지었으니 사람이 자기 죄 값을 치러야 하기 때문입니다. 그러나 죄인은 다른 사람들의 죄 값을 치를 수 없습니다. 그리고 오직 예수님께서 신적인 능력으로 하나님의 진노를 몸소 감당하여 우리에게 의와 생명을 회복시켜 주실 수 있기 때문입니다.[20]

웨스트민스터 신앙고백서에는 "삼위(三位) 중에 제2위이신 하나님의 아들은 참되시고 영원하신 하나님이시요, 성부와 한 본체이시며, 또한 동등하신 분이시며, 때가 차매 인간의 본성을 취하셨다. 또한 인간의 본성에 속한 모든 본질적인 성질들과 일반적인 연약함들을 아울러 취하셨으나 죄는 없으시다. 그는 성령의 능력으로 동정녀 마리아의 몸에 잉태되시고, 그녀의 피와 살을 받아 태어나셨다. 그러므로 두 개의 온전하고, 완전하고, 구별된 본성인 신성과 인성이, 전환이나 혼합이나 혼동됨이 없이, 한 인격 안에서 분리할 수 없게 서로 결합되었다. 그 인격은 참 하나님이자 참 사람이시되, 한 분 그리스도요, 하나님과 사람 사이의 유일한 중보자이시다."[21]라고 고백하고 있습니다.

제5항 복음의 약속

더욱이 복음은 십자가에 못 박힌 그리스도를 믿기만 하면 누구든지 멸망치 않고 영생을 얻을 것임을 약속하고 있다. 회개하고 믿으라는 명령과 함께 주신 이 약속은 누구에게나 똑같이 온 세계에 선포되고 알려져야 하며, 하나님은 그의 기

---

20) 하이델베르크 요리문답(1563), 제16문, 제17문.
21) 웨스터민스터 신앙고백서(1647), 제8장 2절.

쓰신 뜻대로 이 복음을 사람들에게 주시는 것이다.

"하나님이 세상을 이처럼 사랑하사 독생자를 주셨으니 이는 저를 믿는 자마다 멸망치 않고 영생을 얻게 하려 하심이니라(요 3:16)."

"우리는 십자가에 못 박힌 그리스도를 전하니 유대인에게는 거리끼는 것이요 이방인에게는 미련한 것이로되(고전 1:23)"

"베드로가 가로되 너희가 회개하여 각각 예수 그리스도의 이름으로 세례를 받고 죄 사함을 얻으라 그리하면 성령을 선물로 받으리니(행 2:38)."

"가로되 주 예수를 믿으라 그리하면 너와 네 집이 구원을 얻으리라 하고(행 16:31)"

"복음"gospel이란 "기쁜 소식"을 말합니다. 기쁜 소식에는 여러 가지가 있습니다. 아이를 갖지 못한 여인이 긴 세월 후에 임신을 한 것, 학교 시험을 잘 봐서 장학생으로 선발된 것, 자기가 응원하는 팀이 경기에서 승리한 것, 그리고 불치병에 걸려 죽을 날만 기다리는 환자에게 그 불치병을 치료할 수 있는 약이 개발이 되었다고 하면 그 불치병에 걸린 환자에게는 기쁜 소식이 될 것입니다.

그러나 인간에게 참으로 기쁜 소식은 "예수 그리스도"가 오셨다는 소식입니다. 예수 그리스도가 오리라는 이 소식은 구약의 모든 성경이 예언한 것이며 이 예언이 때가 차매 그대로 이루어지는 날에 하늘의 천사들이 전하였습니다. "천사가 이르되 무서워 말라 보라 내가 온 백성에게 미칠 큰 기쁨의 좋은 소식을 너희에게 전하노라 오늘날 다윗의 동네에 너희를 위하여 구주가 나셨으니 곧 그리스도 주시니라(눅 2:10-11)." 천사들은 예수 그리스도의 나심이 온 백성에게 미칠 큰 기쁜 소식(복음)이라고 외치고 있습니다. 왜 예수 그리스도의 나심이 온 백성에게 미칠 큰 기쁨의 좋은 소식이 됩니까? 그것은 바로 "구주"로 오셨기 때문이라고 분명히 밝히고 있습니다.

"구주"는 "구원자"라는 뜻입니다. 누구를 구원하시기 위해 오셨습니까? 마태는 자기 백성을 구원하기 위하여 오셨다고 하였습니다. "이름을 예수라 하라 이는 그가 자기 백성을 저희 죄에서 구원할 자이심이라 하니라(마 1:21)." 여기서 '자기 백성'이라는 말은 유대인을 가리키는 말이지만 유대인에게만 제한적으로 사용되는 것은 아닙니다. 간혹 어떤 이들은 '자기 백성'이라는 말이 예수 그리스도가 유대인만의 구세주라는 것을 뜻한다고 하기도 하지만 아닙니다. 여기서 말하는 '자기 백성'이라는 말은 하나님께 속한 모든 백성을 말하는 것입니다. 만일 예수가 유대인들만을 위해 오셨다면 예수는 온 세상의 구주가 되실 수 없습니다. 예수 그리스도는 하나님께 속한 자기의 백성을 구원하시기 위해 온 세상의 구주로 오셨습니다.

복음이란 사도 바울의 말씀처럼 성경대로 그리스도께서 우리 죄를 위하여 죽으시고 장사 지낸 바 되었다가 성경대로 사흘만에 다시 살아나신(고전 15:3-4), 즉 십자가에 못 박힌 그리스도를 믿기만 하면 누구든지 멸망치 않고 영생을 얻으리라는 약속입니다. 그런데 이 복음이 알미니안주의자들이 말하는 보편적 속죄의 교리에 정당하다고 볼 수 있습니까? 과연 그렇습니까? 만일 그렇다면 예수 그리스도의 죽음은 모든 인류를 위함이 아니라 창세전에 그리스도 안에서 선택하신 자신의 백성들만을 위한 것이며 그들을 구속하신 제한적 속죄의 교리가 성경적이라 주장하는 칼빈주의의 가르침이 틀린 것입니까? 아닙니다. 칼빈주의의 가르침이 맞습니다. 특히 제한되어 있다는 말을 그리스도의 구속의 능력이 제한되어 있다는 말로 오해해서는 안 됩니다. 예수 그리스도의 구속의 능력은 무제한입니다. 제한되지 않습니다. 아니, 제한될 수도 없습니다. 제한되어 있다는 이 말의 의미는 그리스도의 구속의 범위, 즉 대상에 있어서 제한되어 있다는 말입니다. 모든 인류를 가리키는 것이 아니라 그 인류 가운데 구속의 능력을 받을 자들이 제한되어 있다는 말입니다. 그들은 창세전에 그리스도 안에서 택하신 자들을 가리킵니다.

그러면 예수 그리스도의 구속이 제한적이라고 말하면서 복음이 왜 모든 인류에게 전해져야 합니까? 알미니안주의자들은 "만일 택하신 자들만이 구속을 얻는다면 이 복음도 당연히 택하신 자들에게만 전해져야 한다고 말해야 할 것이다."라고 합니다. 그러나 복음은 택함받은 자들에게만 전해지는 것이 아닙니다. 복음은 모든 인류에게 전해집니다. 그 이유는 복음이 전해지므로 하나님께서는 자신의 백성들을 죄와 사망의 자리에서 부르시는 것이며 유기된 자들에게는 변명할 수 없도록 하시는 것이기 때문입니다. 즉 복음을 듣지 못해서 구속을 받지 못했다는 핑계를 대지 못하도록 말입니다.

제6항 사람들이 믿지 않는 이유

복음에 의하여 부름을 받은 많은 사람들이 있지만, 그들이 회개도 하지 않고 그리스도를 믿지 않으면 불신앙 가운데에 멸망할 수밖에 없다. 이것은 십자가에서 그리스도에 의해 드려진 희생이 모자라거나 부족해서가 아니라 전적으로 믿지 않는 사람들에게 그 책임이 돌아가는 것이다.

"청함을 받은 자는 많되 택함을 입은 자는 적으니라(마 22:14)."

"그러므로 내가 노하여 맹세하기를 저희는 내 안식에 들어오지 못하리라 하였도다(시 95:11)."

"그러면 거기 들어갈 자들이 남아 있거니와 복음 전함을 먼저 받은 자들은 순종치 아니함을 인하여 들어가지 못하였으므로(히 4:6)."

복음에 의하여 부르심을 받은 모든 사람들이 멸망치 않고 다 구원을 받을 수는 없습니다. 똑같이 복음을 들었는데 누구는 믿고 누구는 믿지 않는 것을 봅니다. 복음이 전해지지만 그 복음을 듣고서도 회개하지 않으며 그리스도 앞으로 나오지 않는 자들이 있습니다. 결국 그들은 그리스도를 믿지 않는 불신앙으로 인해 멸망을 받아 영원히 꺼지지 않는 지옥으로 가게 됩니다. 하나님은 오라고 부르십니다. 이사야 선지자는 "너희 목마른 자들아 물로 나아오라 돈 없는 자도 오라 너희는 와서 사 먹되 돈 없이 값없이 와서 포도주와 젖을 사라(사 55:1)."고 합니다. 하나님은 복음을 통하여 초청하십니다.

그러나 그 초청을 받은 자들이 다 포도주와 젖을 사는 것이 아닙니다. 많은 사람들이 복음의 부름을 듣고 나아가지만 그들은 회개하지 않으며 그리스도를 구주로 믿지 않습니다. 믿지 않음으로 인해서 저들은 멸망을 당하는 것입니다. 분명한 사실은 그리스도를 믿지 않아 멸망당하는 자들은 전적으로 자신들에게 책임이 있다는 것입니다.

예수님께서도 "그러나 너희가 영생을 얻기 위하여 내게 오기를 원하지 아니하는도다(요 5:40)."라고 하신 것처럼 멸망을 당하는 자들은 복음을 들으나 그리스도에게로 나아가지를 않습니다. 그리고 웨스트민스터 신앙고백서를 보면 "택함을 받지 못한 다른 사람들은, 비록 그들이 말씀의 전도에 의하여 부르심을 받으며(마 22:14), 성령의 어떤 일반적인 역사들을 체험할지라도(마 7:22; 13:20-21; 히 6:4-5), 그들은 결코 그리스도에게로 참되게 나아오는 것이 아니며, 그러므로 구원받을 수가 없다(요 6:64-66; 8:24). 또한 기독교 종교를 신봉하지 않는 사람들은 어떤 다른 방법으로도 구원받을 수가 없으며, 그들이 본성의 빛과 그들이 신봉하는 종교의 계율에 따라서 그들의 생활을 열심히 꾸려나간다고 할지라도 구원받지 못한다(행 4:12; 요 14:6; 엡 2:12; 요 4:22; 17:3). 그리고 그들이 구원받을 수 있을지도 모른다고 단언하며 주장하는 것은 아주 유해하며 가증(可憎)된 일이다(요이 9-11; 고전 6:22; 갈 1:6-8)."[22]라고 하였습니다. 예수 그리스도께서 십자가에 죽으심으로 흘리신 보혈은 세상의 모든 죄를 사해 주시기에 부족함이 없습니다. 멸망당하는 자들은 그리스도의 구속이 능력이 없어서가 아니라 자신들이 믿지 않음으로 인해서 심판을 받는 것입니다. 사도 바울은 그들이 믿지 않는 이유는 "만일 우리 복음이 가리웠으면 망하는 자들에게 가리운 것이라 그들 가운데 이 세상의 신이 믿지 않는 자들의 마음을 어둡게 하여 하나님의 형상이신 그리스도의 영광스러운 복음의 광채가 그들에게 비치지 못하게 하느니라(고후 4:3-4)."라고 말씀하였습니다.

제7항 사람들이 믿는 이유

그러나 많은 사람들이 그리스도의 죽으심을 통하여 진실하게 믿음으로 죄와 파멸에서 구원받게 된 것은 영원 전부터 그리스도 안에서 그들에게 주신 하나님의 은혜일 뿐이요, 결코 그들의 어떠한 공로에 의한 것이 아니다.

"모든 것이 하나님께로 났나니 저가 그리스도로 말미암아 우리를 자기와 화목하게 하시고 또 우리에게 화목하게 하는 직책을 주셨으니(고후 5:18)"

"너희가 그 은혜를 인하여 믿음으로 말미암아 구원을 얻었나니 이것이 너희에게서 난 것이 아니요 하나님의 선물이라 행위에서 난 것이 아니니 이는 누구든지 자랑치 못하게 함이니라(엡 2:8-9)"

복음의 부르심을 통하여 많은 사람들이 구원을 받지 못하지만 다른 한편으로는 많은 사람들이 구원을 받습니다. 하나님은 복음의 부르심을 통하여 택하신 자들을 구원하시기 위해 예수께로 인도하

---

22) Ibid. 제10장 4절.

십니다. 사도 요한은 "아버지께서 내게 주시는 자는 다 내게로 올 것이요 내게 오는 자는 내가 결코 내어 쫓지 아니하리라… 나를 보내신 아버지께서 이끌지 아니하면 아무라도 내게 올 수 없으니 오는 그를 내가 마지막 날에 다시 살리리라(요 6:37, 44)."라고 말씀하였습니다. 구원을 받는 자들은 자기가 죄와 파멸에서 구원받게 된 것이 예수 그리스도의 죽음을 통하여 믿음으로 얻은 것임을 압니다. 구원을 받는 자들은 자기가 영원 전부터 그리스도 안에서 구원이 이루어진 것임을 압니다. 구원을 받는 자들은 자기가 받은 구원이 하나님의 은혜로 되어진 것임을 압니다. 구원을 받는 자들은 자기가 가진 어떤 공로나 행위를 통해서 구원을 얻은 것이 아니라는 사실을 압니다.

우리가 받은 이 구원이 하나님의 은혜로 받은 것임에도 불구하고 알미니안주의자들은 "내가 믿었고 내가 선택하였기에 얻은 것"이라고 말합니다. 과연 우리에게 믿을 수 있는 능력과 선택할 수 있는 의지가 있습니까? 전혀 없습니다. 사도 바울은 "너희의 허물과 죄로 죽었던 너희를 살리셨도다 그때에 너희가 그 가운데서 행하여 이 세상 풍속을 좇고 공중의 권세 잡은 자를 따랐으니 곧 지금 불순종의 아들들 가운데서 역사하는 영이라 전에는 우리도 다 그 가운데서 우리 육체의 욕심을 따라 지내며 육체와 마음의 원하는 것을 하여 다른 이들과 같이 본질상 진노의 자녀이었더니 긍휼에 풍성하신 하나님이 우리를 사랑하신 그 큰 사랑을 인하여 허물로 죽은 우리를 그리스도와 함께 살리셨고(너희가 은혜로 구원을 얻은 것이라)(엡 2:1-5)."라고 말씀하였습니다. 허물과 죄로 죽은 자가 무슨 능력이 있습니까? 본질상 진노의 자녀가 무슨 근거로 사함을 얻습니까? 인간이 내세울 만한 공로나 행위는 아무것도 없습니다. 만일 구원을 얻음이 자신의 의지로 말미암아 되었다고 생각하는 뻔뻔스러운 자가 있다면 그는 구원을 받았다는 착각에 빠진 자이거나 정신이상

자일 것입니다. 사도 바울은 "우리가 그리스도 안에서 그의 은혜의 풍성함을 따라 그의 피로 말미암아 구속 곧 죄 사함을 받았으니(엡 1:7)", "너희가 그 은혜를 인하여 믿음으로 말미암아 구원을 얻었나니 이것이 너희에게서 난 것이 아니요 하나님의 선물이라 행위에서 난 것이 아니니 이는 누구든지 자랑치 못하게 함이니라(엡 2:8-9)."라고 말씀합니다. 더 이상 무슨 말이 필요하며 증거가 필요하겠습니까?

제8항 하나님의 뜻과 목적
그리스도의 죽으심은 하나님의 아들의 보배로운 죽으심으로 인하여 모든 택함받은 자들이 생명을 얻어 구원받도록 하는 하나님의 가장 은혜로운 뜻과 목적으로 된 것이다. 하나님께서 택함받은 자들에게 믿음으로 의롭다 하는 이 선물을 주신 것은 그들에게 완전한 구원을 이뤄 주시기 위한 것이다. 즉 그리스도께서 십자가 상에서 피 흘리심으로 새 언약을 확증하셔서 모든 사람과 족속과 민족, 즉 영원 전부터 구원에 이르도록 아버지께서 아들에게 주신 모든 사람들을 구원토록 한 것은 하나님의 뜻에 있었다. 오직 하나님의 뜻으로 말미암아 그리스도께서는 사람들에게 성령의 구원의 능력과 함께 모든 것을 주시되 십자가에서 죽으심으로 그들을 속량해 주셨다. 따라서 믿기 전과 후에 지은 모든 죄악들은 그것이 원죄이든 실제적인 죄이든 간에 깨끗케 해주시며, 세상 끝날까지 점이나 흠 없이 신실하게 보존해 주셔서 하나님 앞에서 영원토록 그 영광을 즐거워하도록 하시는 것이다.

"내가 저희를 위하여 비옵나니 내가 비옵는 것은 세상을 위함이 아니요 내게 주신 자들을 위함이니이다 저희는 아버지의 것이로소이다(요 17:9)."

"그러나 이제 그가 더 아름다운 직분을 얻으셨으니 이는 더 좋은 약속으로 세우신 더 좋은 언약의 중보시라(히 8:6)."

"저가 빛 가운데 계신 것같이 우리도 빛 가운데 행하면 우리가 서로 사귐이 있고 그 아들 예수의 피가 우리를 모든 죄에서 깨끗하게 하실 것이요(요일 1:7)."

"내가 저희에게 영생을 주노니 영원히 멸망치 아니할 터이요 또 저희를 내 손에서 빼앗을 자가 없느니라(요 10:28)."

예수 그리스도가 십자가에서 죽으심은 성부 하나님께서 자기에게 주신 택함받은 자들만을 구속하기 위해서라는 이 교리는 아주 중요합니다. 그리스도께서 십자가에 죽으신 것은 분명한 목적과 대상이 있었다는 말입니다. 에롤 헐스Erall Hulse, 1931-는 "도르트 회의는 하나님 아버지께서 어떤 사람을 구원하겠다는 고정된 계획이 없이 주 예수 그리스도를 십자가에 죽도록 정하셨다는 관념을 거부했다.… 도르트 신조는 계속해서 새 언약의 용어들이 결정적으로 등장하는 히브리서 7장 22절을 인용하여 언약과 관련된 모든 사실을 우리에게 상기시킨다. '그는 새 언약의 중보자시니 이는 첫 언약 때에 범한 죄에서 속량하려고 죽으사 부르심을 입은 자로 하여금 영원한 기업의 약속을 얻게 하려 하심이라(히 9:15).' 그리고 이것은 그리스도의 죽음에서 효력이 발생한다. '유언은 그 사람이 죽은 후에야 유효한즉 유언한 자가 살아 있는 동안에는 효력이 없느니라(히 9:17).' 다시 말하면, 그리스도의 죽음은 자기 백성들에게 유효하다. 이것이 우리가 한정 구속 또는 확정 속죄라고 부르는 것이다".[23]라고 말하였습니다. 예수 그리스도는 십자가 위에서 막연히 모든 사람을 위해 죽으신 것이 아니라 분명한 대상이 있음을 말씀하셨습니다. 다시 한 번 말하지만 예수 그리스도는 성부 하나님 안에서 선택되어진 자신의 백성들을 구속하기 위하여 이 땅에 오셨으며 십자가 위에서 보혈을 흘리셨습니다.

　로뢰인 뵈트너는 제한 속죄에 대하여 "알미니안파도 칼빈주의자와 같이 그리스도의 속죄를 확실히 한정한다. 그러나 한정은 서로의 내용을 달리하는 제한인 것이다. 칼빈주의자는 속죄의 한계를 한정하여 그리스도의 속죄는 모든 사람에게 적용되지 않는다고 말한다. 그런데 알미니안파는 속죄의 능력을 한정하여 그리스

---

23) 에롤 헐스, 「칼빈주의 기초」 (부흥과개혁사, 2012), pp.56-57.

도의 속죄 그것만으로는 실제로 아무도 구원하지 못한다고 말한다. 다시 말하면 칼빈주의자들은 그리스도의 속죄와 속죄의 양적으로 한정하나 질적으로는 제한하지 않는다. 그와는 반대로 알미니안파는 그것을 질적으로 한정하고 양적으로는 제한하지 않는다."[24] 라고 하였습니다.

예수 그리스도께서 십자가에서 피 흘리심으로 아버지께서 아들에게 주신 모든 사람들을 구원토록 한 것은 오직 하나님의 뜻입니다. 그리고 그들이 믿기 전과 후에 지은 모든 죄악들, 그것이 원죄이든 자범죄이든 간에 십자가에서 죽으심으로 보혈로 깨끗케 하사 그들을 속량해 주셨습니다. 예수께서 "내가 내 양을 알고 양도 나를 아는 것이 아버지께서 나를 아시고 내가 아버지를 아는 것 같으니 나는 양을 위하여 목숨을 버리노라(요 10:14-15),"라고 하신 말씀은 자신의 죽음의 목적을 분명하게 제한하신 사실을 보여 주고 있습니다. 예수 그리스도는 자신의 양만을 위해 목숨을 버리셨습니다. 예수 그리스도께서 죽으신 것은 오직 택함받은 자들을 구원하시기 위함임을 알아야 합니다. 구속에 있어서 무제한적이 아닌 제한적이 된 것은 전적으로 하나님의 주권에 기인한 것입니다. 우리는 제한되었다고 해서 그리스도의 구속의 효과나 가치가 제한된 것이 아니라 오직 그리스도께서 구속하시고자 하신 구속의 적용이 제한된 것임을 알아야 합니다. 그리스도의 속죄의 보혈이 충분하지 않다는 뜻이 아닙니다. 그리스도의 보혈이 모든 사람을 충족시킨다 할지라도 그것은 오직 택함받은 자들에게만 효력이 있다는 말입니다.

24) 로뢰인 뵈트너, 『칼빈주의 예정론』 (보문출판사, 1987), pp.180-181.

제9항 하나님 뜻의 성취

택함받은 자에게 이 영원한 사랑을 베푸신 뜻은 옛날부터 지금까지 이루어져 왔으며 그 모든 사람의 권세의 훼방에도 불구하고 여전히 계속되어 갈 것이다. 따라서 정한 시간이 이르면 택함받은 성도는 한 곳에 모이게 될 것이며, 그 곳에는 성도들이 모여 그리스도의 피로 그 기초를 이루는 교회로 충만할 것이다. 그 곳에서는 변함없는 사랑과 주님을 구세주로 (이분은 십자가에서 자신의 생명을 내놓으신 분으로 믿는 자의 신랑이 되시는데) 섬기는 성도들이 모여서 영원히 그의 영광을 찬미할 것이다.

"또 내가 네게 이르노니 너는 베드로라 내가 이 반석 위에 내 교회를 세우리니 음부의 권세가 이기지 못하리라(마 16:18)."

"또 그 민족만 위할 뿐 아니라 흩어진 하나님의 자녀를 모아 하나가 되게 하기 위하여 죽으실 것을 미리 말함이러라(요 11:52)."

"그러나 내가 이스라엘 가운데 칠천 인을 남기리니 다 무릎을 바알에게 꿇지 아니하고 다 그 입을 바알에게 맞추지 아니한 자니라(왕상 19:18)."

제한 속죄는 택함받은 자들에게는 크나큰 위로와 힘을 주는 진리이며 교리입니다. 이 교리는 분명한 사실임에도 알미니안주의 자들에 의해 계속적으로 도전을 받게 될 것입니다. 알미니안주의 자들은 예수 그리스도의 죽으심이 모든 인류를 위해서라고 하며 끝까지 훼방할 것입니다. 아마도 주님 오시는 날까지 이 싸움은 계속될 것입니다. 그러나 항상 그러하듯이 이 제한 속죄의 진리는 승리합니다. 왜냐하면 예수 그리스도는 모든 인류를 위해 죽으시지 않았기 때문입니다.

하나님께서는 예수 그리스도의 죽으심을 택함받은 자들을 위한 것으로 처음부터 계획하셨으며, 이 계획은 주님이 오시는 날까지 계속 이어져 갈 것입니다. 택함받은 자들만을 구속하기 위해 십자가에서 죽으신 구속의 은혜는 중간에 변하지 않습니다. 사람들의 불평에 의해 하나님의 뜻이 변하지 않는다는 것입니다. 사람들이 불평을 한다고 해서 중간에 '예수 그리스도의 죽으심이 지금까지는 택함받은 자들을 위해서였지만 이제부터는 모든 인류를 위해 죽으심'으로 변하지 않는다는 것입니다. 사실, 변할 수도 없습니다. 성경을 보면 우리는 예수 그리스도의 죽으심이 '모든 사람', '세상'을 위한 것으로 말하고 있는 구절들을 보게 됩니다. 이러한 표현들을 사용하는 이유는 구원이 오직 유대인들만을 위한 것이라는 잘못된 생각을 바로잡기 위한 것으로 그리스도께서 구별 없이 그가 유대인이나 이방인이나 똑같이 모든 사람을 위해 죽으셨다는 것을 보여 주려는 것이지 그리스도께서 제외하심이 없이 모든 사람을 위해서 죽으셨다는 것을 가리키기 위한 것이 아니라[25]는 것을 알아야 합니다.

알미니안주의자들은 자신들의 주장이 틀렸음을 자신의 두 눈으로 보게 될 날이 올 것입니다. 택함받은 자들은 예수 그리스도의 피 값으로 사신 교회로 한 몸이 되어 하나님을 영원히 찬송할 것입니다. 이들은 하나님께서 아들인 예수 그리스도에게 주신 자들입니다. "세상 중에서 내게 주신 사람들에게 내가 아버지의 이름을 나타내었나이다 저희는 아버지의 것이었는데 내게 주셨으며 저희는 아버지의 말씀을 지키었나이다 … 내가 저희를 위하여 비옵나니 내가 비옵는 것은 세상을 위함이 아니요 내게 주신 자들을 위함이니이다 저희는 아버지의 것이로소이다(요 17:6, 9)."

택하신 자를 영원히 사랑하시는 하나님의 뜻은 창세전부터 지금까지, 그리고 앞으로도 계속될 것입니다. "곧 창세전에 그리스도 안에서 우리를 택하사 우리로 사랑 안에서 그 앞에 거룩하고 흠이 없게 하시려고 그 기쁘신 뜻대로 우리를 예정하사 예수 그리스도로

---

25) 데이비드 스틸리, 커티스 토마스, 「칼빈주의 5대 강령」 (생명의말씀사, 1987), p.16.

말미암아 자기의 아들들이 되게 하셨으니 이는 그의 사랑하시는 자 안에서 우리에게 거저 주시는 바 그의 은혜의 영광을 찬미하게 하려는 것이라(엡 1:4-6)." "교회 안에서와 그리스도 예수 안에서 영광이 대대로 영원 무궁하기를 원하노라 아멘(엡 3:21)."

장차 택함받은 성도들이 한 곳에 모이게 될 것인데 그 수는 천천이요 만만이 될 것입니다. 일찍 죽임을 당하사 각 족속과 방언과 백성과 나라 가운데서 사람들을 피로 사신 그리스도는 하나님의 보좌가 있는 천상의 교회에 모여서 영원히 그의 영광을 찬미할 것입니다. "큰 음성으로 가로되 죽임을 당하신 어린 양이 능력과 부와 지혜와 힘과 존귀와 영광과 찬송을 받으시기에 합당하도다 하더라 내가 또 들으니 하늘 위에와 땅 위에와 땅 아래와 바다 위에와 또 그 가운데 모든 만물이 가로되 보좌에 앉으신 이와 어린 양에게 찬송과 존귀와 영광과 능력을 세세토록 돌릴찌어다 하니 네 생물이 가로되 아멘 하고 장로들은 엎드려 경배하더라(계 5:12-14)."

이 얼마나 영광스러운 모습입니까? 이보다 더한 영광스러운 모습은 없을 것입니다. 찬송과 경배를 영원히 받으시기에 합당하신 주님을 찬양함이 당연합니다. 이 영광스러운 자리에 들어가 있는 자들은 죽임을 당하신 어린 양 예수 그리스도께서 자신의 백성을 위하여 죽으신 속죄의 은혜를 받은 택함받은 자들입니다. 이 귀한 속죄의 은혜가 모든 사람에게 적용되는 것은 아닙니다.

알미니안주의의 잘못된 주장에 대한 반박

올바른 교리가 지금까지 설명되었으므로 종교회의에서는 다음의 잘못된 주장들을 배격하는 바이다.

제1절

주장 하나님 아버지께서 그 아들을 십자가에 돌아가시도록 세우신 것은 누구를 구원토록 하기 위한 분명한 계획 없이 되어진 것이다. 그렇게 함으로써 만일 그리스도의 공로로 얻은 구원이 실제로 어떤 사람에게 적용된 적이 결코 없었다 할지라도 그리스도의 죽으심으로 인한 공로의 필연성과 유익성과 그 가치는 그대로 존속할 수 있고 모든 부분에 있어서 완전하게 남아 있을 수 있다는 것이다.

반박 이 주장은 하나님 아버지의 지혜와 예수 그리스도의 공로를 경멸하는 입장이요 성경과 모순되는 것이다. 우리의 구주께서는 이렇게 말씀하셨다. "나는 양을 위하여 목숨을 버리노라 나는 저희를 알며(요 10:15, 27)" 또한 이사야 선지자도 구세주에 관하여 이렇게 말씀하셨다. "그 영혼을 속건 제물로 드리기에 이르면 그가 그 씨를 보게 되며 그 날은 길 것이요 또 그의 손으로 여호와의 뜻을 성취하리로다(사 53:10)." 따라서 위의 주장은 온 기독교회가 믿는 바 신앙의 내용에 어긋나는 것이다.

제2절

주장 그리스도께서 죽으신 목적은 그의 보혈을 통하여 새로운 은혜 계약을 이루시기 위해서가 아니라 그 죽으심으로 인간과 함께 계약을 세우기 위한 단순한 권리를 아버지를 위하여 얻으심으로 은혜로든지 또는 행위로든지 간에 하나님을 기쁘시게 하기 위한 것이었다.

반박 이러한 주장은 다음과 같은 성경의 가르침과 모순되는 것이다. "이와 같이 예수는 더 좋은 언약의 보증이 되셨느니라." "…영원한 기업의 약속을 얻게 하려 하심이니라 유언은 그 사람이 죽은 후에야 견고한즉"(히 7:22, 9:15, 17)

제3절

주장   그리스도의 속죄의 죽으심은 인간을 위한 구원이나 믿음을 얻게 해주는 것이 아니다. 그것은 믿음에 의하여 구원에 이르는 그리스도의 속죄에 효과를 줄 뿐인데, 그리스도께서는 성부를 위하여 인간에게 다시 권위와 완전한 의지의 관계를 세우셨을 뿐이다. 그리스도께서 원하시는 새로운 조건을 제시해 주심으로, 인간의 자유의지에 달려 있지만 이 조건에 순종함으로써 이를 만족시키든지, 또는 거부함으로 파기하든지에 대한 관계를 세우신 것에 불과하다.

반박   그리스도의 죽으심을 여지없이 멸시하는 이 주장은 그리스도의 죽으심으로 얻게 되는 가장 중요한 열매나 유익됨을 부인하는 것으로써 다시 한 번 펠라기우스의 엄청난 잘못을 드러내는 것이다.

제4절

주장   하나님 아버지께서 그리스도의 죽으심의 중보를 통하여 인간과 맺은 새로운 은혜 계약이란, 우리가 그리스도의 공로를 받아들임으로써 믿음으로 하나님 앞에서 의롭다 칭함받으며 구원을 얻는 데 있는 것이 아니다. 하나님께서는 믿음의 완전한 순종을 요구하시는데 믿음 그 자체와 믿음의 순종이라는 것을-비록 불완전하기는 하지만-율법의 완전한 순종으로 여기서서, 은혜를 통하여 영생을 얻을 가치 있는 것으로 여기신다.

반박   이 주장은 성경과 모순된다. "그리스도 예수 안에 있는 구속으로 말미암아 하나님의 은혜로 값없이 의롭다 하심을 얻은 자 되었느니라 이 예수를 하나님이 그의 피로 인하여 믿음으로 말미암는 화목 제물로 세우셨으니 이는 하나님께서 길이 참으시는 중에 전에 지은 죄를 간과하심으로 자기의 의로우심을 나타내려 하심이니(롬 3:24-25)" 위의 주장은 온 교회가 가르치는 교훈의 내용과 어긋나는 것이며, 마치 그릇된 소시누스의 가르침과 같이 하나님 앞에서 인간이 의롭다 칭함을 받는 문제에 있어서 전혀 잘못된 것을 주장하고 있다.

제5절
주장　　모든 인간은 하나님과의 화해로 은혜 계약에 들어감으로써 그 누구도 원죄로 인한 저주를 받지 않기에 충분한데, 이것은 원죄로 인해 저주를 받지 않게 된다는 것이 아니라 원죄의 죄의식에서 해방된다는 것을 의미한다.

반박　　이 주장도 성경이 가르치는 바 "본질상 진노의 자식(엡 2:3)"이라는 면과 어긋나는 것이다.

제6절
주장　　그리스도의 공로와 그 공로를 받아들이는 것 사이에는 차이가 있다. 하나님께서는 그리스도의 죽음으로 인하여 얻게 되는 유익을 모든 사람들에게 동등하게 주셨다. 비록 어떤 사람들이 죄 사함과 영생을 얻은 반면에 다른 사람들은 그렇지 못한 것의 차이는 그들의 자유의지에 달려 있다. 이것은 예외 없이 누구에나 주어진 은혜일 뿐 영생을 받는다는 것이 그들 속에 역사하는 어떤 특별한 자비를 입었기 때문에 일어나는 것이 아니라 오히려 그들에게 주어진 은혜를 잘 선용했기 때문이다.

반박　　비록 이런 주장이 건전한 생각에서 나온 것처럼 보이나, 이것은 사람들의 마음속에 파괴적인 독소를 주고자 하는 펠라기우스의 오류에 기인한 것이다.

제7절

주장　　　그리스도께서는 하나님께서 지극히 사랑하사 영생을 주기로 작정한 사람들을 위해서 죽을 수도 없었고 죽으실 필요도 없었으며 더욱이 그런 사람들을 위해서 죽으시지 않았다. 왜냐하면 그런 사람들은 그리스도의 죽음을 필요로 하지 않기 때문이다.

반박　　　이것은 사도의 가르침과 반대된다. "내가 육체 가운데 사는 것은 나를 사랑하사 나를 위하여 자기 몸을 버리신 하나님의 아들을 믿는 믿음 안에서 사는 것이라(갈 2:20)." "누가 능히 하나님의 택하신 자들을 송사하리요 의롭다 하신 이는 하나님이시니 누가 정죄하리요 죽으실 뿐 아니라(롬 8:33-34)" 또한 주께서도 이렇게 말씀하셨다. "나는 양을 위하여 목숨을 버리노라(요 10:15)." "내 계명은 곧 내가 너희를 사랑한 것같이 너희도 서로 사랑하라 하는 이것이니라 사람이 친구를 위하여 자기 목숨을 버리면 이에서 더 큰 사랑이 없나니(요 15:12-13)"

세 번째와 네 번째 교리 : 인간의 타락(墮落)과 하나님께의 회심(回心) 그리고 회심 후의 태도

제1항 인간의 타락

인간은 원래 하나님의 형상을 따라 지음받았다. 그를 지으신 이에 대한 참되고 복된 지식과 영적인 일들에 관한 추구가 있었다. 즉 그의 마음과 의지는 의롭고 순결했으며 전 인격은 성결했었다. 그러나 인간은 사단의 유혹과 자유의지로 인해 하나님을 거역하여 이 특별한 은사들을 빼앗겼으며, 그로 인해 사악한 마음과 비참한 어두움과 헛됨과 잘못된 판단력을 가지고 악하고 불순종하며 마음과 의지는 완악해지고 감정이 불결해져 버린 것이었다.

"하나님이 가라사대 우리의 형상을 따라 우리의 모양대로 우리가 사람을 만들고 그로 바다의 고기와 공중의 새와 육축과 온 땅과 땅에 기는 모든 것을 다스리게 하자 하시고 하나님이 자기 형상 곧 하나님의 형상대로 사람을 창조하시되 남자와 여자를 창조하시고 하나님이 그들에게 복을 주시며 그들에게 이르시되 생육하고 번성하여 땅에 충만하라 땅을 정복하라 바다의 고기와 공중의 새와 땅에 움직이는 모든 생물을 다스리라 하시니라(창 1:26-28)."

"여호와 하나님의 지으신 들짐승 중에 뱀이 가장 간교하더라 뱀이 여자에게 물어 가로되 하나님이 참으로 너희더러 동산 모든 나무의 실과를 먹지 말라 하시더냐 여자가 뱀에게 말하되 동산 나무의 실과를 우리가 먹을 수 있으나 동산 중앙에 있는 나무의 실과는 하나님의 말씀에 너희는 먹지도 말고 만지지도 말라 너희가 죽을까 하노라 하셨느니라 뱀이 여자에게 이르되 너희가 결코 죽지 아니하리라 너희가 그것을 먹는 날에는 너희 눈이 밝아 하나님과 같이 되어 선악을 알 줄을 하나님이 아심이니라 여자가 그 나무를 본즉 먹음직도 하고 보암직도 하고 지혜롭게 할 만큼 탐스럽기도 한 나무인지라 여자가 그 실과를 따먹고 자기와 함께 한 남편에게도 주매 그도 먹은지라 이에 그들의 눈이 밝아 자기들의 몸이 벗은 줄을 알고 무화과나무 잎을 엮어 치마를 하였더라(창 3:1-7)."

"그러므로 내가 이것을 말하며 주 안에서 증거하노니 이제부터는 이방인이 그 마음의 허망한 것으로 행함 같이 너희는 행하지 말라 저희 총명이 어두워지고 저희 가운데 있는 무지함과 저희 마음이 굳어짐으로 말미암아 하나님의 생명에서 떠나있도다 저희가 감각 없는 자 되어 자신을 방탕에 방임하여 모든 더러운 것을 욕심으로 행하되(엡 4:17-19)"

창세기 1:26에 "하나님이 가라사대 우리의 형상을 따라 우리의 모양대로 우리가 사람을 만들고…"라는 말씀은 곧 인간은 아무렇게나 지음받은 것이 아니라 하나님의 형상을 따라 지음받았음을 말해주고 있습니다. 첫 인간은 참되고 복된 지식과 영적인 일들에 관한 추구가 있었으며, 그의 마음과 의지는 의롭고 순결했으며, 전 인격은 성결하였습니다. 그러나 타락한 인간은 타락 이전에 가졌던 모든 영광을 다 잃어버리고 빼앗겼습니다. 그로 인해 인간의 의지는 더 완악해져서 잘못된 판단력만 가지게 되었습니다. 우리는 여기서 인간의 전적 타락으로 인해 구원을 받을 수 없는가 아니면 인간의 부분적 타락(자유의지)으로 말미암아 구원을 받을 수 있는가 하는 문제를 보아야 합니다. 창세기로 넘어가서 말씀들을 살펴보겠습니다.

먼저 창세기 2:17에 "선악을 알게 하는 나무의 실과는 먹지 말라 네가 먹는 날에는 정녕 죽으리라 하시니라."라는 말씀이 있습니다. 여기서 분명한 사실은 먹으면 죽는다는 것입니다. 칼빈주의는 이 말씀을 따릅니다. 그런데 알미니안주의자들은 창세기 3:4의 "뱀이 여자에게 이르되 너희가 결코 죽지 아니하리라."라는 말씀처럼 죽지 않는다고 합니다. 즉 인간은 전적으로 타락하지 않았고 부분적으로 타락하였기에 약하게나마 자유의지가 살아 있어 이 자유의지로 하나님께서 주시는 은혜를 받을 수도 있고 거부할 수 있다고 말하는 것입니다.

우리는 종종 이런 비유를 많이 듣습니다. 칼빈주의는 인간의 타락 상태에 대해 100층 건물에서 떨어져 완전히 죽었다고 말합니다. 그런데 알미니안주의자들은 인간의 타락 상태를 단지 몇 층 높은 2, 3층 건물에서 떨어져 경상이나 아니면 좀더 심한 중상을 입은 정도로 보고 있습니다. 그래서 경상인 사람은 자기 자신이 구원을 요청할 수가 있고 중상인 사람은 누군가 옆에서 도와주면 구원을 요청할 수 있다고 말하는 것입니다. 이 둘의 차이가 비슷합니까? 전혀 비슷하지 않습니다. 죽은 사람과 죽지 않은 사람이 어찌 비슷한 상태입니까? 칼빈주의는 인간의 상태를 사도 바울의 "너희의 허물과 죄로 죽었던 너희를 살리셨도다(엡 2:1),"라는 말씀처럼 죽은 상태라고 했고, 알미니안주의자들은 뱀이 말한 것처럼 죽지 않은 상태라고 했습니다.

우리가 알미니안주의자들이 말하는 것처럼 죽지 않고 살아 있는 존재라면 얼마나 좋겠습니까? 그러나 인간은 불행하게도 죽습니다. 죽은 존재인 인간은 스스로 구원을 이룰 수 없습니다. 그래서 기독교의 구원을 가리켜 자력(自力) 구원이 아니라 타자(他者) 구원이라고 말하는 것입니다.

제2항 원죄의 유전

인간은 타락한 후에 자녀를 낳고 타락한 부모에게서 또한 타락한 자녀들이 태어나게 되었다. 따라서 그리스도를 제외한 아담의 모든 후손들은 죄를 지니고 태어났다. 이것은 펠라기우스가 주장하듯이 하나의 모방이 아니라 하나님의 공의로운 판단으로 보건대 사악한 본성이 유전된 것이다.

"이러므로 한 사람으로 말미암아 죄가 세상에 들어오고 죄로 말미암아 사망이 왔나니 이와 같이 모든 사람이 죄를 지었으므로 사망이 모든 사람에게 이르렀느니라(롬 5:12)."

"우리에게 있는 대제사장은 우리 연약함을 체휼하지 아니하는 자가 아니요 모든 일에 우리와 한결같이 시험을 받은 자로되 죄는 없으시니라(히 4:15)."

첫 사람 아담이 타락한 후에 자녀를 낳았습니다. 타락한 후에 자녀를 낳았기에 타락한 자녀들이 태어났습니다. 그래서 인류 역사상 예수 그리스도 외에 모든 인간은 타락한 자녀이기에 죄를 지니고 태어나게 되었습니다. 우리는 이것을 '원죄'라고 부릅니다. 원죄란 하나님과 아담이 맺은 행위 언약, 즉 선악과나무의 열매를 따먹지 말라는 언약을 아담이 불순종하여 깨뜨림으로 인하여 생긴 행위를 말합니다. 이 원죄에 대해 부카누스는 "원죄는 단지 원초적 의로움의 결여가 아니라 영혼의 모든 부분을 통하여 확산되었고, 아담에 의하여 그의 모든 후손에게 전수된 인간 본성의 부패와 오염, 그리고 아기가 태어날 때 아담의 타락 때문에 사죄를 받기까지 신의 진노와 영원한 사망을 받을 책임이 있는 죄책의 상태이다."[26]라고 말하였습니다.

그런데 알미니안주의자들은 아담이 지은 죄로 인해 모든 사람에게 원죄 교리가 적용되는 것에 불만을 가지며 반대합니다. 이러한 반대는 AD 431년에 에베소 회의에서 이단으로 규정된 펠라기우스의 영향입니다. 영국의 수도사 펠라기우스는 "인간의 본성이 죄에 의해서 부패되었다는 것을 부인하였다. 그는 아담의 범죄의 결과로써 그 자손이 겪었던 나쁜 영향만이 그가 인류에게 끼친 나쁜 전례

---

26) 하인리히 헤페, 『개혁과 정통교의학』 (크리스찬다이제스트, 2011), p.482.

였다고 주장했다. 그리고 모든 유아가 타락 이전의 아담과 똑같은 상태로 세상에 온다."[27]고 말하였습니다. 만일 펠라기우스의 말이 맞다면 한 가지 의문이 생깁니다. 사람들이 자기가 지은 죄로 인하여 죽는다면 어린 아기들은 왜 죽는 것입니까? 펠라기우스의 논리라면 어린 아기들은 죄가 없기에 죽으면 안 됩니다. 그러나 어린 아기들도 죽습니다. 이것은 어린 아기들도 원죄를 가지고 태어난다는 것을 말해 줍니다. 그러므로 펠라기우스의 주장은 틀린 것으로 성경적이지 않기 때문에 이단으로 정죄받은 것은 당연한 결과입니다.

그러면 이 원죄가 왜 모든 사람에게 적용됩니까? 이에 대해 브라운은 "원죄는 전가되었든지, 아니면 내재되었다. 전가된 죄는 아담의 실제적인 타락으로서, 그에 따라 모든 사람이 아담 안에서 범죄한 것으로 인정되며, 아담이 자기를 타락시킨 동일한 형벌을 받게 만드는 이유는 첫째, 아담이 인류 전체의 머리이며 언약의 당사자이기 때문에, 둘째, 모든 사람이 아담과 함께 동일한 언약 안에 있었으며, 따라서 그들이 그와 함께 언약을 파기했기 때문에, 셋째, 만일 아담이 시험을 견디었다면 모두가 그 혜택에 참여했을 것이기 때문에, 넷째, 오늘날까지 모두가 생육하고 번성하라는 축복에 참여하고 있기 때문에, 다섯째, 모두가 동일한 위협 아래 있기 때문에, 여섯째, 모두가 죄의 결과로 동일한 저주와 악, 고통과 땀, 수고와 죽음 아래 있기 때문에, 일곱째, 우리 영혼이 원초적 의로움 없이 태어나는데, 만일 아담의 죄로 인한 형벌이 아니라면 그럴 수 없기 때문에"[28]라고 말하였습니다.

사도 바울은 모든 사람이 죄를 지었다고 말씀하였습니다. "이러므로 한 사람으로 말미암아 죄가 세상에 들어오고 죄로 말미암

---

27) 데이비드 스틸리, 커티스 토마스, 『칼빈주의 5대 강령』 (생명의말씀사, 1987), p.26.
28) 하인리히 헤페, 『개혁파 정통교의학』 (크리스찬다이제스트, 2011), p.484.

아 사망이 왔나니 이와 같이 모든 사람이 죄를 지었으므로 사망이 모든 사람에게 이르렀느니라(롬 5:12)."

만일 아담이 범죄한 후로부터 오늘날까지 인류 가운데 예수 그리스도를 제외하고 어느 한 사람이라도 원죄 없이 태어난 자가 있다면 성경의 구속사는 의미가 없습니다. 또한 예수님의 탄생도 의미가 없을 뿐만 아니라 복음도 기쁜 소식이 될 수 없습니다. 원죄 없이 태어났다는 말은 곧 죄인이 아니라 의인이라는 말이 되는데 이것은 구원자라는 말과 같습니다. 인간이 인간을 구원시킨다는 말입니다. 그러나 성경은 "기록한 바 의인은 없나니 하나도 없으며(롬 3:10)"라고 말씀하고 있습니다. 한 사람도 없다는 말은 예수 그리스도 이외에는 단 한 사람도 의인이 아니며 다 죄인이라는 말씀입니다. 즉 원죄를 가지고 태어난다는 것입니다. 그런데 원죄의 교리를 믿지 않는 자들이 있습니다. 하지만 그들이 원죄를 믿지 않는다고 해서 원죄가 없는 것도 아니며, 그들이 믿는다고 해서 원죄가 있는 것이 아닙니다. 원죄는 사람들의 주장과 상관없다고 성경이 말씀하고 있습니다.

제3항 인간의 전적 무능함

따라서 모든 인간은 죄 안에서 잉태되어 본질상 진노의 자식으로서 선행을 할 수 없고 죄악에 빠져서 죄 가운데 죽을 수밖에 없는 노예가 되었다. 그러므로 성령의 중생하는 은혜가 없이는 하나님께로 올 수도 없고 하나님께로 오려고 하지도 않으며 그 죄악에서 새롭게 될 수도 없는 것이다.

"예수께서 대답하시되 진실로 진실로 너희에게 이르노니 죄를 범하는 자마다 죄의 종이라(요 8:34)."

"너희 자신을 종으로 드려 누구에게 순종하든지 그 순종함을 받는 자의 종이 되는 줄을 너희가 알지 못하느냐 혹은 죄의 종으로 사망에 이르고 혹은 순종의 종으로 의에 이르느니라 하나님께 감사하리로다 너희가 본래 죄의 종이더니 너희에게 전하여 준 바 교훈의 본을 마음으로 순종하여(롬 6:16-17)"

"예수께서 대답하여 가라사대 진실로 진실로 네게 이르노니 사람이 거듭나지 아니하면 하나님 나라를 볼 수 없느니라 니고데모가 가로되 사람이 늙으면 어떻게 날 수 있삽나이까 두 번째 모태에 들어갔다가 날 수 있삽나이까 예수께서 대답하시되 진실로 진실로 네게 이르노니 사람이 물과 성령으로 나지 아니하면 하나님 나라에 들어갈 수 없느니라 육으로 난 것은 육이요 성령으로 난 것은 영이니(요 3:3-6)"

"우리를 구원하시되 우리의 행한 바 의로운 행위로 말미암지 아니하고 오직 그의 긍휼하심을 좇아 중생의 씻음과 성령의 새롭게 하심으로 하셨나니(딛 3:5)"

첫 사람 아담이 하나님과의 언약을 파기하여 죄를 범하여 타락한 이후 모든 인간은 원죄를 가지고 태어나서 죽을 수밖에 없는 본질상 진노의 자식이 되어버렸습니다. 인간의 타락을 가리켜 '전적 타락'Total Depravity, 또는 '전적 무능력'Total Inability이라고 말합니다. 이 말은 인간이 스스로 하나님을 알 수 없으며 참된 선을 행할 수 없다는 것을 말합니다. 즉 인간은 자신의 의지와 능력으로 구원을 얻는다거나 참된 선을 행하기에 전적으로 무능력하다는 것입니다. 전적 타락에 대해 웨스트민스터 신앙고백서는 "인간은 타락하여 죄의 상태에 있으므로 말미암아 구원에 수반하는 영적 선을 행하고자 하는 모든 의지력을 완전히 상실했다(롬 5:6; 8:7; 요 15:5). 그래서 자연인은 영적 선을 전적으로 싫어하고(롬 3:10, 12), 죄로 죽어 있기 때문에 (엡 2:1, 5; 골 2:13), 그 자신의 힘으로는 자신을 회개시키거나 또는 회개에 이르도록 준비할 수가 없다(요 6:44, 65; 엡 2:2-5; 고전 2:14; 딛 3:3-5)."[29]라고 고백하고 있습니다.

그러나 알미니안주의자들은 전적 타락을 부인하며 "인간은 완

---

29) 웨스트민스터 신앙고백서(1647), 제9장 3항.

전히 타락하지 않았다."라고 합니다. 인간은 하나님을 믿지 못할 만큼 타락한 것은 아니며 자신의 자유의지로 하나님을 믿기로 선택할 수 있다는 것입니다. 그리고 더 나아가 인간은 하나님과 협력하여 구원 얻는 일에 공헌할 수 있다고 말합니다. 이것을 '신인협력설'Synergism이라고 말합니다. "과연 타락한 인간이 자신의 의지로 선을 택할 수 있는 능력이 있으며, 하나님은 인간의 협력이 필요한가?" 하고 묻는다면 성경은 "없다."라고 말씀합니다. "기록한 바 의인은 없나니 하나도 없으며 깨닫는 자도 없고 하나님을 찾는 자도 없고 다 치우쳐 한 가지로 무익하게 되고 선을 행하는 자는 없나니 하나도 없도다(롬 3:10-12)."

인간의 의지는 다만 악을 향한 자유일 뿐입니다. 크로키우스 Lugwig Crocius, 1586-1655는 "타락의 상태에서 인간의 자유의지는 상처받고 영적 선에 대하여 약화되고 감퇴되었을 뿐 아니라 노예화되고 파괴되고 상실되었으며 그 능력은 은혜의 도움 없이는 약화되고 파괴되었을 뿐 아니라 심지어 은혜로 재생되고 회복되지 않는 한 존재하지 않는다."[30]라고 말하였습니다. 그래서 루터는 인간의 자유의지를 "노예의지"라고 하였습니다. 1689년 2차 런던침례교회 신앙고백 9장에서 자유의지를 다루면서 "인간은 타락의 결과로 죄의 상태에 떨어짐으로써 구원을 비롯해 영적으로 선한 일을 행할 모든 능력을 상실했다. 인간은 자연적인 사람으로 죄 안에서 죽었고, 선한 것은 철저히 반대한다. 따라서 자신의 어떠한 힘으로도 하나님께 돌아설 수 없고 심지어는 하나님께 돌아설 준비조차 할 수 없다(요 6:44, 롬 5:6, 8:7, 엡 2:1, 5, 딛 3:3-5)"[31]라고 하였습니다.

타락한 인간의 상태에 대해 웨스트민스터 대요리문답 25문의

---

30) 하인리히 헤페, 『개혁과 정통교의학』 (크리스찬다이제스트, 2011), p.526.
31) 에롤 헐스, 『칼빈주의 기초』 (부흥과개혁사, 2012), p.48.

질문과 답을 보면 "25문 : 사람이 빠지게 된 죄의 상태는 무엇으로 구성되어 있는가? 사람이 빠지게 된 죄의 상태는 아담의 첫 범죄와 그가 지음받았을 때 가졌던 의로움이 상실과 그의 본성의 부패로 모든 영적 선을 전적으로 싫어하며, 행할 수도 없고, 거역하게 되고, 모든 악에 전적으로, 그리고 계속적으로 기울게 된 것이다. 이것을 보통 원죄라고 하며, 모든 실제적인 범죄(자범죄)가 이로부터 발전하는 것이다."라고 가르치고 있습니다. 성경은 알미니안주의자들이 말하는 자유의지나 신인협력을 통해서 구원을 얻는다고 말하지 않습니다. 성경은 오직 성령의 중생하는 은혜가 없이는 하나님께로 올 수도 없다고 분명히 말씀하고 있습니다.

제4항 자연의 빛의 무능함

인간은 타락한 후에도 희미한 본성의 빛이 남아 있어서 이것을 통해 하나님에 관하여, 자연의 사물에 관하여 그리고 선과 악을 구별하는 문제에 관하여 약간의 지식이 있음으로 외부적인 행위를 통하여 도덕과 선에 관한 행위를 드러내 보이는 것이다. 그러나 인간이 이러한 본성의 빛을 통하여 하나님에 대한 구원의 지식을 얻어서 하나님께 회심하기에는 너무나 부족하므로, 그는 사물에 대해서나 시민생활에 있어서 이 빛을 올바로 사용할 수 없으며, 더 나아가서는 이 빛을 여러 가지 면에서 완전히 오염시키고 불의하게 억누르고 있다. 그가 이렇게 함으로써 하나님 앞에서 어떠한 변명도 할 수 없게 되었다.

"이는 하나님을 알 만한 것이 저희 속에 보임이라 하나님께서 이를 저희에게 보이셨느니라 창세로부터 그의 보이지 아니하는 것들 곧 그의 영원하신 능력과 신성이 그 만드신 만물에 분명히 보여 알게 되나니 그러므로 저희가 핑계치 못할지니라(롬 1:19-20)."

"하나님의 진노가 불의로 진리를 막는 사람들의 모든 경건치 않음과 불의에 대하여 하늘로 좇아 나타나나니… 창세로부터 그의 보이지 아니하는 것들 곧 그의 영원하신 능력과 신성이 그 만드신 만물에 분명히 보여 알게 되나니 그러므로 저희가 핑계치 못할지니라(롬 1:18, 20)."

인간은 전적으로 타락하였습니다. 이 사실은 변함이 없습니다. 그렇다고 해서 전적으로 타락한 인간이 모두 흉측한 괴물처럼 악만 행하지는 않습니다. 우리 주변을 살펴보면 법 없이도 사는 사람들이 있으며, 어려운 이웃들을 돌보며 선행을 하는 자연인들이 있음을 봅니다. 이들은 전적으로 타락한 자연인이지만 희미한 자연의 빛이 있어 선을 행하는 것입니다. 우리는 여기서 전적으로 타락한 인간이 어떻게 도덕적 선을 행할 수 있는 희미한 빛을 가질 수 있는지에 대해 묻지 않을 수 없습니다. 사실 이 부분에 대해서 알미니안주의자들은 당연한 것으로 봅니다. 이들은 전적 타락을 받아들이지 않기에 인간은 선을 행할 수 있는 능력을 지녔다고 보는 것입니다. 물론 개혁주의에서는 알미니안주의자들의 주장을 받아들이지 않습니다. 문제는 개혁주의에서는 어떻게 이 부분을 보는가 하는 것입니다.

개혁주의에서는 '일반 은총'으로 말하고 있습니다. 다른 말로는 '보편적 은혜'라고도 합니다. 이 보편적 은혜는 죄인을 구원하는 은혜는 아니지만 선인이나 악인 모두에게 주시는, 즉 모든 인류에게 보편적으로 베푸시는 하나님의 호의적인 태도입니다. 일반 은총은 세상의 모든 학문과 예술, 그리고 자연의 모든 영역을 포함합니다. 예를 들면, 악기를 잘 다루는 사람, 노래를 잘하는 사람, 그림을 잘 그리는 사람, 기계를 잘 다루는 사람, 그리고 햇빛이나 비 등은 선인이나 악인 모두에게 주어지는 것으로 일반 은총은 모든 인류가 함께 공유하고 있는 것입니다. 의인이라고 모두 잘하고 악인이라서 모두 못하는 것이 아니라 악인도 의인보다 재능이 뛰어난 사람들이 있다는 것입니다.

그런데 망각하지 말아야 할 분명한 사실이 있습니다. 그것은 이러한 일반 은총이 구원을 주시는 은혜나 방편이 아니라는 것입니다. 물론 알미니안주의자들은 이렇게 생각하지는 않습니다. 희미한 자연의 빛을 통해서도 얼마든지 하나님에 관한 지식을 알 수 있기에 얼마든지 구원을 얻을 수 있다고 말합니다. 하지만 개혁주의에서는 타락한 인간이 설령 희미한 자연의 빛을 가지고 있다고 하더라도 인간은 죄로 인하여 하나님의 형상을 잃어버렸기 때문에 일반 은총을 통해서는 구원을 받을 수 없다고 단호히 거부합니다.

카이퍼는 "일반 은총은 죄를 억제하기는 하지만 소멸시키지는 못한다. 죄의 성질을 부드럽게 하지만 변화시키지는 못한다."[32]고 하였고, 코넬리우스 반틸Cornelius Van Til, 1895-1987도 "일반 은총의 본질은 죄의 진행을 억제하는 것"[33]이라고 하였습니다. 일반 은총이 가지는 면 중 하나가 죄를 억제하는 것이기는 하지만 구원에 이르는 지식을 주지는 못합니다. 많은 자연인들이 선을 행한다 하더라도 그 선은 구원을 이루는 선이 아닙니다.

제5항 율법의 무능함

본성의 빛 가운데서, 우리는 하나님에 의해 선별된 유대인 모세에게 내려 주신 십계명을 생각해 볼 수 있다. 비록 이 십계명이 죄의 비참함으로부터 인간을 치유하거나 멀게 할 수 있는 방법은 제시하지 않지만, 죄의 심각성과 그 죄악 속의 인간을 보여 줌으로써 육신의 연약함으로 저주 아래 있는 인간은 이 율법만 가지고는 도저히 구원의 은혜를 얻을 수 없음을 보여 준다.

"생명에 이르게 할 그 계명이 내게 대하여 도리어 사망에 이르게 하는 것이 되었도다… 그런즉 선한 것이 내게 사망이 되었느뇨 그럴 수 없느니라 오직 죄가 죄로 드러나기 위하여 선한 그것으로 말미암아 나를 죽게 만들었으니 이는 계명으로 말미암아 죄로 심히 죄되게 하려 함이니라(롬 7:10, 13)."

---

32) 조석만, 『기독교신학서설』 (잠언, 2003), p.38.
33) Ibid. p.39.

"율법이 육신으로 말미암아 연약하여 할 수 없는 그것을 하나님은 하시나니 곧 죄를 인하여 자기 아들을 죄 있는 육신의 모양으로 보내어 육신에 죄를 정하사(롬 8:3)"

"저가 또 우리로 새 언약의 일꾼 되기에 만족케 하셨으니 의문으로 하지 아니하고 오직 영으로 함이니 의문은 죽이는 것이요 영은 살리는 것임이니라 돌에 써서 새긴 죽게 하는 의문의 직분도 영광이 있어 이스라엘 자손들이 모세의 얼굴의 없어질 영광을 인하여 그 얼굴을 주목하지 못하였거든(고후 3:6-7)"

일반 은총을 통하여 자연인이 구원에 이를 수 없듯이 시내 산에서 모세에게 주신 십계명, 즉 율법을 통해서도 구원의 은혜를 받을 수 없습니다. 율법은 타락한 인간들에게 더욱 죄의 심각성만 보여 줄 뿐입니다. 어느 누가 율법에 순종하여 구원의 은혜를 받을 수 있습니까? 타락한 인간이 과연 율법을 전적으로 순종하며 지킬 수 있습니까? 오히려 성경은 지키지 못하기 때문에 저주 아래 있는 자라고 말씀합니다. "무릇 율법 행위에 속한 자들은 저주 아래 있나니 기록된 바 누구든지 율법 책에 기록된 대로 온갖 일을 항상 행하지 아니하는 자는 저주 아래 있는 자라 하였음이라(갈 3:10)."

"하나님께서는 아담에게 한 율법을 행위 언약으로 주셨는데, 그것으로 말미암아 하나님은 아담과 그의 모든 후손들로 하여금 개인적으로 온전하게, 정확하게, 그리고 영구적으로 순종할 의무가 있게 하셨고, 동시에 그 율법을 성취하면 생명을 주시겠다고 약속하시고, 그것을 깨뜨리면 사망을 주겠다고 경고하셨으며, 그것을 지킬 수 있는 힘과 능력을 그에게 부여해 주셨습니다(창 1:26-27; 2:17; 롬 2:14-15; 5:12, 19; 10:5; 갈 3:10, 12; 전 7:29; 욥 28:28)."[34] 하지만 인간은 그 율법을 깨뜨렸습니다.

---

34) 웨스트민스터 신앙고백서(1647), 제9장 3항.

율법이 악하고 나쁜 것입니까? 아닙니다. 사도 바울은 율법이 선하며 신령하다고 말씀합니다. "이로 보건대 율법도 거룩하며 계명도 거룩하며 의로우며 선하도다… 우리가 율법은 신령한 줄 알거니와(롬 7:12, 14)" 하지만 이 선하고 신령한 한 율법이 우리를 죽이는 법이 되었습니다. "그런즉 선한 것이 내게 사망이 되었느뇨 그럴 수 없느니라 오직 죄가 죄로 드러나기 위하여 선한 그것으로 말미암아 나를 죽게 만들었으니 이는 계명으로 말미암아 죄로 심히 죄 되게 하려함이니라(롬 7:13)."

칼빈은 율법의 용도에 대해서 3가지로 설명하였습니다.

"첫째 용도는 하나님의 의, 즉 하나님이 받아 주시는 유일한 의를 밝히는 동시에, 우리 각 사람의 불의를 경고하며, 알리며, 죄를 깨닫게 하며, 결국 정죄한다(롬 3:20). 율법의 둘째 용도는 적어도 벌을 받으리라는 공포심을 일으켜 일부 사람들을 억제하는 것이다(딤전 1:9-10). 셋째 용도는 가장 중요한 것이며, 율법의 본래의 목적에 더욱 가까운 것이다. 이 용도는 하나님의 영이 이미 그 영혼 속에 사시며 주관하시는 신자들 사이에서 발견된다. 그들의 마음속에는 하나님의 손가락으로 율법이 기록되고 새겨져 있지만(렘 31:33; 히 10:16), 다시 말하면 그들은 하나님의 영의 감동과 격려로 하나님께 복종하겠다는 열심이 있지만, 역시 두 가지 방면에서 율법의 혜택을 입는다. 그들이 앙모하는 주의 뜻이 무엇인가를 매일 더욱 철저히 배우며 확고하게 이해하는 데 율법은 가장 훌륭한 도구가 된다(시 19:7-8)."[35]

율법을 통해서는 구원에 이르지 못합니다. 율법으로 구원을 이룬 자는 아무도 없습니다. 율법은 우리를 그리스도께로 인도하는 몽학선생입니다. "이같이 율법이 우리를 그리스도에게로 인도하

---

35) 존 칼빈, 『기독교강요』, 제2권 7장 6절, 10절, 12절.

는 몽학선생이 되어(갈 3:24)" 율법의 행위로 하나님 앞에 서고자 하는 자는 교만한 자요, 악한 자입니다.

제6항 복음의 필요성

그러므로 본성의 빛이나 율법이 할 수 없는 그 일을, 하나님께서는 화목의 말씀 내지 화목의 사역을 통한 성령의 역사로써 행하신다. 그리고 이 말씀은 메시아에 관한 기쁜 소식이며, 옛 언약시대나 새 경륜의 시대 하에서든지, 이 소식을 믿는 자들을 하나님께서 기꺼이 구원하신다.

"모든 것이 하나님께로 났나니 저가 그리스도로 말미암아 우리를 자기와 화목하게 하시고 또 우리에게 화목하게 하는 직책을 주셨으니 이는 하나님께서 그리스도 안에 계시사 세상을 자기와 화목하게 하시며 저희의 죄를 저희에게 돌리지 아니하시고 화목하게 하는 말씀을 우리에게 부탁하셨느니라(고후 5:18-19)."

"하나님의 지혜에 있어서는 이 세상이 자기 지혜로 하나님을 알지 못하는고로 하나님께서 전도의 미련한 것으로 믿는 자들을 구원하시기를 기뻐하셨도다(고전 1:21)."

일반 은총이나 율법을 통해서 구원을 받을 수 없다는 사실을 확인하였습니다. 그러면 타락한 인간이 구원을 얻을 수 있는 길은 없는 것입니까? 아닙니다. 있습니다. 그것은 바로 '복음'입니다. 이 복음으로 말미암아 하나님께서는 자신의 사람들을 구원하시며 기뻐하십니다. 그런데 우리는 가끔 구원을 얻는 방법이 구약시대와 신약시대가 다르다고 말하는 사람들을 봅니다. 즉 '복음이란 메시아이신 예수 그리스도께서 이 땅에 오신 소식인데 어떻게 예수 그리스도께서 오시기 전의 구약의 사람들이 복음을 통하여 십자가에서 피 흘리시고 죽으신 메시아를 믿을 수 있는가?' 하는 것입니다.

사실부터 말하자면 하나님께서는 구약 아래 있는 자들도 신약 아래 있는 자들과 같이 복음을 믿는 자들을 구원하셨습니다. 칼빈은 구약의 성도들도 "중보자이신 그리스도를 알고 있었고 그리스도를 통해서 하나님과 연결되며 하나님의 약속에 참여하리라고 믿었다."[36]고 말하였습니다. 그리고 성경은 우리에게 구약의 성도들도 예수 그리스도에 대해 알고 있었으며 구약의 모든 성경이 그를 증거하고 있다고 말씀하고 있습니다. 사도 바울은 "이 복음은 하나님이 선지자들로 말미암아 그의 아들에 관하여 성경에 미리 약속하신 것이라(롬 1:2)."라고 말씀하였고, 사도 요한도 "너희가 성경에서 영생을 얻는 줄 생각하고 성경을 상고하거니와 이 성경이 곧 내게 대하여 증거하는 것이로다… 모세를 믿었더면 또 나를 믿었으리니 이는 그가 내게 대하여 기록하였음이라… 너희 조상 아브라함은 나의 때 볼 것을 즐거워하다가 보고 기뻐하였느니라(요 5:39, 46, 8:56)."라고 하였습니다. 그리고 누가는 "이에 모세와 및 모든 선지자의 글로 시작하여 모든 성경에 쓴 바 자기에 관한 것을 자세히 설명하시니라… 또 이르시되 내가 너희와 함께 있을 때에 너희에게 말한 바 곧 모세의 율법과 선지자의 글과 시편에 나를 가리켜 기록된 모든 것이 이루어져야 하리라 한 말이 이것이라(눅 24:27, 44)"라고 말씀하였습니다.

사도 바울이나 요한 그리고 누가의 말씀은 구약의 사람들도 복음, 즉 메시아이신 예수 그리스도를 알았으며 그를 기다리며 믿었다는 것을 보여 주고 있습니다. 그러므로 구약시대나 신약시대의 구원은 메시아인 예수 그리스도를 믿음으로 얻는다는 점에서 동일하다는 것을 알 수 있습니다. 결코 다르지 않습니다.

또한 구약의 성막과 제사들이 예수 그리스도의 모형이며 그림자로서 예표하고 있음을 봅니다. "그러므로 하늘에 있는 것들의 모

---

36) Ibid. 제2권 10장 2절.

형은 이런 것들로써 정결케 할 필요가 있었으나 하늘에 있는 그것들은 이런 것들보다 더 좋은 제물로 할찌니라 그리스도께서는 참 것의 그림자인 손으로 만든 성소에 들어가지 아니하시고 오직 참 하늘에 들어가사 이제 우리를 위하여 하나님 앞에 나타나시고 대제사장이 해마다 다른 것의 피로써 성소에 들어가는 것같이 자주 자기를 드리려고 아니하실찌니 그리하면 그가 세상을 창조할 때부터 자주 고난을 받았어야 할 것이로되 이제 자기를 단번에 제사로 드려 죄를 없게 하시려고 세상 끝에 나타나셨느니라(히 9:23-26)."

　　구약시대에도 예수 그리스도께서 계셨습니다. 우리는 이것을 '그리스도의 선재'라고 말합니다. 물론 구약시대뿐만 아니라 그 전에도 계셨습니다. 예수 그리스도는 삼위일체 하나님의 제2위이신 하나님이십니다. 예수 그리스도는 어제나 오늘이나 영원토록 동일하신 분입니다.

제7항 복음의 전파

　　하나님께서 그의 비밀스러운 뜻을 구약시대에는 오직 택한 백성에게만 계시하셨지만, 신약시대에는 (여러 민족들 간의 구별이 없어져서) 많은 사람들에게 계시하셨다. 이 구별은 어느 한 민족이 다른 민족보다 우월하거나 이 자연의 빛을 더욱 잘 사용해서도 아니요, 다만 하나님의 주권적인 선하심과 무조건적인 사랑에 기인할 따름이다. 따라서 반역과 범죄에도 불구하고 은혜와 사랑으로 돌보심을 받은 그들은 겸손과 감사하는 마음으로 또한 사랑의 사도로서 하나님의 은혜를 깨닫되, 이 은혜를 받지 못한 사람들에게 임한 하나님의 공의의 심판을 의심하여 낮추는 일이 결코 있어서는 안 된다.

　　"그 뜻의 비밀을 우리에게 알리셨으니 곧 그 기쁘심을 따라 그리스도 안에서 때가 찬 경륜을 위하여 예정하신 것이니(엡 1:9)"

　　"거기는 헬라인과 유대인이나 할례당과 무할례당이나 야인이나 스구디아인이나 종이나 자유인이 분별이 있을 수 없나니 오직 그리스도는 만유시요 만유 안에 계시니라(골 3:11)."

"이는 하나님께서 외모로 사람을 취하지 아니하심이니라(롬 2:11)."

"그러므로 하나님의 인자와 엄위를 보라 넘어지는 자들에게는 엄위가 있으니 너희가 만일 하나님의 인자에 거하면 그 인자가 너희에게 있으리라 그렇지 않으면 너도 찍히는 바 되리라 저희도 믿지 아니하는데 거하지 아니하면 접붙임을 얻으리니 이는 저희를 접붙이실 능력이 하나님께 있음이라(롬 11:22-23)."

사도 바울은 이스라엘이 다른 민족과 달리 하나님으로부터 부여받은 특권 중 첫째가 하나님의 말씀을 받은 것이라고 말씀하고 있습니다. "그런즉 유대인의 나음이 무엇이며 할례의 유익이 무엇이뇨 범사에 많으니 첫째는 저희가 하나님의 말씀을 맡았음이니라(롬 3:1-2)." 하나님께서는 여러 민족들 가운데서 이스라엘을 택하시어 그들에게 하나님의 말씀을 맡기셨습니다. 이 말씀을 맡았다는 것은 특권이요, 축복이 아닐 수 없습니다.

이스라엘이 이 말씀을 맡게 된 이유가 무엇입니까? 하나님 보실 때 뭔가 특별해서입니까? 아니면 큰 민족이어서, 또는 내세울 만한 다른 어떤 것이 있어서입니까? 아닙니다. 오히려 반대입니다. 이스라엘은 내세울 만한 것이 없는 민족입니다. 성경은 이렇게 말씀하고 있습니다. "너는 여호와 네 하나님의 성민이라 네 하나님 여호와께서 지상 만민 중에서 너를 자기 기업의 백성으로 택하셨나니 여호와께서 너희를 기뻐하시고 너희를 택하심은 너희가 다른 민족보다 수효가 많은 연고가 아니라 너희는 모든 민족 중에 가장 적으니라(신 7:6-7)."

이 말씀은 복음, 즉 구원자이신 예수 그리스도에 대한 말씀입니다. 이러한 은혜가 구약시대에는 선민인 이스라엘에게만 주어졌지만 신약시대에 와서는 여러 민족들에게 전해지게 되었습니다. 특히 마가의 다락방에서 일어난 오순절 사건에서 여러 민족에게 하나님의 말씀이 전파되는 것을 보여 줍니다. "우리가 우리 각 사람의 난 곳 방언으로 듣게 되는 것이 어찜이뇨 우리는 바대인과 메대인과 엘람인과 또 메소보다미아 유대와 가바도기아 본도와 아시아 브루기아와 밤빌리아 애굽과 및 구레네에 가까운 리비야 여러 지방에 사는 사람들과 로마로부터 온 나그네 곧 유대인과 유대교에 들어온 사람들과 그레데인과 아라비아인들이라 우리가 다 우리의 각 방언으로 하나님의 큰일을 말함을 듣는도다(행 2:8-11)."

그러나 하나님의 큰일을 듣는 역사가 모든 민족에게 일어나는 것은 아닙니다. 어떤 민족은 받아들이고 어떤 민족은 받아들이지 않는다는 것입니다. 즉 하나님의 말씀, 복음을 잘 받아들이는 민족이 있는가 하면 잘 받아들이지 않는 민족이 있다는 것입니다.

이러한 역사는 민족뿐만이 아니라 개인에게도 마찬가지입니다. 어떤 이는 잘 받아들이는가 하면 어떤 이는 받아들이지 않는다는 것입니다.

민족이 그리고 개인이 구원을 받으며 하나님의 비밀스러운 말씀을 얻은 것은 하나님의 주권적 은혜입니다. 민족이나 개인의 어떤 영향으로 이루어지는 것이 아니라 전적인 하나님의 역사임을 알아야 합니다.

제8항 복음에 의해 부르심
진실하게 부름을 받은 사람들은 모두가 복음에 의해 부름받은 사람이다. 왜냐하면 하나님께서는 그가 받으실 만한 것이 무엇인가를 그 말씀 안에서 참되고 진실하게 선언하셨는데, 즉 부름을 받은 사람들은 하나님께 나와야 한다는 것을 말씀하셨던 것이다. 하나님께서는 그에게 나아와 그를 믿는 모든 자들에게 그들의 영혼의 안식과 영원한 생명을 진정으로 약속하신다.

"너희 목마른 자들아 물로 나아오라 돈 없는 자도 오라 너희는 와서 사 먹되 돈 없이 값없이 와서 포도주와 젖을 사라(사 55:1)."

"다시 다른 종들을 보내며 가로되 청한 사람들에게 이르기를 내가 오찬을 준비하되 나의 소와 살진 짐승을 잡고 모든 것을 갖추었으니 혼인잔치에 오소서 하라 하였더니(마 22:4)."

"성령과 신부가 말씀하시기를 오라 하시는도다 듣는 자도 오라 할 것이요 목마른 자도 올 것이요 또 원하는 자는 값없이 생명수를 받으라 하시더라(계 22:17)."

"아버지께서 내게 주시는 자는 다 내게로 올 것이요 내게 오는 자는 내가 결코 내어 쫓지 아니하리라(요 6:37)."

"수고하고 무거운 짐 진 자들아 다 내게로 오라 내가 너희를 쉬게 하리라 나는 마음이 온유하고 겸손하니 나의 멍에를 메고 내게 배우라 그러면 너희 마음이 쉼을 얻으리니(마 11:28-29)."

"그리스도를 위하여 너희에게 은혜를 주신 것은 다만 그를 믿을 뿐 아니라 또한 그를 위하여 고난도 받게 하심이라(빌 1:29)."

복음은 차별 없이 역사합니다. 사도 바울은 이 복음이 모든 믿는 자에게 구원을 주시는 하나님의 능력이 된다고 하면서 유대인에게나 헬라인에게 차별 없이 역사한다고 하였습니다. 이것은 은혜입니다. 만일 복음에 차별이 있다면 말씀을 맡은 유대인들에게는 구원이 있겠지만 이방인들에게는 소망이 없을 겁니다.

알미니안주의자들은 만일 선택된 자들만 구원을 받으며 예수께서 창세전에 택한 자신의 백성들을 위해서 십자가에서 죽으셨다면 복음을 전파할 필요가 없다고 말합니다. 왜냐하면 선택되었기에 굳이 복음을 전할 이유가 없다는 것입니다. 복음을 전하지 않아도 선택받은 자들이기에 구원을 얻는다는 것입니다.

우리는 여기서 복음이 모든 사람에게 들려져야 하는 이유를 크게 두 가지로 살펴보겠습니다.

첫째는 알미니안주의자들이 받아들이지 않는 교리인 구원은 선택된 자들이 받는 것입니다. 맞습니다. 이 진리는 변하지 않습니다. 그런데 문제는 누가 선택된 자이며 유기된 자인지를 사람들이 모른다는 것입니다. 사람들이 어떻게 알 수 있겠습니까? 세상 사람들처럼 얼굴을 보고 "택한 자다, 아니다."라고 말할 수 있습니까? 아니면 "좋은 성품을 가진 자는 선택받은 자요, 나쁜 성품을 가진 자는 유기된 자"라고 판단할 수 있습니까? 우리는 알지 못합니다. 오직 하나님만이 아십니다. 그러기에 힘써 복음을 전하는 것입니다.

둘째로 복음이 모든 사람들에게 전해져야 하는 이유는 선택된 자들을 위해서 필요하다는 것입니다. 선택받은 자들이라도 복음을 듣기 전까지는 유기된 자들과 함께 멸망의 자리에 있으며, 진노의 자식인 것입니다. 죽음의 자리에서 종노릇하고 있는 하나님의 자녀들을 구원하기 위해서 복음이 전해져야 하는 것입니다. 그 복음을 들을 때 하나님께서 창세전에 택한 자들이 하나님의 정한 시기에 그들의 영이 소생하여 다시 살아나는 역사가 일어나는 것입니다.

이사야 선지자는 "너희 목마른 자들아 물로 나아오라 돈 없는 자도 오라 너희는 와서 사 먹되 돈 없이 값없이 와서 포도주와 젖을 사라(사 55:1)."고 외칩니다. 사도 바울은 "주 예수를 믿으라 그리하면 너와 네 집이 구원을 얻으리라(행 16:31)."라고 하였습니다.

복음을 전하지 않으면 어찌 사람들이 들을 수 있겠습니까? 그래서 복음을 전하는 자들의 발이 아름답다고 하는 것입니다.

그러나 사람들은 다 복음에 순종치 않습니다. 이사야 선지자는 "주여, 우리의 전하는 바를 누가 믿었나이까?"라고 하였습니다. 복음은 차별 없이 전해지지만 모두가 그 복음을 받아들이는 것은 아닙니다.

제9항 복음을 거부함

복음의 사역을 통하여 말씀으로 부름을 받았으나 깨닫지 못하고 회개하지 않는 사람은, 복음이 잘못되고 그리스도께서 부족하시고 또는 하나님께서 그들에게 주시고자 하는 은사가 잘못되어서가 아니고 그 인간 자체에 잘못이 있는 것이다. 부름을 받았을 때에 어떤 이는 급박한 상황에 있음에도 불구하고 생명의 말씀을 거부하며, 또 어떤 이들은 즉시 기쁨으로 받되 그 속에 뿌리가 없어 잠시 견디다가 말씀을 인하여 환난이나 핍박을 당할 때는 곧 넘어지고, 다른 이들은 세상의 염려와 재리의 유혹에 말씀이 막혀 결실치 못하는 것이다. 주님께서는 이것을 씨 뿌리는 자의 비유에서 가르쳐 주셨다.

"그 날에 예수께서 집에서 나가사 바닷가에 앉으시매 큰 무리가 그에게로 모여들거늘 예수께서 배에 올라가 앉으시고 온 무리는 해변에 섰더니 예수께서 비유로 여러 가지를 저희에게 말씀하여 가라사대 씨를 뿌리는 자가 뿌리러 나가서 뿌릴새 더러는 길 가에 떨어지매 새들이 와서 먹어버렸고 더러는 흙이 얇은 돌밭에 떨어지매 흙이 깊지 아니하므로 곧 싹이 나오나 해가 돋은 후에 타져서 뿌리가 없으므로 말랐고 더러는 가시떨기 위에 떨어지매 가시가 자라서 기운을 막았고 더러는 좋은 땅에 떨어지매 혹 백 배, 혹 육십 배, 혹 삼십 배의 결실을 하였느니라 귀 있는 자는 들으라 하시니라(마 13:1-9)."

"예수께서 권능을 가장 많이 베푸신 고을들이 회개치 아니하므로 그 때에 책망하시되 화가 있을진저 고라신아 화가 있을진저 벳새다야 너희에게서 행한 모든 권능을 두로와 시돈에서 행하였더면 저희가 벌써 베옷을 입고 재에 앉아 회개하였으리라 내가 너희에게 이르노니 심판날에 두로와 시돈이 너희보다 견디기 쉬우리라 가버나움아 네가 하늘에까지 높아지겠느냐 음부에까지 낮아지리라 네게서 행한 모든 권능을 소돔에서 행하였더면 그 성이 오늘날까지 있었으리라 내가 너희에게 이르노니 심판 날에 소돔 땅이 너보다 견디기 쉬우리라 하시니라(마 11:20-24)."

복음의 부르심을 받은 모든 사람이 깨닫고 회개하여 응답하면 좋으련만 실상은 그렇지 않습니다. 어떤 이는 받아들이고 어떤 이는 거부합니다. 그 이유가 무엇입니까? 혹 복음이 잘못되었거나 또는 하나님께서 주시고자 하는 은혜가 변질되어서입니까? 아니면 알미니안주의자들이 말하는 것처럼 택함받은 자들만 복음을 받아들이므로 택함받은 자들에게는 선한 복음이, 유기된 자들에게는 잘못된 복음이 전파되어서입니까? 아닙니다. 복음을 받아들이고 거부하는 이유는 전적으로 인간에게 책임이 있습니다. 사도 바울과 바나바가 제1차 전도여행 때 비시디아 안디옥에서 복음을 전할 때 유대인들이 거부하며 바울과 바나바를 쫓아낼 때 그들에게 말했습니다. "하나님의 말씀을 마땅히 먼저 너희에게 전할 것이로되 너희가 버리고 영생 얻음에 합당치 않은 자로 자처하기로 우리가 이방인에게로 향하노라(행 13:46)." 복음을 버리고 거부하는 것은 전적으로 인간에게 책임이 있는 것이지 다른 이유가 없습니다. 그런데 알미니안주의자들은 선택의 교리를 전하는 칼빈주의의 교리대로라면 책임이 하나님에게 있다고 말하고 있습니다. 하지만 성경은 우리에게 사람들이 복음을 받아들이지 않는 이유를 하나님에게 돌리지 않으며 오히려 모든 책임을 인간에게 돌리고 있음을 말합니다. 사도 요한은 "그러나 너희가 영생을 얻기 위하여 내게 오기를 원하지 아니하는도다(요 5:40)."라고 말씀하고 있습니다.

복음은 택함받은 자나 유기된 자 모두에게 동일하게 풍성한 은혜로 전해집니다. 그러나 복음으로 부르심을 받은 모두가 그것을 받아들여 구원을 얻는 것은 아닙니다. 예수님의 씨 뿌리는 비유를 통해서도 알 수 있습니다. 복음의 씨가 뿌려지는데 아무나 그것을 깨닫지 못하는 이유가 있다고 말씀합니다. 그 이유에 대해서 예수님께서는 "말씀을 들으나 악한 자가 와서 그 마음에 뿌리운 것을 빼앗아 가버리고, 또한 말씀을 듣고 즉시 기쁨으로 받지만 그 속에 뿌리가 없어 잠시 견디다가 말씀을 인하여 환난이나 핍박이 일어나는 때에는 곧 넘어지고, 그리고 말씀을 들으나 세상의 염려와 재리의 유혹에 말씀이 막혀서 결실치 못하는 것"이라고 말씀하였습니다.

씨가 자라면 열매를 맺게 되어 있습니다. 그런데 씨가 자라지 못해서 열매를 맺지 못하면 그 책임이 어디에 있습니까? 씨에 있습니까? 아닙니다. 씨에는 전혀 문제가 없습니다. 씨를 받아들이는 밭이 문제입니다. 뿌리를 아예 내리지 못하는 돌밭이나 뿌리를 내리고 어느 정도 자라지만 열매를 맺지 못하는 가시떨기 밭이나 다르지 않습니다. 똑같습니다. 이처럼 복음을 들으나 깨닫지 못하고 회개하지 않는 이유는 복음에 있는 것이 아니라 전적으로 복음을 받아들이지 않고 거부하는 사람들이나 잠시 잠깐 비췸을 받아 자라는 것 같지만 결국 넘어진 자나 모두 자기 자신에게, 즉 인간에게 책임이 있다는 것입니다.

제10항 복음에 순종하는 이유

그러나 복음에 의한 부름에 순종하여 돌이킨 사람들은 그것의 원인이 자유 의지를 잘 사용했기 때문이라고 해서도 안 된다. 왜냐하면 사람들은 자신의 돌이킴이 믿음과 회심에 필요한 은혜를 스스로 이룬 것으로 생각하여 다른 사람들과 구별하려는 (마치 펠라기우스의 이단들이 교만하게 주장하는 것처럼) 잘못이 생기기 때문이다. 이 모든 원인은 오직 영원 전부터 그리스도 안에서 택정하신 하나님께만 있다. 하나님께서는 때가 되매 그들을 부르시고 믿음을 주셔서 돌이키게 하심으로 어두움의 권세에서 구해 주시고 하늘나라와 연결해 주셨다. 하나님의 사람들은 놀라운 빛으로 어두움의 권세에서 구해 주시고 하늘나라와 연결해 주셨다. 이것은 놀라운 빛으로 어두움의 권세에서 인도해 주신 하나님을 찬양케 하며, 성경 여러 곳에서 사도들이 증거하는 대로 오직 주님만을 영화롭게 하기 위함이다.

"그런즉 원하는 자로 말미암음도 아니요 달음박질하는 자로 말미암음도 아니요 오직 긍휼히 여기시는 하나님으로 말미암음이니라(롬 9:16)."

"그가 우리를 흑암의 권세에서 건져내사 그의 사랑의 아들의 나라로 옮기셨으니(골 1:13)"

"그리스도께서 하나님 곧 우리 아버지의 뜻을 따라 이 악한 세대에서 우리를 건지시려고 우리 죄를 위하여 자기 몸을 드리셨으니(갈 1:4)"

"오직 너희는 택하신 족속이요 왕 같은 제사장들이요 거룩한 나라요 그의 소유된 백성이니 이는 너희를 어두운 데서 불러내어 그의 기이한 빛에 들어가게 하신 자의 아름다운 덕을 선전하게 하려 하심이라(벧전 2:9)"

"너희가 그 은혜를 인하여 믿음으로 말미암아 구원을 얻었나니 이것이 너희에게서 난 것이 아니요 하나님의 선물이라 행위에서 난 것이 아니니 이는 누구든지 자랑치 못하게 함이라(엡 2:8-9)"

복음을 듣고 하나님의 부르심에 응답한 사람들은 전적으로 하나님의 은혜로 인한 것입니까? 아니면 알미니안주의자들이 말하는 것처럼 인간의 자유의지를 사용하여서 복음을 받아들이기로 했기 때문입니까? 이 질문에 대해 답을 말하기 전에 우리는 여기서 부르심에 관해 잠깐 생각을 해보겠습니다. 그러고 나면 이 질문에 대한 답은 자연히 알게 되리라 봅니다.

부르심소명, calling은 내적(유효한) 부르심과 외적(일반적) 부르심으로 나누어볼 수 있습니다. 외적 부르심은 모든 사람들이 복음의 자리에 오는 것이며, 내적 부르심은 모든 사람이 아닌 특정한 사람들이 복음 앞으로 나오는 것을 말합니다. 마태복음 22:1-14에 나오는 천국 혼인잔치 비유가 그 예입니다.

한 임금이 아들의 혼인잔치에 사람들을 초청하는데 다들 거절합니다. 그러자 임금이 노하여 종들을 보내 길거리에서 만나는 사람마다 다 초청하여 오게 합니다. 그런데 임금이 그 잔치자리에 예복을 입지 않고 들어온 사람을 발견합니다. 그리고 "친구여, 어찌하여 예복을 입지 않고 여기 들어왔느냐?" 하니 예복을 입지 않은 자가 아무 말을 못합니다. 임금은 사환들에게 그를 잡아 수족을 결박하여 바깥 어두움에 내어 던지라고 합니다. 그리고 마지막 14절에 "청함을 받은 자는 많되 택함을 입은 자는 적으니라."라는 말씀으로 비유가 끝납니다.

많은 사람이 초청(외적 부르심)을 받습니다. 그러나 택함(내적 부르심)을 입은 자는 적습니다. 내적 부르심을 입은 자들은 자신의 의지로 인하여 부르심에 선택을 한 것이 아닙니다. 이들은 창세전에 그리스도 안에서 택함받은 자들입니다. 이들을 위해서 예수 그리스도께서 이 땅에 오셔서 보혈을 흘리신 것입니다. 내적 부르심은 오직 택함받은 자들에게만 유효한 것입니다. 외적 부르심을 받은 자는 많습니다. 혼인잔치의 비유에서처럼 청함을 받은 사람은 많습니다. 하지만 택함을 입은 자는 적습니다.

하나님께서는 창세전에 택한 자들을 하나님의 정한 시간에 그들을 복음을 통해서 부르십니다. 이것은 사람들이 정한 시간이 아니며, 인간의 자유의지를 통해 선택하는 것이 아니라 하나님의 때에 부르심을 받는 것입니다. 어떤 이는 설교자를 통하여, 어떤 이는 길거리에 굴러다니는 전도지를 통하여, 어떤 이는 친구의 전도를 통하여 하나님의 때에 복음을 듣게 하시어 어두움의 자리에서 벗어난 생명의 자리로 오게 하시는 것입니다. 그러므로 알미니안주의자들이 말하는 것처럼 인간의 자유의지로 된 것이 아닙니다.

제11항 복음의 역사

그러나 하나님께서 택한 자들 속에서 기쁘신 선을 이루시며 참 회심을 이루실 때 그들에게 외적으로 복음이 선포되도록 하여 성령으로 강하게 역사하사 하나님의 영에 속한 일들을 이해하며 분별토록 하실 뿐만 아니라 새롭게 하는 영으로써 사람의 깊은 곳에까지 임하셔서 닫힌 마음을 열게 하시고 굳어진 마음을 부드럽게 하시며, 마음의 할례를 이루시며 죽었던 영혼을 소생시키신다. 또한 악하고 불순종하고 완악한 마음을 선하게 순종하는 부드러운 마음으로 변화시키고, 힘과 능력을 주셔서 마치 나무가 열매를 맺듯이 선한 행실의 열매를 맺게 하신다.

"한 번 비췸을 얻고 하늘의 은사를 맛보고 성령에 참예한 바 되고 하나님의 선한 말씀과 내세의 능력을 맛보고(히 6:4-5)"

"두아디라 성의 자주 장사로서 하나님을 공경하는 루디아라 하는 한 여자가 들었는데 주께서 그 마음을 열어 바울의 말을 청종하게 하신지라(행 16:14)."

"내가 그들에게 일치한 마음을 주고 그 속에 새 신을 주며 그 몸에서 굳은 마음을 제하고 부드러운 마음을 주어서(겔 11:19)"

"또 새 영을 너희 속에 두고 새 마음을 너희에게 주되 너희 육신에서 굳은 마음을 제하고 부드러운 마음을 줄 것이며(겔 36:26),"

"좋은 나무가 나쁜 열매를 맺을 수 없고 못된 나무가 아름다운 열매를 맺을 수 없느니라(마 7:18),"

복음을 통하여 하나님의 내적 부르심을 입은 택함받은 자들이 어떻게 참된 회심의 변화가 가능하였는가를 생각해 봅니다. 알미니안주의자들이 말하는 것처럼 인간의 자유의지로 회심이 이루어지지 않는다면 무엇이 택함받은 자들로 하여금 하나님의 부르심에 응답하여 회심하며, 돌이키며, 죽었던 영혼이 살아나며, 돌같이 굳은 마음을 부드러운 마음으로 변화시키며, 늘 죄악의 열매들만 맺던 자들에게 성령의 열매들을 맺게 하는가 하는 것입니다. 성경은 그것은 성령의 역사라고 말씀하고 있습니다. 성령께서 역사하시어 택함받은 자들이 하나님의 영에 속한 일들을 이해하며 분별할 수 있게 됩니다. 인간이 자연인으로 있을 때에는 영적인 일을 이해할 수 없습니다. 한밤중에 예수님께 찾아와 대화하는 니고데모의 경우와 같습니다. 하늘 일을 말하여도 깨닫지 못하는 것입니다. 그리고 분별도 못합니다. 사도 요한은 "빛이 어두움에 비취되 어두움이 깨닫지 못하더라… 그가 세상에 계셨으며 세상은 그로 말미암아 지은 바 되었으되 세상이 그를 알지 못하였고(요 1:5, 10)"라고 하였습니다.

인간의 마음은 완악합니다. 모세는 사람의 마음의 생각과 모든 계획이 항상 악하다고 하였으며, 예레미야 선지자는 만물보다 거짓되고 심히 부패한 것은 마음이라고 하였습니다. 이렇게 완악하고 굳은 마음을 성령께서 역사하셔서 부드럽게 하시는 것입니다. "또 새 영을 너희 속에 두고 새 마음을 너희에게 주되 너희 육신에서 굳은 마음을 제하고 부드러운 마음을 줄 것이며(겔 36:26)"

성령께서 역사하시어 나무가 열매를 맺듯이 선한 행실의 열매를 맺게 하십니다. 인간이 자연인으로 살 때에는 육신의 열매를 맺으며 살아갑니다. 사도 바울은 육신의 열매들이란 음행과 더러운 것과 호색과 우상 숭배와 술수와 원수를 맺는 것과 분쟁과 시기와 분냄과 당 짓는 것과 분리함과 이단과 투기와 술 취함과 방탕함과 또 그와 같은 것들이라고 하였습니다. 그러나 성령으로 말미암아 회심한 자들은 선한 열매, 즉 성령의 열매를 맺는 것입니다. "성령의 열매는 사랑과 희락과 화평과 오래 참음과 자비와 양선과 충성과 온유와 절제니(갈 5:22-23)"

이러한 회심의 변화가 성령의 역사가 아니라 알미니안주의자들이 말하는 인간의 자유의지에 의해 어떻게 이루어질 수 있다는 말입니까! 이는 있을 수 없는 일입니다.

제12항 중생케 하시는 역사

하나님께서 우리 속에서 역사하사 새로운 모습으로 만드시되 죽음에서 부활의 새 생명을 얻도록 하신 것은 성경에서 강조하는 중생케 하는 힘이다. 그러나 이것은 결코 복음을 외침으로나 도덕적 권면으로, 또는 (물론 하나님께서 일을 하신 후에 인간 편에서는 계속적으로 변화되는 일이 된다 하더라도) 인간적인 수단으로 되는 것이 아니다. 그것은 분명히 초자연적이고 가장 능력 있으며 동시에 가장 기쁘고 놀라우며 신비스럽고 결코 없어지지 아니하는 하나님의 능력으로 되는 것이다. 성령의 감동으로 된 하나님의 말씀이 보여 주듯이 이 중생의 능력은 창조나 죽음에서의 부활 등에 못지않게 놀라운 것이다. 그러므로 하나님께서 인간의 마음속에서 역사하시는 이 놀라운 일은 분명하고 정확하며 효과적으로 중생케 함으로 실제적인 믿음을 얻게 하는 것이다. 또한 변화된 마음은 하나님에 의해서 이뤄지고 효력을 낼 뿐만 아니라 이 효력의 결과는 그 자체로 활동적인 것이다. 따라서 인간은 이 받은 은혜로 인하여 믿고 회개함에 이른다고 말함이 옳은 것이다.

"예수께서 대답하여 가라사대 진실로 진실로 네게 이르노니 사람이 거듭나지 아니하면 하나님 나라를 볼 수 없느니라(요 3:3)."

"어두운 데서 빛이 비취리라 하시던 그 하나님께서 예수 그리스도의 얼굴에 있는 하나님의 영광을 아는 빛을 우리 마음에 비취셨느니라(고후 4:6)."

"그런즉 누구든지 그리스도 안에 있으면 새로운 피조물이라 이전 것은 지나갔으니 보라 새 것이 되었도다(고후 5:17)."

"기록된 바 내가 너를 많은 민족의 조상으로 세웠다 하심과 같으니 그의 믿은 바 하나님은 죽은 자를 살리시며 없는 것을 있는 것같이 부르시는 이시니라(롬 4:17)."

"너희 안에서 행하시는 이는 하나님이시니 자기의 기쁘신 뜻을 위하여 너희로 소원을 두고 행하게 하시나니(빌 2:13)."

영적으로 죽었던 인간이 새로 태어나는 중생의 역사는 인간의 의지로 되는 것이 아니라 전적으로 하나님의 역사입니다. 그런데 알미니안주의자들은 성령께서 사람을 구원하시려고 베푸시는 은혜를 사람이 거부할 수 있다고 주장합니다. 만일 불가항력적 은혜를 말하자면 인간은 아무 저항도 없이 로봇같이 리모컨에 의해 조종되는 존재라고 말합니다. 그러나 중생은 인간 안에서 성령께서 하시는 역사이지 인간의 어떤 행위로 말미암아 이루어지는 일이 아닙니다. 중생하여 변화시키는 이 은혜를 '불가항력적 은혜'라고 말합니다.

그런데 때때로 사람들은 이 용어에 대해 오해를 하기도 합니다. 1689년 2차 런던침례교회 신앙고백 10장에는 이렇게 말하고 있습니다. "불가항력적이라는 말에는 오해의 소지가 있을 수 있다. 거듭남, 곧 새 탄생의 은혜는 강제에 의해서나 힘에 의해서 일어나는 것이 아니다. 죄인은 자유롭게 그리스도께로 나아온다. 그러나 성경에 따르면, 죄인이 기꺼이 그리스도께 나아가고 그리스도를 온전히 의지하는 것은 철저히 성령의 역사에 기인한다(엡 2:1-10)."[37]

로뢰인 뵈트너 박사는 "인간은 결코 목석과 같이 혹은 노예와 같이 취급되어 그의 의지에 반대되는 구원을 강제적으로 구하게 되는 것은 아니다. 하나님은 성령을 보내어 영원히 하나님의 사랑과 은혜를 찬미하도록 그들을 감화시킨다. 이러한 변화는 어떠한 외부적 강제에 의하여서도 달성되지 않고 다만 영혼 안에 창조되는 새로운 생명의 원리에 의하여서만 달성된다."[38]라고 하였습니다.

역사적인 웨스트민스터 신앙고백서는 "하나님께서는 생명에 이르도록 예정하신 모든 사람들을, 그리고 그들만을, 자신이 정하시고 적당하다고 생각하시는 때에, 효과적으로 부르시되… 또한 그들의 마음을 영적으로, 그리고 구원에 관하여 깨우쳐서 하나님의 일들을 이해하게 하시며, 그들의 돌같이 굳은 마음을 제하시고 그들에게 살같이 부드러운 마음을 주시며… 그리고 효과적으로 그들을 예

---

37) 에롤 헐스, 『칼빈주의 기초』 (부흥과개혁사, 2012), p.66.
38) 로뢰인 베트너, 『칼빈주의 예정론』 (보문출판사, 1987), p.209.

수 그리스도에게로 이끄신다. 그렇지만 그의 은혜로 말미암아 기꺼이 나아오게 되어 있으므로 그들을 가장 자유롭게 나아오게 하신이다. 즉 강제적인 마음이 아니라 자원하는 마음으로 나오게 하신다… 결코 사람 안에 있는 어떤 것을 미리 하나님이 보시고서 하는것이 아니다… 성령으로 말미암아 소생하고 새롭게 된 연후에는, 이부르심에 응답할 수 있게 되며, 또한 이 부르심 가운데서 제공되며전달된 은혜를 받아들일 수 있게 된다.[39]라고 고백하고 있습니다.

제13항 이해할 수 없는 중생

신자들에게 성령께서 일하시는 움직임이 이 세상에서 완전히 이해될 수는 없다. 그럼에도 불구하고 하나님의 은혜로 이 모든 일이 신자로 하여금 구세주를 믿고 사랑하도록 하기에는 충분하다.

"바람이 임의로 불매 네가 그 소리를 들어도 어디서 오며 어디로 가는지 알지 못하나니 성령으로 난 사람은 다 이러하니라(요 3:8)."

"네가 만일 네 입으로 예수를 주로 시인하며 또 하나님께서 그를 죽은 자 가운데서 살리신 것을 네 마음에 믿으면 구원을 얻으리니(롬 10:9)"

인간은 본질상 진노의 자식이며 목이 곧고 마음과 귀에 할례를 받지 못한 존재입니다. 그러기에 성령을 거스르는 자들입니다. 창세전에 하나님께서 그리스도 안에서 택하신 자들도 회심하여 주께로 돌아오기 전까지 저들과 같이 동일한 진노의 자식이며 죽은 자들입니다. 그래서 택하신 자들을 부름에 있어서 성령의 역사가 필요한 것입니다. 이 성령의 역사로 인하여 택함받은 자들은 저항할 수 없는 은혜를 받게 되는 것입니다. 우리는 이 은혜를 "불가항력적

---

39) 웨스트민스터 신앙고백서(1647), 제10장 1, 2절.

은혜"라고 말을 합니다.

　성경은 이 불가항력적 은혜를 받게 하는 성령의 역사를 "나를 보내신 아버지께서 이끌지 아니하면 아무라도 내게 올 수 없으니 오는 그를 내가 마지막 날에 다시 살리리라… 또 가라사대 이러하므로 전에 너희에게 말하기를 내 아버지께서 오게 하여 주지 아니하시면 누구든지 내게 올 수 없다 하였노라 하시니라(요 6:44, 65)."라고 말씀합니다. 즉 이 말씀은 인간이 스스로 그리스도에게로 나갈 수 없음을 보여 줍니다. 전적으로 타락한 인간 중에 어느 누구도 자신의 의지로 그리스도에게로 나아가는 자가 없습니다. 아니, 있을 수 없는 일입니다. 물론 알미니안주의자들은 인간의 자유의지를 통해 가능하다고 말하지만 그렇지 않습니다. 이 말은 곧 죽은 사람이 일어나 걸어다는 것과 같은 말입니다. 죽은 사람이 어떻게 일어나 걸어다닐 수 있습니까?

　인간이 그리스도에게로 나아가는 것은 바로 성령의 역사를 통해서입니다. 성령의 역사를 통해 인간은 거부할 수 없는 은혜로 말미암아 구원의 은혜를 받는 것입니다. 이러한 성령의 사역에 대해서 인간들은 알 수 없습니다. 어떻게 돌같이 굳은 마음을 녹이시어 부드러운 마음을 갖게 하시며 그리스도를 영접하게 하는지 이해를 못합니다.

　특히 하나님의 초자연적으로 이루어지는 중생이 정확히 어떻게 일어나는지 사람들은 모릅니다. 중생에 대한 성경의 말씀으로는 요한복음 3장의 니고데모와 예수님의 대화를 볼 수 있습니다.

　예수님은 물과 성령으로 거듭남을 설명하시는 가운데 "바람이 임의로 불매 네가 그 소리를 들어도 어디서 오며 어디로 가는지 알지 못하나니 성령으로 난 사람은 다 이러하니라."라고 하였습니다.

바람은 공기처럼 우리 눈에 보이지 않습니다. 그러나 실재성을 가지고 있습니다. 바람의 소리를 통하거나 그 바람으로 인해 움직이는 나뭇잎이나 낙엽들을 보면 바람이 지나감을 알 수 있습니다. 그러나 바람이 어떻게 생기며 어디로 와서 어디로 가는지 모릅니다. 바람이 눈에 보이지 않는다고 해서 바람이 없다고 말하는 사람은 없습니다. 만일 그런 사람이 있다면 그는 정상적인 사람이 아닙니다. 바람은 사람의 눈에 보이지 않지만 실재합니다.

이와 마찬가지로 성령의 역사로 거듭나는 중생의 역사는 사람들의 눈에 보이지 않습니다. 성령께서 어떻게 역사하시는지, 언제 시작되었고 언제 마쳤고 어떻게 작용하는지 아는 사람은 없습니다. 그러나 중생한 사람은 그의 삶, 열매들을 통해서 알 수 있습니다. 중생하여 속사람이 변화된 사람은 이전의 죄악된 옛 구습들을 벗어버리게 됩니다. 다시 이전의 더러운 생활로 돌아가지 않습니다. 새로운 피조물로, 새 사람으로, 하나님의 사람으로 살아갑니다. 육신의 열매를 맺는 것이 아니라 성령의 열매들인 "사랑과 희락과 화평과 오래 참음과 자비와 양선과 충성과 온유와 절제(갈 5:22- 23)"를 맺습니다.

제14항 믿음은 하나님의 선물

그러므로 믿음이란 하나님의 선물임을 깨닫고, 자기의 뜻을 따라 받거나 거부할 수도 있는 하나님께서 제시한 정도의 것으로 여겨서는 안 된다. 오히려 이 믿음은 인간에게 내려진 것이요, 인간으로 하여금 받아들이며 영접하도록 주어진 것이다. 이것은 하나님이 인간에게 믿게 할 능력이나 힘을 제시해 주셔서 인간으로 하여금 스스로 자신의 자유의지를 사용하여 구원에 이르도록 의지를 정하여 그리스도를 믿게 된다는 의미가 아니다. 그것은 뜻이나 행위에 있어서 역사하시는 하나님께서 모든 것 속에서 모든 사역을 이루시듯이 믿을 의지도 주시고 믿게 되는 행위 역시 하나님께서 주시는 선물인 것이다.

"너희가 그 은혜를 인하여 믿음으로 말미암아 구원을 얻었나니 이것이 너희에게서 난 것이 아니요 하나님의 선물이라(엡 2:8)."

"너희 안에서 행하시는 이는 하나님이시니 자기의 기쁘신 뜻을 위하여 너희로 소원을 두고 행하게 하시나니(빌 2:13)"

앞서 12항과 13항을 통해서 창세전에 선택받은 자들을 효과적으로 부르시고 중생케 하시어 믿음을 갖게 하시는 것이 성령의 능력임을 보았습니다. 이러한 역사를 인간은 거부할 수 없습니다. 믿음은 하나님의 은혜의 선물입니다. 그러면 '이러한 믿음은 인간에게서 나오는 것인가? 아니면 하나님으로부터 오는가? 인간은 스스로 믿음을 가질 수 있는가? 아니면 하나님으로부터 받는 것인가?'를 아는 것이 중요합니다. 믿음을 선물로 받는 자들이 있는가 하면 받지 못하는 자들이 있습니다. 택함받은 자들은 이 선물을 은혜로 받습니다. 하나님이 주시는 이 은혜를 택함받은 자들은 거부할 수 없습니다. 하나님께서 모든 것 속에서 모든 사역을 이루시듯이 믿을 의지도 주시고 믿게 되는 행위를 주시기에 택함받은 자들은 거부할 수 없는 것입니다. 그러나 유기된 자들은 이 은혜의 선물을 받을 수 없습니다. 왜냐하면 하나님께서 그렇게 하셨기 때문입니다.

만일 믿음을 인간이 스스로 가질 수 있다고 한다면 어디서 어떻게 알 수 있습니까? 성경이 이것을 뒷받침하고 있다고 주장할 수 있는지 알아보아야 합니다.

그런데 알미니안주의자들은 믿음이라는 것을 인간이 스스로 가질 수 있다고 합니다. 믿음이란 하나님에 대한 인간의 행위라고 말합니다. 이 말은 하나님에 의하여 은혜로 주어지는 믿음이 선물이 아니라 인간 스스로 은혜의 자리에 이르는 행위라고 말하는 것입니다. 이들은 인간이 자기 스스로 선택할 수 있는 능력이 있기에 하나님이 인간에게 믿게 할 능력이나 힘을 제시해 주셔서 인간으로 하여금 스스로 자신의 자유의지를 사용하여 구원에 이르도록 의지를 정하여 그리스도를 믿게 된다고 가르치고 있습니다. 더 나아가 자신의 뜻에 따라 하나님이 주시고자 하는 그 은혜를 거부할 수 있다고 말합니다. 이렇게 주장하는 알미니안주의자들의 말은 성경 어디에서도 찾아볼 수 없는, 인간의 이성에서 나오는 인본주의적 가르침입니다.

그러나 개혁주의자들은 알미니안주의자들의 주장을 받아들이지 않습니다. 믿음이란 하나님이 은혜로 주시는 선물이라고 말합니다. 그리고 이 은혜를 인간은 거부할 수 없다고 가르치고 있습니다. 우리는 이것을 '불가항력적 은혜'라고 말합니다. 믿음은 인간 스스로 가지는 것이 아니라 하나님으로부터 나오며 선물로 받는 것입니다. 믿음은 인간 스스로 가질 수 있는 것이 아닙니다. 믿음은 전적으로 하나님의 은혜의 선물입니다. 하나님의 것입니다. 인간의 것이 아닙니다. 그럼에도 불구하고 알미니안주의자들은 착각에 빠져 마음만 먹으면 언제든지 자신의 의지를 통하여 믿음을 선택하기도 하고 거부할 수 있다고 말합니다.

제15항 믿음을 주심에 감사

하나님께서 이 은혜를 인간에게 주실 때에 그 어떤 책임이 있으신 것은 아니다. 보상에 대한 기초로서의 아무런 자격이 없는 자에게 하나님께서 어찌 빚지실 수 있는가? 누가 주게 먼저 드려서 갚으심을 받겠느냐? 죄와 거짓 외에는 아무것도 없는 자에게 하나님은 어떤 의무감이 있을 수 없다. 따라서 이 은혜를 받은 사람은 영원한 감사를 하나님께 드림이 마땅한 것이다. 이 은혜에 참여하지 못한 사람은 이 영적인 선물과는 관계없이 그 스스로의 상태에 만족하든지 또는 위급함을 느끼지 못한 채 영생의 선물이 아닌 세상의 소유물로 헛된 자랑을 하게 되든지 하는 것이다. 더 나아가 입으로 자기들의 신앙을 고백하며 변화된 삶을 사는 성도들에 관하여 우리는 사도들의 본을 받아서 가장 훌륭한 태도로 그들을 판단하고 그들에 대해 말해야 한다. 왜냐하면 마음의 깊은 비밀은 사람들에게 알려지지 않기 때문이다. 그리고 아직 부르심을 받지 못한 사람들을 위하여 하나님께 기도해야만 하는데, 바로 그 하나님께서는 없는 것을 마치 있는 것처럼 부르시는 이시다. 그러나 우리는 결코 우리가 남보다 유별난 것처럼 교만한 태도로 사람들을 대해서는 안 될 것이다.

"누가 주께 먼저 드려서 갚으심을 받겠느뇨(롬 11:35)."

"네가 어찌하여 네 형제를 판단하느뇨 어찌하여 네 형제를 업신여기느뇨 우리가 다 하나님의 심판대 앞에 서리라(롬 14:10)."

"기록된 바 내가 너를 많은 민족의 조상으로 세웠다 하심과 같으니 그의 믿은 바 하나님은 죽은 자를 살리시며 없는 것을 있는 것같이 부르시는 이시니라(롬 4:17)."

"누가 너를 구별하였느뇨 네게 있는 것 중에 받지 아니한 것이 무엇이뇨 네가 받았은즉 어찌하여 받지 아니한 것같이 자랑하느뇨(고전 4:7)."

하나님의 은혜를 받은 자와 받지 못한 자가 있습니다. 이 둘의 차이가 무엇이라고 생각하십니까? 하나님의 은혜를 받은 자와 받지 못한 자의 차이는 인간에게 있는 것이 아니라 전적으로 하나님에게 있습니다. 인간의 어떤 지위나 능력에 따라 된 것이 아니라 하나님의 기뻐하심에 따라 은혜를 받을 자에게 은혜를 주시고 은혜를 받지 못할 자들에게는 은혜를 주시지 않는 것입니다. 그렇다고 해서 은혜를 받지 못한 자들에게 하나님께서 빚졌다고 말할 수 없습니다. 왜냐하면 이들에게 하나님께서 반드시 은혜를 주셔야 할 의무가 없기 때문입니다. 의무가 없기에 책임져야 할 일도 없습니다.

하나님의 은혜를 받은 자들은 겸손히 하나님께 감사와 영광을 돌려야 합니다. 그리고 은혜를 받지 못한 자들을 향해 교만하게 대하지 말아야 합니다. 자신이 잘나서 은혜를 받은 것이 아니라는 사실을 알아야 합니다. 택함받은 자들이 언제 자신의 공로나 잘난 모습으로 하나님의 부르심을 받아 복음을 들었습니까? 택함받은 자들도 부르심을 받기 전에는 유기된 자들과 같은 죽을 수밖에 없었던 죄인이었음을 잊지 말아야 합니다. 우리나라 속담 중 "열길 물속은 알아도 한길 사람 속은 모른다."라는 속담이 있습니다. 인간은 사람의 마음을 알 수 없습니다. 심지어 같이 사는 부부라도 서로의 마음을 알 수 없습니다. 사람의 속마음을 아는 이는 오직 하나님뿐입니다. 그러기에 우리는 함부로 판단해서는 안 됩니다. 우리는 판단할 만한 자격이 없습니다. 우리는 다만 아직 구원을 받지 못한 자들, 부르심을 받지 못한 자들을 위해 기도해야 합니다.

우리 눈에 저들이 핍박자요, 타락한 자들일지라도 우리는 기도해야 합니다. 사도 바울도 전에는 핍박자요 훼방자였습니다. 그러나 하나님은 그를 부르시고 복음 전파의 사역을 맡기셨습니다. 우리 주변에서도 예수님을 믿기 전에는 망나니요, 폭군이었던 자가 하나님의 부르심으로 변화하여 새 사람이 되는 경우를 많이 봅니다. 또한 우리 자신도 이전에는 별다를 바 없는 죄인 괴수였다는 사실을 잊어서는 안 됩니다. 그래서 사도 바울은 "그러므로 생각하라 너희는 그때에 육체로 이방인이요 손으로 육체에 행한 할례당이라 칭하는 자들에게 무할례당이라 칭함을 받는 자들이라 그 때에 너희는 그리스도 밖에 있었고 이스라엘 나라 밖의 사람이라 약속의 언약들에 대하여 외인이요 세상에서 소망이 없고 하나님도 없는 자이더니(엡 2:11-12)"라고 말씀하였습니다.

제16항 인간의 이성과 의지

그러나 인간이 타락은 했지만 이성과 의지를 부여받은 피조물임에는 변함이 없으며, 또한 인류에게 번진 죄악이 인간의 본성조차 빼앗아간 것은 아니고 파멸과 영적인 죽음을 초래한 것뿐이다. 이처럼 이 중생의 은혜는 인간을 무감각한 사물로 여기거나 인간의 의지나 그 본성조차 모두 무시해 버리는 것이 아니다. 다만 영적으로 소생시키시고 치료하며 바르게 해주고, 동시에 그 은혜에 힘 있게 따르도록 해주며, 전에는 역적인 반역과 저항이 가득 찬 곳에 기꺼이 신실한 마음으로 순종하도록 하는 것이다. 바로 여기에 인간의 참되고 영적인 자유가 있는 것이다. 창조주의 이러한 역사가 없으면 인간의 자유의지로는 이 타락에서 재생할 아무런 소망도 얻지 못하고 죄에 빠져 들어갈 뿐이다.

"이는 그리스도 예수 안에 있는 생명의 성령의 법이 죄와 사망의 법에서 너를 해방하였음이라(롬 8:2)."

"너희의 허물과 죄로 죽었던 너희를 살리셨도다(엡 2:1)."

"주의 구원의 즐거움을 내게 회복시키시고 자원하는 심령을 주사 나를 붙드소서(시 51:12)."

"너희 안에서 행하시는 이는 하나님이시니 자기의 기쁘신 뜻을 위하여 너희로 소원을 두고 행하게 하시나니(빌 2:13)"

아담의 타락으로 인간은 하나님의 형상을 잃어버렸습니다. 하지만 하나님의 형상을 모두 잃어버린 것은 아닙니다. 아주 미비하고 작지만 하나님의 형상이 남아 있습니다. 남아 있는 하나님의 형상으로 타락한 인간은 동물처럼 본능적으로 살아가지 않습니다. 그리고 도덕과 윤리적으로도 악을 행하지 않고 선을 행하기도 합니다.

그러나 분명한 사실에 관해서는 잊어서는 안 됩니다. 그것은 인간은 아담의 범죄로 말미암아 하나님과의 관계가 깨어져 영적으로 죽은 존재라는 사실입니다. 사도 바울은 "너희의 허물과 죄로 죽었던 너희를 살리셨도다(엡 2:1),"라고 말씀하였습니다. 그래서 범죄하여 죽은 인간은 다시 새롭게 태어나야 합니다. 즉 중생(거듭남)해야 합니다. 그런데 이 중생케 하시는 하나님의 사역에 대해 알미니안주의자들은 "하나님께로 회심할 수 있었던 이 은혜는 부드러운 충고요, 다른 말로 하면 회심하는 사람 속에서 움직이는 가장 고상한 태도요, 인간의 본성과 가장 잘 어울리는 것이다. 따라서 '왜 이러한 충고의 은혜가 자연 상태의 인간을 영적인 상태로 만들기에 충분할 수 없었는가?' 여기에는 이유가 있을 수 없다."라고 말합니다. 즉 인간은 자유의지를 가지고 있기에 능히 하나님께서 말씀하실 때 부드러운 충고로 받아들여도 충분하며 칼빈주의자들이 말하는 불가항력적인 요소는 필요치 않다는 것입니다.

알미니안주의자들은 불가항력적이라는 말을 오해하고 있습니다. 우리는 불가항력적이라는 말을 강제적으로 또는 강압적으로 이해해서는 안 됩니다. 그렇다고 해서 조곤조곤 설득시키는 의미도 아닙니다. 이 말은 하나님께서 인간의 의지를 강제로 강요하는 것이 아니라 자원하는 마음으로 하나님께서 베푸시는 은혜를 받아들인다는 말입니다. 즉 강요에 의해 거부할 수 없다는 말이 아니라 자원하는 심정으로 받아들이는 것을 말합니다. 에스겔 선지자는 이렇게 말씀하고 있습니다. "또 새 영을 너희 속에 두고 새 마음을 너희에게 주되 너희 육신에서 굳은 마음을 제하고 부드러운 마음을 줄 것이며(겔 36:26)"

불가항력이라는 말의 사전의 뜻을 보면 "인간(人間)의 힘만으로는 도저히 저항(抵抗)해 볼 수도 없는 힘"이라는 뜻으로 설명하고 있습니다. 이처럼 인간의 힘만으로는 도저히 저항해 볼 수도 없는 힘이 바로 하나님의 힘, 은혜입니다. 하나님께서 택하신 자들을 구원하시고자 하시는 이 기쁘신 뜻에 인간이 어떻게 반응할지라도 하나님의 계획이나 뜻이 변경되거나 실패하지 않습니다. 왜냐하면 하나님의 힘인 은혜는 크시고 전능하시기 때문입니다. 그래서 불가항력입니다.

인간은 나무나 돌처럼 무감각적인 존재가 아닙니다. 이성과 의지를 가진 존재입니다. 타락한 상태에서 창조주 하나님의 은혜의 역사가 없으면 인간이 가진 자유의지는 죄만 행하는 자유를 가지며 이 타락에서 벗어날 아무런 소망도 얻지 못하고 죄에 빠져 들어갈 뿐입니다.

제17항 은혜의 방편인 말씀

우리에게 생명을 불어넣어 주시고 힘을 주시는 하나님의 능력 있는 인도하심에는 무한한 자비와 선하심으로 택한 자들에게 베푸시는 그의 가르침의 방편이 있는데, 중생케 하는 하나님의 초자연적인 사역은 복음(말씀)을 통해 이 일을 이루신다는 것이다. 하나님께서는 이 복음을 중생케 하는 씨앗으로, 또한 영혼의 양식으로 정해 주신 것이다. 이 말씀을 따르는 사도들과 선생들이 하나님의 이 은혜에 관하여 가르치되 하나님의 영광을 높이며 인간의 교만을 없애도록 교훈하고, 또한 이 말씀을 거룩한 복음의 훈계를 따라 성례를 지켜가고 교회의 가르침을 준수하도록 명한 것과 같이 오늘날에도 교회에서 가르침을 받는 성도들은 그의 선하신 기쁨을 따라 인간과 가까이 하시는 하나님을 시험하려 해서는 안 될 것이다. 왜냐하면 은혜란 교훈을 통해 내려지기 때문이며 우리가 의무를 기꺼이 수행하면 할수록 역사하시는 하나님의 은혜는 더욱더 분명해져서 하나님의 일하심에 더욱 나갈 수 있기 때문이다. 또한 이 구원의 열매와 효력에 있어서 모든 영광은 하나님께만 영원토록 있어야 할 것이다. 아멘.

"비와 눈이 하늘에서 내려서는 다시 그리로 가지 않고 토지를 적시어서 싹이 나게 하며 열매가 맺게 하여 파종하는 자에게 종자를 주며 먹는 자에게 양식을 줌과 같이 내 입에서 나가는 말도 헛되이 내게로 돌아오지 아니하고 나의 뜻을 이루며 나의 명하여 보낸 일에 형통하리라(사 55:10-11)."

"하나님의 지혜에 있어서는 이 세상이 자기 지혜로 하나님을 알지 못하는 고

로 하나님께서 전도의 미련한 것으로 믿는 자들을 구원하시기를 기뻐하셨도다
(고전 1:21).”

"그가 그 조물 중에 우리로 한 첫 열매가 되게 하시려고 자기의 뜻을 좇아 진
리의 말씀으로 우리를 낳으셨느니라(약 1:18).”

"너희가 거듭난 것이 썩어질 씨로 된 것이 아니요 썩지 아니할 씨로 된 것이
니 하나님의 살아 있고 항상 있는 말씀으로 되었느니라… 오직 주의 말씀은 세
세토록 있도다 하였으니 너희에게 전한 복음이 곧 이 말씀이니라(벧전 1:23, 25).”

"갓난아이들 같이 순전하고 신령한 젖을 사모하라 이는 이로 말미암아 너희
로 구원에 이르도록 자라게 하려 함이라(벧전 2:2).”

구원은 전적으로 하나님의 절대적 주권으로 이루어집니다. 구
원은 하나님의 사역이며 하나님만이 하실 수 있습니다. 인간은 구
원에 있어서 아무것도 할 수 없습니다. 알미니안주의자들이 말하
는 인간의 자유의지도 구원에 있어서는 아무런 협력이나 도움이 될
수 없습니다. 혹 자유의지가 하나님의 구원 사역에 뭔가 도움이 될
수 있다고 생각하는 것조차 허용되어서도 안 됩니다. 인간은 스스
로 구원할 수 있는 능력이 없습니다. 구원은 하나님의 초자연적인
역사입니다.

하나님은 창세전에 택하신 자신의 백성들을 그리스도 안에서
구원하시기 위하여 타락하여 죽은 인간들 가운데서 택하신 자들
을 그리스도 앞으로 오게 하사 성령으로 거듭나게 하사 영생을 주
십니다. 이러한 역사는 하나님의 말씀을 통해 이루어집니다. 성령
은 말씀을 떠나서는 역사하지 않습니다. 말씀을 통하여 성령이 역
사하는 것입니다.

하나님의 말씀은 거듭나게 하는 씨앗이요, 영혼의 양식입니
다. 사도 베드로는 "너희가 거듭난 것이 썩어질 씨로 된 것이 아니요

썩지 아니할 씨로 된 것이니 하나님의 살아 있고 항상 있는 말씀으로 되었느니라(벧전 1:23)."라고 말씀하였습니다. 이 말씀은 항상 살아 있는 말씀입니다. "그러므로 모든 육체는 풀과 같고 그 모든 영광이 풀의 꽃과 같으니 풀은 마르고 꽃은 떨어지되 오직 주의 말씀은 세세토록 있도다 하였으니 너희에게 전한 복음이 곧 이 말씀이니라(벧전 1:24-25)"

하나님의 말씀은 은혜의 방편입니다. 은혜의 방편인 말씀으로 거듭나게 하사 구원을 주시는 하나님께 영광을 돌려야 함은 마땅합니다. 여기에 인간이 내세울 만한 자랑이나 공로는 있을 수 없습니다. 그러기에 교만할 수 없습니다. 미련하고 어리석은 자처럼 하나님을 시험하는 자가 되지 말아야 합니다. 인간은 스스로 중생할 수 없습니다. 만일 인간 스스로 중생할 수 있다고 한다면 인간이 곧 신(神)이라는 말과 같습니다. 이런 가르침은 세상의 거짓 진리들이 말하는 것입니다. 신인합일을 말하거나 인간의 정신력 또는 수행으로 신의 경지에 도달할 수 있다는 것은 성경적이지 않습니다. 성경대로 인간의 거듭남은 세세토록 있는 하나님의 말씀의 씨로 말미암아 성령을 역사케 하시는 하나님의 은혜로 되어집니다. 허물과 죄로 죽은 우리를 거듭나게 하시 구원하신 하나님을 영원히 찬양하며 그분에게만 영광을 돌려야 합니다.

알미니안주의의 잘못된 주장에 대한 반박

지금까지 참된 교리가 설명되었으므로 종교회의에서는 다음과 같은 잘못된 주장을 배격하는 바이다.

제1절

주장   원죄가 그 자체에 있어서 온 인류를 정죄하고 일시적이며 영원한 형벌을 받기에 족하다고 말함은 옳지 못하다.

반박   이 주장은 다음과 같은 사도의 가르침과 모순된다. "이러므로 한 사람으로 말미암아 죄가 세상에 들어오고 죄로 말미암아 사망이 왔나니 이와 같이 모든 사람이 죄를 지었으므로 사망이 모든 사람에게 이르렀느니라(롬 5:12)." "심판은 한 사람을 인하여 정죄에 이르렀으나(롬 5:16)" "죄의 삯은 사망이요(롬 6:23)."

제2절

주장   선과 거룩 그리고 의와 같은 영적인 은사 또는 선한 성품이나 덕 등은 인간이 처음 지음을 받았을 때에 인간의 의지에 속한 것도 아니고 타락한 이후에 없어진 것도 아니다.

반박   이 주장은 사도 바울이 에베소서 4:24에서 말하고 있는 하나님의 형상에 관한 묘사와 어긋나는 것이다. 거기에서 바울은 하나님의 형상이 의와 거룩함이라고 했는데, 이는 분명히 의지에 속한 것이다.

제3절

주장   영적인 사망에 있어서 영적 은사들은 인간의 의지에서 떨어져 나간 것이 아니다. 그 이유는 의지는 그 자체에 있어서 결코 부패된 것이 아니요, 다만 깨달음이 어두워졌고 마음이 둔화됨으로 의지가 방해를 받았을 뿐이다. 이 방해된 요소를 제거함으로써 인간의 의지는 그 본래의 능력을 발휘할 수 있다. 다시 말해서 의지 그 자체로써 원함으로 선택하든지 원치 않음으로 버릴 수 있든지 등의 온갖 선한 행위를 보일 수 있다.

반박　　이것은 다음의 선지자의 말과 모순되는 이상한 주장으로써 자유의지의 능력을 지나치게 높이고자 하는 잘못된 주장이다. "만물보다 거짓되고 심히 부패한 것은 마음이라(렘 17:9)." 또한 사도 바울도 이렇게 말했다. "우리도 다 그 가운데서 (불순종하는 가운데에서) 우리 육체의 욕심을 따라 지내며 육체와 마음의 원하는 것을 하여…(엡 2:3)"

제4절

주장　　중생하지 못한 사람일지라도 실상은 죄 가운데서 죽은 것이 아니요, 영적인 선한 일을 할 수 있는 아무런 힘이 없는 것도 아니요, 오히려 의로운 삶에 굶주리고 목말라 할 수 있으며 따라서 통회하는 상한 심령을 하나님께 드림으로 하나님을 기쁘시게 할 수 있는 것이다.

반박　　이것은 성경에 나타난 증거와 모순되는 것이다. "너희의 허물과 죄로 죽었던 너희를(엡 2:1)" "허물로 죽은 우리를(엡 2:5)" "그 마음의 생각의 모든 계획이 항상 악할 뿐임을 보시고(창 6:5)" "이는 사람의 마음의 계획하는 바가 어려서부터 악함이라(창 8:21)." 더 나아가 이 비참함에서 벗어나 생명에의 굶주림과 갈증을 느끼며 상한 마음을 하나님께 드리는 것은 중생함에 이르는 유일한 길이요 축복받은 자들에게 임하는 것이다(시 51:17; 마 5:6).

제5절

주장　　타락한 자연인이라 할지라도 일반 은총(이 일반 은총으로 그들은 자연의 빛을 이해하는 것인데)을 잘 사용할 수 있으며, 또는 타락 후에라도 이 은총은 인간에게 여전히 남아 있으며 이것을 점점 더 잘 사용함으로써 구원의 은혜, 즉 구원 그 자체를 얻을 수 있게 된다. 또한 이런 방식으로 하나님께서는 그리스도를 모든 사람들에게 계시하실 준비가 다 되어 있음을 보이시는데, 왜냐하면 하나님께서는 회심에 필요한 모든 방책을 충분히 그리고 효과 있게 모든 사람들에게 적용시키시기 때문이다.

반박　　그러나 위와 같은 주장은 지금까지의 많은 사람들의 체험에 비춰볼 때, 또한 성경이 증거하는 것을 볼 때 사실이 아님이 나타난다. "저가 그 말씀을 야곱에게 보이시며 그 율례와 규례를 이스라엘에게 보이시는도다 아무 나라에게도 이같이 행치 아니하셨나니 저희는 그 규례를 알지 못하였다 할렐루야(시 147:19-20)." "하나님이 지나간 세대에는 모든 족속으로 자기의 길들을 다니게 묵인하셨으나(행 14:16)" "성령이 아시아에서 말씀을 전하지 못하게 하시거늘 브루기아와 갈라디아 땅으로 다녀가 무시아 앞에 이르러 비두니아로 가고자 애쓰되 예수의 영이 허락지 아니하시는지라(행 16:6-7)."

제6절

주장　　인간이 참 회심을 하는 데에는 그 어떤 자질이나 능력과 은사가 하나님에 의하여 인간의 의지 속으로 들어가는 것이 아니다. 우리가 처음으로 회개하여 신자라고 불리게 된 이 믿음이란 하나님에 의하여 받아들인 자질이나 은사가 아니라 다만 인간의 행위일 뿐이다. 이 믿음에 따라 얻게 되는 능력에 관한 것을 제외하고는, 이 믿음이란 어떤 선물이라고 말할 수 없는 것이다.

반박　　이 주장은 성경의 말씀과 모순되는데, 성경은 하나님께서는 믿음과 순종의 새로운 자질과 하나님의 사랑을 느끼는 마음을 인간의 마음속에 넣어 주셨다고 선언한다. "내가 나의 법을 그들의 속에 두며 그 마음에 기록하여…(렘 31:33)" " 대저 내가 갈한 자에게 물을 주며 마른 땅에 시내가 흐르게 하며 나의 신을 네 자손에게 나의 복을 네 후손에게 내리리니(사 44:3)" "소망이 부끄럽게 아니함은 우리에게 주신 성령으로 말미암아 하나님의 사랑이 우리 마음에 부은 바 됨이니(롬 5:5)" 또한 위의 주장은 "나를 이끌어 돌이키소서 그리하시면 내가 돌아오겠나이다(렘 31:18),"라고 외친 선지자의 기도와 같이, 교회의 지금까지의 가르침과 어긋나는 것이다.

제7절

주장　우리가 하나님께로 회심할 수 있었던 바의 이 은혜란 일종의 부드러운 충고요, (다른 말로 하면) 회심하는 사람 속에서 움직이는 가장 고상한 태도요, 인간의 본성과 가장 잘 어울리는 것이다. 따라서 왜 이러한 충고의 은혜가 자연 상태의 인간을 영적인 상태로 만들기에 충분할 수 없었는가에는 이유가 있을 수 없다. 진실로 하나님께서는 이러한 충고의 태도를 통한다는 것 이외에는 인간의 의지에 동의를 구하실 필요가 없으신 분이시다. 사단의 일을 능가하는 하나님의 사역의 능력은, 사단이 일시적인 것을 보여 주는 반면에 영원한 것을 약속해 주셨다는 데 있다.

반박　위의 내용은 모두가 펠라기우스파의 주장이요 성경과 모순되는 것으로, 마치 에스겔서에서 말한 것처럼 인간의 회심 속에서 나타난 성령의 사역에 대한 하나님의 능력 있는 모습과 거리가 먼 것이다. "또 새 영을 너희 속에 두고 새 마음을 너희에게 주되 너희 육신에서 굳은 마음을 제하고 부드러운 마음을 줄 것이며 (겔 36:26)"

제8절

주장　하나님께서는 인간의 의지가 신앙과 회심 쪽으로 향하도록 그를 중생하게 하는 데 있어서 그의 무한한 능력을 사용하

시지 않는다. 하나님께서 이 모든 은혜의 사역을 다 이루신 후에라
도 인간은 하나님과 성령에 저항할 수 있는데, 이때에도 하나님은
인간이 중생하기를 바라며 그를 중생시키고자 하신다. 따라서 인간
이 강하게 저항함으로써 완전히 중생치 않게 될 수도 있는데, 인간
의 중생되는 것과 안 되는 것은 인간의 의지에 달려 있다.

반박　　바로 이와 같은 주장은 인간의 회심에 있어서 하나님
의 은혜의 충족성을 부인하는 것이요, 전능한 하나님의 사역을 인
간의 의지에 종속시키는 것으로써 다음과 같이 말한 사도의 가르침
을 부인하는 것이나 다름없다. "그의 힘의 강력으로 역사하심을 따
라 믿는 우리에게(엡 1:19)" "…우리 하나님이…믿음의 역사를 능력으
로 이루게 하시고(살후 1:11)" "그의 신기한 능력으로 생명과 경건에
속한 모든 것을 우리에게 주셨으니(벧후 1:3)"

제9절

주장　　은혜와 자유의지는 회심하는 데 필요한 부분적인 요
소가 되는데, 회심의 과정을 볼 때 은혜는 자유의지보다 앞서는 것
이 아니다. 다시 말해서 인간의 자유의지가 작용하여 결정을 하기
전에는, 하나님께서는 이 자유의지를 돕기에 충분하도록 역사하는
것이 아니라는 말이다.

반박　　이미 오래 전에 교회는 다음과 같은 사도의 가르침을
좇아서 이런 펠라기우스의 교리를 정죄했다. "그런즉 원하는 자로 말
미암음도 아니요 달음박질하는 자로 말미암음도 아니요 오직 긍휼
히 여기시는 하나님으로 말미암음이니라(롬 9:16)." "누가 너를 구별하
였느뇨 네게 있는 것 중에 받지 아니한 것이 무엇이뇨(고전 4:7)." "너
희 안에서 행하시는 이는 하나님이시니 자기의 기쁘신 뜻을 위하여
너희로 소원을 두고 행하게 하시나니(빌 2:13)"

다섯 번째 교리 : 성도의 견인(堅忍)

제1항 죄의 지배

하나님의 뜻을 따라 그의 아들이신 주 예수 그리스도와 교통하며 성령으로 새롭게 낳으신 자들을 죄의 지배와 노예 상태로부터 자유롭게 하셨으나, 이생에서는 죄 된 육신과 죄의 몸으로부터 완전히 자유롭게 하신 것은 아니다.

"예수께서 대답하시되 진실로 진실로 너희에게 이르노니 죄를 범하는 자마다 죄의 종이라(요 8:34)."

"하나님께 감사하리로다 너희가 본래 죄의 종이더니 너희에게 전하여 준바 교훈의 본을 마음으로 순종하여(롬 6:17)"

"그러므로 내가 한 법을 깨달았노니 곧 선을 행하기 원하는 나에게 악이 함께 있는 것이로다 내 속 사람으로는 하나님의 법을 즐거워하되 내 지체 속에서 한 다른 법이 내 마음의 법과 싸워 내 지체 속에 있는 죄의 법 아래로 나를 사로잡아 오는 것을 보는도다 오호라 나는 곤고한 사람이로다 이 사망의 몸에서 누가 나를 건져 내랴(롬 7:21-24)."

어느덧 마지막 도르트 신조인 '성도의 견인' 교리까지 오게 되었습니다. 이 교리는 앞선 네 가지 교리인 전적 타락, 무조건적 선택, 제한 속죄 그리고 불가항력적 은혜와 더불어 떨어질래야 떨어질 수 없는 교리입니다. 이 다섯 가지의 교리는 아주 밀접한 관계로 연결되어 있기에 어느 것 하나 따로 떼어놓고 생각할 수 없습니다. 예를 들어, 전적 타락은 받아들이는데 제한 속죄는 못 받아들인다든지, 무조건적 선택은 받아들이는데 성도의 견인은 받아들이지 못한다는 것이 불가능하다는 것입니다. 이 다섯 가지 교리 중 어느 한 가지라도 따로 떼어낼 수 없습니다. 이 교리들은 서로 연결이 되어 있기에 하나라도 빠지면 온전한 교리로 설 수 없습니다. 이 다섯 가지 교리들은 함께 받아들여야 합니다.

그러나 오늘날 이 다섯 가지 교리들 가운데 부분적으로 받아들이는 현상이 점점 늘어가고 있음을 봅니다. 부분적으로 받아들이는 이유는 인간의 이성으로는 받아들이기 힘들다는 것입니다. 이러한 현상은 올바른 현상이 아닙니다. 한 예로, 예수님의 죽음은 모든 인류를 위해서이지 제한적이 아니라고 말합니다. 제한 속죄가 도저히 이해가 안 간다는 것입니다. 그렇다면 인간의 머리로 이해해야 것이 진리가 됩니까? 참 성도는 헛된 속임의 말에 미혹되지 말아야 합니다.

그리고 어떤 사람들은 견인이라는 단어를 잘못 이해하는 경향이 있습니다. 많은 사람들은 고장난 차를 끌고 가는 견인차를 생각하듯이 끌어서 당기는 견인(牽引)으로 알고 있습니다. 그러나 도르트 신조에서 말하는 견인은 '견고하게 붙든다'라는 뜻의 견인(堅忍)입니다. 이 말은 하나님이 인간에 대하여 오래 참으시는 사랑과 인내에 근거를 둔 표현입니다.

웨스트민스터 신앙고백서에서는 '견인'에 대하여 다음과 같이 가르쳐 주고 있습니다.

"하나님께서 자기의 사랑하는 독생자 안에서 용납해 주시고, 그의 성령으로서 효과적으로 부르시고 또한 거룩하게 하신 자들은 은혜의 상태에서 전적으로 또는 최종적으로 타락될 리 없으며, 그들은 마지막 날까지 그 상태에 꾸준히 인내하여 머물러 있게 되며, 또한 영원히 구원받을 것이다. 성도들의 이 견인은 그들 자신의 자유 의지에 달려 있는 것이 아니다. 하나님 아버지의 자유롭고 변치 않는 사랑에서 나오는 예정의 불변성과 예수 그리스도의 공로와 중보의 효력과 성령의 내주하심과 그들 안에 있는 하나님의 씨로 말미암은 것이요 은혜 언약의 본질에 달려 있는 것이다. 이와 같은 모든 것에서 또한 견인의 확실성과 무오성이 나오는 것이다."[40]

그렇습니다. 중생한 택함받은 자들이 비록 육체의 범죄와 육체의 언약함으로부터 완전히 벗어나지는 못했다 할지라도 죄의 지배와 그 노예 상태로부터 구원받은 것은 견인의 은혜입니다. 이 성도의 견인은 우리로 하여금 구원의 확신을 갖게 하는 것이므로 견인에 대한 확신이 없다면 우리는 항상 구원에 대해 불안한 상태로 살아갈 수밖에 없습니다. 성도의 견인이 성경적인 가르침과는 전혀 상관없는 교리로서 인간이 지어낸 허구일 뿐이라고 주장하는 사람들도 있지만, 이것은 성경의 참된 의미를 모르는 무지의 소리입니다. 성도의 견인의 교리는 하나님께서 선택한 자신의 백성들에게 구원을 주시는 하나님의 불변성과 영원성을 보여 줍니다. 우리에게 주어진 구원은 결코 상실되지 않습니다. 그러므로 한 번 구원받은 성도는 영원한 안전을 보장받게 되는 것입니다.

알미니안주의자들은 구원이 영원히 안전하지 않고 잃어버릴 수도 있다고 가르치고 있지만, 개혁주의 신학(칼빈주의)에서는 창세전에 택함받은 참된 성도의 구원은 잃어버릴 수 없다고 가르치며 믿고 있습니다. 만일 우리의 구원이 우리의 힘으로 이루어야 하는 일이라면 어느 누구도 구원의 안전을 보장할 수 없지만, 우리의 구원은 우리의 힘이 아닌 하나님의 힘으로 얻는 구원이기에 영원한 안전성을 가지게 되는 것입니다.

---

40) 웨스트민스터 신앙고백서(1647), 제17장 1, 2절.

"누가 우리를 그리스도의 사랑에서 끊으리요 환난이나 곤고나 핍박이나 기근이나 적신이나 위험이나 칼이랴(롬 8:35)."

제2항 인간의 불완전함

인간이 날마다 이 연약함으로 말미암아 범하는 죄는 여기에서 연유하는 것이며, 성도의 가장 선한 행위라도 결함이 있는 것이다. 이 사실은 성도들로 하여금 계속해서 하나님 앞에서 자신을 낮추게 하고, 십자가에 못 박히신 그리스도께로 피신하게 하고, 날이 가면 갈수록 더 깊은 기도의 영과 하나님을 두려워하는 (경건한) 거룩한 연습을 통하여 자기 육신을 죽이게 하고, 마침내 이 사망의 몸으로부터 자유함을 받아 하늘에서 하나님의 어린 양과 함께 다스릴 때까지 최종 목적인 완전함을 열망하여 탄식하게 한다.

"만일 우리가 죄 없다 하면 스스로 속이고 또 진리가 우리 속에 있지 아니할 것이요(요일 1:8)."

"그러므로 땅에 있는 지체를 죽이라 곧 음란과 부정과 사욕과 악한 정욕과 탐심이니 탐심은 우상 숭배니라(골 3:5)."

"망령되고 허탄한 신화를 버리고 오직 경건에 이르기를 연습하라(딤전 4:7)."

"내가 이미 얻었다 함도 아니요 온전히 이루었다 함도 아니라 오직 내가 그리스도 예수께 잡힌 바 된 그것을 잡으려고 좇아가노라… 푯대를 향하여 그리스도 예수 안에서 하나님이 위에서 부르신 부름의 상을 위하여 좇아가노라(빌 3:12, 14)."

"내가 또 보니 보좌와 네 생물과 장로들 사이에 어린 양이 섰는데 일찍 죽임을 당한 것 같더라 일곱 뿔과 일곱 눈이 있으니 이 눈은 온 땅에 보내심을 입은 하나님의 일곱 영이더라… 저희로 우리 하나님 앞에서 나라와 제사장을 삼으셨으니 저희가 땅에서 왕 노릇하리로다 하더라(계 5:6, 10)."

"거듭난 자들이 죄를 지을 수 있는가? 아니면 죄를 짓지 않는가?"에 대해 개혁주의자들은 죄를 짓는다고 가르치고 있습니다. 어느 누구도 완전하게 죄를 짓지 않은 자는 없습니다. 구원의 약속은 받았지만 육신이 영화의 상태에 들어가기 전까지 중생한 성도라도 죄를 짓습니다. 그러나 어떤 이들은 중생한 성도는 죄를 짓지 않는다고 말합니다. 이런 자들은 위험한 자들이기에 멀리해야 합니다. 성경의 가르침이 아닙니다.

참된 성도는 이 세상에 사는 동안 죄와 힘써 싸워야 합니다. 죄와 싸우되 피 흘리기까지 싸워야 합니다. "너희가 죄와 싸우되 아직 피 흘리기까지는 대항치 아니하고(히 12:4)" 성도는 죄를 대항하여 죽기까지 싸워야 합니다. 구원받음의 감격이 있을 때에는 죄와 상관없고 멀어진 것 같은데 뒤돌아보면 죄는 여전히 살아 있어 성도들을 괴롭힙니다. 사도 바울의 애통을 통해서도 알 수 있습니다. "내가 원하는 바 선은 하지 아니하고 도리어 원치 아니하는 바 악은 행하는도다 만일 내가 원치 아니하는 그것을 하면 이를 행하는 자가 내가 아니요 내 속에 거하는 죄니라 그러므로 내가 한 법을 깨달았노니 곧 선을 행하기 원하는 나에게 악이 함께 있는 것이로다 내 속사람으로는 하나님의 법을 즐거워하되 내 지체 속에서 한 다른 법이 내 마음의 법과 싸워 내 지체 속에 있는 죄의 법 아래로 나를 사로잡아 오는 것을 보는도다(롬 7:19-23)."

참된 성도들도 사도 바울이 말씀하시는 것처럼 자신이 원하는 바 선은 행하지 않고 원하지 않는 죄만 짓는 모습을 보게 됩니다. 그럴 때마다 십자가에 못 박히신 그리스도 앞에 나가 그리스도를 의지하며 주님이 흘리신 보혈로 용서함을 받아야 합니다. 그리고 경건의 삶을 위하여 성령으로 힘입어 육신을 쳐서 복종시키며 성화로의 길로 나아가야 할 것입니다. 이 길은 결코 쉬운 길이 아닙니다. 수많은 어려움과 환난이 기다리고 있습니다. 하나님께서 붙잡아 주시지 않으면 결코 걸어갈 수 없습니다.

그런데 알미니안주의자들은 중생한 자라도 이 길 위에서 떨어질 수 있다고 말합니다. 구원을 잃어버릴 수도 있다는 말입니다. 그러나 칼빈주의자들은 어떠한 핍박과 고난이 있다 할지라도 중생한 성도는 떨어지지 않으며 구원을 잃어버리지 않는다고 말합니다. 구원을 잃어버릴 수 있다고 말하는 알미니안주의자들이 인간 스스로 자기 자신의 힘과 의지로 나아가야 하기 때문에 구원에서 떨어질 수 있다고 말하는 것은 당연합니다. 그러나 하나님이 붙잡아 주시는 견인의 은혜를 믿는 칼빈주의자들은 한 영혼이라도 결코 구원에서 떨어지지 않는다고 주장합니다. 그 이유는 바로 견인의 은혜라는 것입니다. 성도의 견인 교리는 참으로 하나님의 택한 백성들에게는 한없는 위로와 힘을 주기에 부족함이 없습니다.

볼레비우스Johannes Wollebius, 1586-1629는 "성도의 견인은 하나님의 선물로서, 이로써 그리스도의 은혜가 성령을 통하여 칭의되고 성화된 선택받은 자에게 확인되며, 그 결과 그들은 결코 완전히 타락하지 않는다."[41]라고 말하였습니다. 성령은 구원을 시작하실 뿐만 아니라 마지막까지 지키시고 보호하십니다.

제3항 하나님의 보존하심

우리 안에 거하는 이러한 죄의 잔재들 때문에, 또한 세상과 사단이 주는 시련 때문에, 만약 회심한 자들이 자기 자신의 힘을 의지한다면 그 은혜 안에 머물러 있을 수 없다. 그러나 하나님은 신실하셔서, 자비롭게도 한 번 그들에게 주신 그 은혜를 거두지 아니하시고, 그 안에서 그들을 견고게 하시고, 끝까지 능력 있게 보호하신다.

"만일 내가 원치 아니하는 그것을 하면 이를 행하는 자가 내가 아니요 내 속에 거하는 죄니라(롬 7:20)."

---

41) 하인리히 헤페, 『개혁파 정통교의학』 (크리스찬다이제스트, 2011), pp.826-827.

"사람이 감당할 시험밖에는 너희에게 당한 것이 없나니 오직 하나님은 미쁘사 너희가 감당치 못할 시험당함을 허락지 아니하시고 시험당할 즈음에 또한 피할 길을 내사 너희로 능히 감당하게 하시느니라(고전 10:13)."

"너희가 말세에 나타내기로 예비하신 구원을 얻기 위하여 믿음으로 말미암아 하나님의 능력으로 보호하심을 입었나니(벧전 1:5)"

인간이 가진 능력이 얼마큼 크다고 생각하십니까? 과학이 발전하는 것을 보면서 인간에게 불가능이 없다는 생각을 하게 됩니까? 착각입니다. 인간이 가진 능력은 유한합니다. 하나님께서 창조하신 자연의 위력 앞에서 인간은 속수무책입니다. 단지 하나님의 긍휼을 기다릴 수밖에 없는 연약한 존재입니다.

이처럼 연약한 인간이 과연 구원의 완성의 자리에 들어가기까지 스스로 지킬 수 있겠습니까? 구원을 잃어버릴 수 있다고 말하는 알미니안주의자들에 의하면 결국 구원은 스스로 지켜야 한다는 것인데 어떻게 그 구원을 잃어버리지 않게 지킬 수 있느냐 하는 것이 문제입니다. "너희 중에 누가 염려함으로 그 키를 한 자나 더할 수 있느냐(마 6:27)." "…한 터럭도 희고 검게 할 수 없음이라(마 5:36)."라고 말씀하신 마태의 말씀에서도 알 수 있듯이 인간은 아무 능력도 없습니다. 눈에 보이는 자연의 현상 앞에서도 인간은 아무 능력을 발휘하지 못하는데 어떻게 눈에 보이지 않는 영적인 일인 이 구원의 역사에 인간이 능력을 발휘하여 지킬 수 있다는 것입니까? 인간 스스로의 힘으로는 이 구원을 지키며 나아갈 수 없습니다. 아직도 이렇게 생각하고 있는 자들은 참된 하나님의 은혜 안에 머물고 있다고 말할 수 없습니다.

칼빈주의자들은 알미니안주의자들의 주장처럼 인간의 능력을 의지하며 지켜야 된다고 말하지 않습니다. 인간은 무능하기에 전적으로 하나님의 능력을 의지해야 합니다. 즉 하나님이 붙들어 주셔서 굳게 참고 견디어 나가는 것입니다. 견인은 인간의 힘으로 될 수 없습니다. 하나님께서 성도를 보존해 주실 때 가능한 것입니다. 만일 견인이 인간의 힘으로 가능하다면 그것은 이미 은혜가 아닙니다. 하나님의 보존하심은 택함받은 자들에게는 큰 위로가 됩니다. 보존이라는 말은 '잘 보호하고 간수하여 남김'이라는 뜻으로, 택하신 자들을 보호하시고 보살피고 지키신다는 말입니다.

비트시우스Hermannus Witsius, 1636-1708는 "보존은 하나님의 은혜로써 그가 선택하고 구속하고 중생시킨 신자들을 보호하며, 비록 그들 자신은 연약하고 타락의 가능성을 갖고 있지만, 내적으로는 자기 성령의 가장 효능 있는 능력으로 그리고 외적으로는 그를 위해 지혜롭게 선정된 방편으로 그들을 성화시켜 결코 그들 안에 태동시킨 덕행의 습관을 완전히 상실하지 않고 안정적인 견인을 통하여 확실하게 영원한 구원으로 인도한다."[42]라고 말하였습니다. 하나님은 창세 전에 택하신 성도들을 보호하시고 보살피시며 "이스라엘을 지키시는 자는 졸지도 아니하고 주무시지도 아니하시리로다 여호와는 너를 지키시는 자라 여호와께서 네 우편에서 네 그늘이 되시나니 낮의 해가 너를 상치 아니하며 밤의 달도 너를 해치 아니하리로다 여호와께서 너를 지켜 모든 환난을 면케 하시며 또 네 영혼을 지키시리로다 여호와께서 너의 출입을 지금부터 영원까지 지키시리로다(시 121:4-8)."라고 말씀하셨습니다.

구원의 안전이 인간의 능력에 달려 있다면 어느 누가 보장할 수 있습니까? 한 번 깊이 생각해 봅시다. 자신이 정말 구원의 자리에 들어가기까지 이 구원을 자신의 힘으로 지킬 수 있는지 말입니다.

---

42) Ibid. p.825.

제4항 중생한 자들의 죄에 빠짐

믿는 자들을 은혜 속에서 지켜 주시는 하나님의 능력을 연약한 인간이 거스를 수는 없으나 회심한 이후에라도 육신이 연약하여 하나님의 성령 안에 항상 거하지는 못하는데, 어떤 경우에는 하나님의 은혜에서 벗어나 죄에 빠져 육체의 정욕에 유혹되기도 한다. 따라서 성도들은 유혹에 빠지지 않게 늘 깨어서 기도해야 할 것이다. 이런 일을 게을리 할 때 성도라도 육신적인 이 세상의 사단의 크고 무서운 죄에 빠질 뿐만 아니라 때로는 의로우신 하나님께서 허락하심으로 실제로 이 죄에 빠질 수도 있다. 우리는 성경에서 다윗과 베드로와 그 외의 다른 성도들이 연약함으로 인하여 타락에 빠진 경우를 찾아볼 수 있다.

"그의 힘의 강력으로 역사하심을 따라 믿는 우리에게 베푸신 능력의 지극히 크심이 어떤 것을 너희로 알게 하시기를 구하노라(엡 1:19)."

"시험에 들지 않게 깨어 있어 기도하라 마음에는 원이로되 육신이 약하도다 하시고(마 26:41)"

"그러므로 우리는 다른 이들과 같이 자지 말고 오직 깨어 근신할지라… 항상 기뻐하라 쉬지 말고 기도하라(살전 5:6, 16-17)."

택함받은 자들은 견인의 은혜를 통하여 구원에서 떨어지지 않습니다. 절대로 떨어질 수 없습니다. 그렇다고 해서 택함받은 자들이 죄를 짓지 않는다는 것은 아닙니다. 그들도 죄를 짓습니다. 혹 택함받은 자들은 죄를 짓지 않는다고 말하는 자가 있다면 그는 올바른 성도가 아닙니다. 택함받은 자들도 분명히 죄를 짓습니다.

웨스트민스터 신앙고백서에도 "성도들은 사탄과 이 세상의 시험을 받으며, 그들 안에 남아 있는 죄의 부패한 요소가 깊이 퍼지고, 그들을 보존해 주는 은혜의 방편들을 무시함으로 해서 중한 죄에 빠질 수 있으며(마 26:70, 72, 74), 그리고 얼마동안 그 죄 가운데 거하기도 한다(시 51:14). 그로 말미암아 그들은 하나님의 분노를 사며(사 64:5, 7, 9; 삼하 11:27), 그의 성령을 근심케 하고(엡 4:30), 그들이 받은 바 은혜와 위로의 얼마를 상실하게 되고(시 51:8, 10, 12; 계 2:4; 아 5:2-4, 6), 그들의 마음이 강퍅해지고(사 63:17; 막 6:52; 16:14), 그들의 양심은 상처를 받으며(시 32:3-4; 51:8), 남을 해치거나 중상하여(삼하 12:14) 일시적인 심판을 자초하게 되는 것이다(시 89:31-32; 고전 11:32)."[43]라고 하였습니다.

하나님께서 은혜 가운데 붙들어 주시지만 때때로 인간은 그 은혜의 손길에서 벗어나 죄에 빠지기도 합니다. 주변을 돌아보면 얼마나 많은 죄의 유혹들이 있는지 모릅니다. 하와가 선악과나무를 본즉 먹음직도 하고 보암직도 하고 지혜롭게 할만큼 탐스럽게 여긴 것처럼 오늘 우리 주변에는 성도들을 유혹하는 것들이 너무나 많이 있어 손을 내밀어 죄를 따 먹게 하는 시대에 살고 있습니다. 그러기에 늘 깨어 있어야 합니다. 설령 죄에 빠졌다고 해서 죄 가운데 거하며 살아서는 안 됩니다. 그 죄의 자리에서 빠져나와야 합니다. 그러므로 택함받은 자들도 늘 깨어 기도해야 합니다.

알미니안주의자들은 선택받은 자들은 하나님이 알아서 다 예정해 놓았기 때문에 기도할 필요가 없다고 비아냥거립니다. 이것은 예정에 대한 의미를 모르는 무지의 소리입니다. 예정의 의미를 올바로 아는 성도는 더 하나님 앞에 나아가 기도합니다. 더 겸손합니다. 더 경건의 삶을 살아갑니다. 그러나 예정의 참된 의미를 모르는 자들이 엉뚱한 소리를 하는 것입니다. 이들이 기도하지 않으며, 교만하며, 방탕의 삶을 사는 것입니다.

이스라엘의 성왕인 다윗은 간음죄와 살인죄를 저질렀습니다. 그리고 예수님의 수제자인 베드로는 예수님을 세 번씩이나 모른다고 맹세하면서 부인한 배신자입니다. 우리는 다윗과 베드로의 경우를 거울로 삼아 택함받은 자들도 죄에 빠져 죄를 지을 수 있다

---

43) 웨스트민스터 신앙고백서(1647), 제17장 3절.

는 사실을 기억하며 더욱 하나님의 은혜의 자리에 나아가기를 힘써 기도해야 합니다. 육신을 쳐서 복종시켜 성화의 삶으로 나아가야 합니다.

제5항 범죄함으로 인한 영향

인간은 심각한 죄로 하나님을 매우 분노케 하고, 죽음에 해당하는 죄책에 빠지고, 성령님을 근심케 하고, 한동안 믿음의 실천을 중단하고, 양심에 큰 상처를 입고, 한동안 자신이 은혜를 입었다는 사실도 잊어버리는데, 이것은 그들이 진실한 회개를 통해 다시 돌이켜서 하나님의 부성애적인 얼굴이 다시 그들에게 나타날 때까지 계속된다.

"하나님의 성령을 근심하게 하지 말라 그 안에서 너희가 구속의 날까지 인치심을 받았느니라(엡 4:30)."

"내가 토설치 아니할 때에 종일 신음하므로 내 뼈가 쇠하였도다 주의 손이 주야로 나를 누르시오니 내 진액이 화하여 여름 가물에 마름 같이 되었나이다(셀라) 내가 이르기를 내 허물을 여호와께 자복하리라 하고 주께 내 죄를 아뢰고 내 죄악을 숨기지 아니하였더니 곧 주께서 내 죄의 악을 사하셨나이다(셀라)(시 32:3-5)."

"여호와는 그 얼굴로 네게 비취사 은혜 베푸시기를 원하며(민 6:25)"

택함받은 자들도 죄를 범하므로 성령을 근심하게 합니다. 죄악의 길에 서서 하나님의 사랑을 잠시 떠나는 경우도 있습니다. 하나님이 원하시는 뜻대로 살지 않고 죄를 짓기도 합니다. 그럼에도 불구하고 성도의 견인이 택함받은 자들에게 가르치는 교훈은 그들이 진심으로 회개하며 돌아온다는 것입니다. 죄악의 길에서 돌이키게 하십니다. 중요한 것은 바로 이것입니다. 하나님께서 돌이키게 하사 회개케 하신다는 것입니다.

누가복음 15장을 보면 두 아들 가운데 한 아들이 아버지로부터 자신이 물려받을 재산을 받아서 집을 나갑니다. 허랑방탕하게 살다가 세월이 지나 가진 모든 재물이 사라지자 돼지 여물을 먹고 사는 형편이 됩니다. 그러던 어느날, 그는 진심으로 회개를 하게 됩니다. "내가 일어나 아버지께 가서 이르기를 아버지여 내가 하늘과 아버지께 죄를 얻었사오니(눅 15:18)" 이처럼 잘못된 죄악의 길에서 돌이켜 회개케 하는 마음을 하나님께서 주신다는 것입니다. 하나님은 더 이상 악으로 치닫게 하시지 않습니다. 하나님께서 굳건하게 붙잡고 계시기 때문입니다.

앞서 4항에서 예를 들은 다윗과 베드로의 경우도 마찬가지입니다. 다윗은 우리아의 아내 밧세바를 취하기 위하여 살인죄를 지었고 간음죄를 범하였습니다. 그러자 선지자 나단이 다윗을 찾아가 부한 자와 가난한 자의 이야기를 들려 주었을 때 다윗은 크게 노하여 나단에게 "여호와의 사심을 가리켜 맹세하노니 이 일을 행한 사람은 마땅히 죽을 자"라고 하자 나단이 다윗에게 "당신이 그 사람이라."라고 합니다. 그때 다윗이 어떻게 행동하였습니까? 다윗이 나단에게 "내가 여호와께 죄를 범하였노라(삼하 12:13)."라고 고백하였습니다. 7대 참회시 가운데 하나인 시편 51편은 다윗이 밧세바로 인한 죄에 대하여 얼마나 통회하였는가를 잘 보여 주고 있습니다. 이러한 역사는 하나님의 은혜가 아니면 결코 일어날 수 없는 일입니다.

베드로의 경우도 마찬가지입니다. 예수님께서 로마 병정에 끌려가 대제사장 가야바의 집 뜰에 있을 때 한 비자가 베드로에게 "너도 갈릴리 사람 예수와 함께 있었도다." 하자 베드로는 세 번 모른다고 맹세하며 부인하였습니다. 그때 닭이 울자 베드로가 예수께서 자기에게 하신 말씀, 곧 닭이 두 번 울기 전에 네가 세 번 나를 부인하리라." 하심이 기억나서 울었습니다. 누가는 베드로가 밖에 나가서 심히 통곡(눅 22:62)하였다고 하였습니다. 참된 애통과 회개의 역사는 인간의 의지로 되지 않습니다. 악어의 눈물처럼 잠시 후회의 모습을 보일 수는 있어도 참된 회개가 아닙니다. 다윗과 베드로의 경우와 달리 가룟 유다는 진심으로 회개하지 않았습니다. 유다는 자신의 행동에 스스로 뉘우치기는 하였으나 그는 자기가 받은 은을 성소에 던져 넣고 물러가서 스스로 목매어 죽어버렸습니다(마 27:5). 참된 회개는 뉘우치는 후회하고는 다릅니다.

우리는 다윗과 베드로의 모습을 보면서 택함받은 자들도 얼마든지 죄를 지을 수 있지만 하나님 앞에 참되게 통회하며 회개해야 한다는 사실을 알게 됩니다. 참 성도는 하나님 앞에서 날마다 회개하는 자입니다. 교만하고 거짓된 자들은 하나님 앞에서 결코 회개하지 않습니다. 오히려 하나님을 향해 불평합니다.

제6항 변함없는 하나님의 선택

하지만 변함없는 하나님의 택하심에 기초한 그의 풍성하신 은혜는 비록 성도들이 심각한 죄에 빠져 있을 때라도 성령을 거두시는 것이 아니며, 또한 하나님의 자녀가 되는 그 은혜를 잃음으로 의인의 상태에서 떨어져 나가도록 고통 가운데 방치해 두거나 성령을 거스르는 죄악을 범하며 전적으로 타락되어 영원한 멸망에 빠지도록 허용하시지도 않으신다.

"모든 일을 그 마음의 원대로 역사하시는 자의 뜻을 따라 우리가 예정을 입어 그 안에서 기업이 되었으니(엡 1:11)."

"긍휼에 풍성하신 하나님이 우리를 사랑하신 그 큰 사랑을 인하여(엡 2:4)"

"그러하면 내가 범죄자에게 주의 도를 가르치리니 죄인들이 주께 돌아오리이다(시 51:13)."

"율법 아래 있는 자들을 속량하시고 우리로 아들의 명분을 얻게 하려 하심이라(갈 4:5)."

"누구든지 형제가 사망에 이르지 아니한 죄 범하는 것을 보거든 구하라 그러면 사망에 이르지 아니하는 범죄자들을 위하여 저에게 생명을 주시리라 사망에 이르는 죄가 있으니 이에 대하여 나는 구하라 하지 않노라 모든 불의가 죄로되 사망에 이르지 아니하는 죄도 있도다 하나님께로서 난 자마다 범죄치 아니하는 줄을 우리가 아노라 하나님께로서 나신 자가 저를 지키시매 악한 자가 저를 만지지도 못하느니라(요일 5:16-18)."

선택받은 자와 유기된 자의 차이점 가운데 한 가지를 든다면 견인을 들 수 있습니다. 다시 말하자면 성도들이 죄를 지으며 타락할 때 유기된 자들은 그 멸망의 길로 계속 갈 수밖에 없지만, 선택받은 자들은 하나님께서 변함없는 은혜로 굳건하게 붙드셔서 구원의 반열에서 떨어져 나가거나 타락하여 영원한 멸망의 구덩이에 빠지도록 하지 않으신다는 것입니다. 앞서 5항에서 보았듯이 다윗과 베드로는 타락하여 큰 범죄를 저질렀음에도 불구하고 하나님의 구원에서 완전히 떨어지지 않았습니다.

하나님께서는 왜 다윗과 베드로를 버리지 않았습니까? 인간의 눈으로 볼 때는 결코 용서받을 수 없는 자들이지만 저들은 버림을 받지 않았습니다. 그 이유는 바로 변함없는 하나님의 택하심에 기초한 그의 풍성하신 은혜 때문입니다. 즉 인간의 그 어떠한 조건이나 상황에 의해 구원이 좌지우지되는 것이 아니라 하나님의 기뻐하시는 뜻 가운데 하나님께서 구원하시고자 하는 자들을 선택하셔서 구원하시는 것이며, 하나님께서 기뻐하시는 뜻 안에서 버리고자 하는 자들을 버리시는 것입니다. 사도 바울은 이렇게 말씀하셨습니다. "모세에게 이르시되 내가 긍휼히 여길 자를 긍휼히 여기고 불쌍히 여길 자를 불쌍히 여기리라 하셨으니 그런즉 원하는 자로 말미암음도 아니요 달음박질하는 자로 말미암음도 아니요 오직 긍휼히 여기시는 하나님으로 말미암음이니라(롬 9:15-16)."

구원이 하나님의 손 안에 있으니 얼마나 안전하고 든든합니까? 그런데 알미니안주의자들은 구원이 인간의 손에 달려 있다고 말합니다. 과연 피조물인 인간이 하나님보다 더 안전하고 든든하게 구원을 지켜 줄 수 있습니까? 만일 구원이 인간의 손에 달려 있다면 얼마나 불안하겠습니까? 인간은 인간 자신을 스스로도 믿지 못하는데 어떻게 믿을 수 있습니까? 그러기에 알미니안주의자들은 항상 구원에 있어서 불안한 것입니다. 그러나 칼빈주의자들은 하나님께서 붙들고 계시기에 불안하지 않습니다. 구원에 확신을 가지게 됩니다.

인간은 아침, 저녁으로 변합니다. 그리고 한 번 입 밖에 낸 말을 도로 입속에 넣거나 약속한 말대로 지키지 않는 식언(食言)을 많이 합니다. 그러나 하나님은 인생이 아니시기에 조석(朝夕)으로 변하지 않으시며 식언치 않으십니다. 하나님은 자신이 선택한 백성에 대해 후회하시지 않습니다. 창세전에 택한 백성들을 보호하십니다. 설령 택자들이 하나님의 길에서 잠시 벗어난다 할지라도 하나님은 그들을 돌아오게 하십니다.

브레멘 신앙고백에서는 "비록 심지어 신자도 때로는 죄를 범하지만, 그럼에도 불구하고 선택된 자의 죄와 악인의 죄 사이에는 근본적인 차이가 있다. 전자는 연약성으로 인해 죄를 범하여 다시 회개하게 되지만, 후자는 그들의 성품 전체로 범죄하고 회개하지 않는다."[44]라고 고백하고 있습니다. 하나님께서는 선택하신 사람들을 절대로 버리지 않으시고 끝까지 견인하신다는 성경의 진리를 도르트 신조를 통하여 확실하게 가르치고 있는 것입니다. 하나님은 변하지 않으십니다.

---

44) 하인리히 헤페, 『개혁파 정통교의학』 (크리스찬다이제스트, 2011), p.827.

제7항 회개하여 새롭게 하심

그 이유는, 먼저 하나님께서 그러한 타락의 경우에도 그들 안에 그들을 중생시킨 자신의 썩지 않은 씨앗을 보존하시어, 그것이 썩거나 버려지지 않게 하시기 때문이다. 다른 한편으로는, 하나님께서 그분의 말씀과 성령님을 통해 확실하고 능력있게 그들을 새롭게 하시어 회개케 하셔서, 그들이 자신이 지은 죄에 대해 마음으로, 그리고 하나님의 뜻에 따라 탄식하며, 애통하는 마음과 믿음으로, 중보자의 피로 이루어진 죄사함을 간절히 사모하여 죄사함을 얻게 되기 때문이다. 또한 그들이 지금 자신과 화해한 하나님의 은총을 새롭게 체험하게 되어 그분의 자비하심과 신실하심을 경배(찬양)하게 되며, 앞으로 두려움과 떨림으로 더욱 열심히 그들의 구원을 이루어 나간다.

"너희가 거듭난 것이 썩어질 씨로 된 것이 아니요 썩지 아니할 씨로 된 것이니 하나님의 살아 있고 항상 있는 말씀으로 되었느니라(벧전 1:23)."

"하나님께로서 난 자마다 죄를 짓지 아니하나니 이는 하나님의 씨가 그의 속에 거함이요 저도 범죄치 못하는 것은 하나님께로서 났음이라(요일 3:9)."

"하나님의 뜻대로 하는 근심은 후회할 것이 없는 구원에 이르게 하는 회개를 이루는 것이요 세상 근심은 사망을 이루는 것이니라(고후 7:10)."

"그러므로 나의 사랑하는 자들아 너희가 나 있을 때 뿐 아니라 더욱 지금 나 없을 때에도 항상 복종하여 두렵고 떨림으로 너희 구원을 이루라(빌 2:12)."

올레비아누스Kaspar Olevianus, 1536-1587는 "비록 중생한 자의 경우에도 여전히 육신이 계속해서 성령과 충돌하고 신자에게 자기가 하나님의 은혜 언약에 속해 있다는 데 대해 의심을 야기시키지만, 이 의심은 단지 육신에 속한 것일 뿐 신앙 자체의 문제가 아니며, 오히려 신앙은 중생한 자로 하여금 계속 자기를 새롭게 하며 육신의 시험을 극복하고 보다 더 큰 확신으로 인도한다."[45]라고 말하였습니다. 하나님은 자신의 백성을 지키십니다. 자신의 백성들에게 썩지 않는

---

45) Ibid, p.835.

씨를 주시고 보존하시는 것입니다.

이 씨는 썩지 않는 씨입니다. 썩지 않는 씨란 썩을 수가 없는 씨를 말합니다. 하나님께서 중생한 자에게 심으신 씨는 썩는 씨가 아닙니다. 베드로는 이 씨는 항상 살아 있다고 말합니다. 죽어 있는 씨가 아닙니다. "너희가 거듭난 것이 썩어질 씨로 된 것이 아니요 썩지 아니할 씨로 된 것이니 하나님의 살아 있고 항상 있는 말씀으로 되었느니라(벧전 1:23)." 항상 살아 있고 썩지 않는 이 씨를 하나님은 모든 사람에게 주시지 않았습니다. 모든 사람에게 심기지 않았습니다. 오직 택하신 하나님의 백성들에게만 주신 은혜입니다.

마태복음 13장을 보면 여러 천국의 비유가 나오는데 그중 하나인 '알곡과 가라지 비유(마 13:24-30)'가 있습니다. 이 비유를 살펴보면 알곡이 가라지가 될 수 없고 가라지가 알곡이 될 수 없음을 알 수 있습니다. 알곡은 처음부터 알곡이요 가라지는 처음부터 가라지입니다. 처음에는 알곡이었다가 나중에 가라지가 된다거나, 아니면 처음에는 가라지였는데 나중에 알곡이 된다는 것은 불가능한 일입니다. 자연의 일반법칙으로는 있을 수 없는 일입니다. 이처럼 하나님께서 보존하시는 택함받은 자들은 처음부터 선택된 자요, 버리기로 예정된 자들은 처음부터 유기된 자들입니다. 선택된 자가 유기된 자로, 유기된 자가 선택된 자로 변하는 일은 없습니다. 그러므로 하나님께서 창세전에 예정하신 택함받은 자들을 하나님께서 지키시고 보존하시는 것이 당연합니다.

하나님은 죄악에 빠져 있는 택함받은 자들을 회개케 하여 새롭게 하심으로 중생한 자를 견인하십니다. 택함받은 자들이 자신이나 이웃에게 악을 행하여 고통과 눈물을 주기도 하지만 결국 믿음으로 회개하여 새로워집니다. 하나님은 그들에게 썩지 않는 씨를 주시고 성령을 통하여 회개케 하여 새롭게 하십니다. 그리고 자원하는 마음으로 자신이 지은 죄로 인하여 탄식함과 함께 십자가 앞으로 나가 용서함을 구하게 합니다. 중생한 자가 회개하는 일에 성도는 눈꼽만큼이라도 내세울 공로가 없습니다. 왜냐하면 이러한 회개의 역사도 전적으로 하나님의 은혜이기 때문입니다.

제8항 삼위 하나님의 은혜

그러므로 믿음과 은혜에서 전적으로 떨어져 나가지 않게 하며 범죄로 인한 멸망에서 우리가 구원된 것은 인간의 공로나 노력에 의한 것이 아니라 하나님의 자비에 의한 것이다. 인간 편에서 본다면, 이렇게 타락해서 구원을 잃는 것이 쉽게 일어날 수 있을 뿐 아니라 반드시 일어난다. 그러나 하나님 편에서 보면 이런 일은 절대 일어날 수 없다. 그 이유는, 그분의 경륜이 변할 수 없고, 그의 약속은 취소되지 않으며, 그분의 뜻에 따른 부르심도 취소될 수 없고, 또한 그리스도의 공로와 중보기도와 보호하심이 효능을 잃어버리지 않으며, 성령의 인치심이 무효화되거나 파괴되는 일이 없기 때문이다.

"또 미리 정하신 그들을 또한 부르시고 부르신 그들을 또한 의롭다 하시고 의롭다 하신 그들을 또한 영화롭게 하셨느니라… 누가 정죄하리요 죽으실 뿐 아니라 다시 살아나신 이는 그리스도 예수시니 그는 하나님 우편에 계신 자요 우리를 위하여 간구하시는 자시니라(롬 8:30, 34)."

"그 자식들이 아직 나지도 아니하고 무슨 선이나 악을 행하지 아니한 때에 택하심을 따라 되는 하나님의 뜻이 행위로 말미암지 않고 오직 부르시는 이에게로 말미암아 서게 하려 하사(롬 9:11)"

"그러나 내가 너를 위하여 네 믿음이 떨어지지 않기를 기도하였노니 너는 돌이킨 후에 네 형제를 굳게 하라(눅 22:32)."

"그 안에서 너희도 진리의 말씀 곧 너희의 구원의 복음을 듣고 그 안에서 또한 믿어 약속의 성령으로 인치심을 받았으니(엡 1:13)"

참 성도라면 성도의 견인을 알면 알수록 하나님의 은혜에 감사할 수밖에 없습니다. 왜냐하면 자신이 믿음과 은혜에서 떨어져 죄를 범함에도 불구하고 멸망당하지 않고 구원된 것은 자신의 공로나 노력에 의한 것이 아니라 하나님의 자비에 의한 것임을 알기 때문입니다. 참 성도는 하나님께서 택하신 자들을 믿음에서 떨어져 나가 멸망으로 가지 않게 붙드심을 믿습니다. 이러한 확신의 근거는 삼위 하나님에게 있습니다.

이것은 성부 하나님의 은혜입니다. 변하지 않는 은혜와 자비로운 은혜로 이러한 약속들이 지켜지는 것입니다. 하나님의 자비하심이 없었다면 택함받은 자들도 죽을 수밖에 없습니다. 그러나 하나님의 자비하심으로 택자들이 구원을 받습니다. 이 자비하심은 변하지 않기에 택함받은 자들을 보존하시는 일에 실패하지 않으시며 보존하시겠다는 약속이 깨지지 않는 것입니다. 해 아래 변하지 않는 것은 없습니다. 모든 것이 변합니다. 자연도 변하고 인간도 변합니다. 그러나 하나님은 변하지 않습니다. 사도 야고보는 "…그는 변함도 없으시고 회전하는 그림자도 없으시니라(약 1:17),"라고 말씀하였습니다.

이것은 성자 예수님의 은혜입니다. 이것은 예수 그리스도의 공로입니다. 공로란 '일을 마치거나 목적을 이루는 데 들인 노력과 수고'를 말합니다. 예수 그리스도는 하나님의 일, 목적을 이루기 위해 노력과 수고를 하셨습니다. 그 노력과 수고란 바로 십자가 대속의 죽음입니다. 이 십자가 대속의 죽음이 바로 그리스도의 공로입니다. 이 공로로 인하여 택함받은 자들이 구원을 얻게 되는 것입니다. 이 공로 외에는 그 어떤 공로도 필요치 않습니다. 십자가 대속의 공로만으로도 충분합니다. "인자가 온 것은 섬김을 받으려 함이 아니라 도리어 섬기려 하고 자기 목숨을 많은 사람의 대속물로 주려 함이니라(마 20:28),"

이것은 성령 하나님의 은혜입니다. 이 은혜는 '인'(印)입니다. 다시 말하자면 성령으로 '인'을 치셨다는 말입니다. 사도 바울은 "그 안에서 너희도 진리의 말씀 곧 너희의 구원의 복음을 듣고 그 안에서 또한 믿어 약속의 성령으로 인치심을 받았으니(엡 1:13)"라고 말씀하였습니다. 이 말씀에서 "인치심을 받았으니"의 헬라어 '에스프라기스 데테'ejsfragivsqhte는 안전 또는 보존을 위해 (도장들을) '찍다'의 의미로 사용되었습니다. 도장을 찍는다는 것은 소유를 의미합니다. 즉 성령을 받은 중생한 자들은 하나님의 택한 백성이 되며, 하나님이 그들의 소유주가 되었다는 말씀입니다.

삼위 하나님의 은혜로 말미암아 택함받은 자들이 가진 구원은 결코 흔들릴 수 없습니다. 또한 취소되거나 무효화되지 않습니다.

제9항 선택과 보존하심의 확신

하나님께서 이렇게 택함받은 자를 구원하시기 위해 끝까지 보호하신다는 것과 진정한 신자는 믿음을 끝까지 붙든다는 것을 신자는 확신할 수 있다. 그리고 그들은 믿음의 정도에 따라 자신이 하나님의 교회에 참되고 살아 있는 지체이며, 영원토록 지체로 남아 있을 것이며, 죄사함을 받고 영생을 가지고 있음을 확신할 수 있다.

"그런즉 이 일에 대하여 우리가 무슨 말 하리요 만일 하나님이 우리를 위하시면 누가 우리를 대적하리요 자기 아들을 아끼지 아니하시고 우리 모든 사람을 위하여 내어주신 이가 어찌 그 아들과 함께 모든 것을 우리에게 은사로 주지 아니하시겠느뇨 누가 능히 하나님의 택하신 자들을 송사하리요 의롭다 하신 이는 하나님이시니 누가 정죄하리요 죽으실 뿐 아니라 다시 살아나신 이는 그리스도 예수시니 그는 하나님 우편에 계신 자요 우리를 위하여 간구하시는 자시니라 누가 우리를 그리스도의 사랑에서 끊으리요 환난이나 곤고나 핍박이나 기근이나 적신이나 위험이나 칼이랴 기록된 바 우리가 종일 주를 위하여 죽임을 당케 되며 도살할 양 같이 여김을 받았나이다 함과 같으니라 그러나 이 모든 일에 우리를 사랑하시는 이로 말미암아 우리가 넉넉히 이기느니라 내가 확신하노니 사망이나 생명이나 천사들이나 권세자들이나 현재 일이나 장래 일이나 능력이나 높음이나 깊음이나 다른 아무 피조물이라도 우리를 우리 주 그리스도 예수 안에 있는 하나님의 사랑에서 끊을 수 없으리라(롬 8:31-39)."

　　교회를 다니고 신앙생활을 하다 보면 종종 듣게 되는 질문은 "당신은 구원받았습니까? 만일 구원받았다면 어떻게 확신합니까?"라는 것입니다. 이 질문을 지금 이 글을 읽는 여러분 자신에게도 한 번 던져보시기 바랍니다. 구원받았습니까? 확신합니까? 이 질문에 어떻게 답변하시고 있습니까? 혹 이단들이 말하는 것처럼 육신의 생년월일이 있고 그것을 아는 것처럼 영적으로 태어난 날을 알아야 구원의 확신이 있다고 말하고 있습니까? 아니면 기분에 따라 오늘은 기분이 좋으니 구원받은 것 같은 느낌이 들어 구원의 확신이 있다고 말하고 있습니까?

　　구원에 대한 확신은 중요합니다. 구원에 대한 확신이 없다면 불안과 염려 속에서 살게 될 것입니다. 9항에서는 이 구원의 확신을 가지게 하는 요소로 택하심과 보존을 가르치고 있습니다. 하나님의 택하심에 확신을 가지는 것은 중요합니다. 이 말은 결국 구원은 하나님의 선택에서부터 시작한다는 것을 고백하는 것입니다. 알미니안주의자들이 말하는 것처럼 구원이 인간의 선택에서 시작된다는 것이 아니라는 것입니다.

　　구원의 확신을 하나님의 선택에 두는 것은 마치 반석 위에 집을 세우는 것과 같습니다. 그러나 구원의 확신을 인간의 선택에 둔다는 것은 마치 모래 위에 집을 짓는 것과 같습니다. 어느 곳에 집을 세우냐 하는 것은 아주 중요합니다. 세워야 할 곳에 집을 세우지 않고 세우지 말아야 할 곳에 집을 세운다는 것은 어리석은 일입니다. 왜냐하면 그 결과의 나타남이 서로 다르기 때문입니다. 훗날 하나님의 심판으로 그 앞에 서는 날, 인간의 선택에 구원의 확신을 둔 자들은 그 확신으로 모두 무너질 것이지만, 하나님의 선택에 구원의 확신을 둔 자들은 그 확신으로 담대하게 설 것입니다.

그리고 또 하나의 확신은 하나님의 보존에서 나옵니다. 택함 받은 자들의 구원을 하나님께서 보호하시고 지키십니다. 이보다 더 안전하고 확신을 가지게 하는 다른 뭔가가 있습니까? 이사야 선지자는 "네가 물 가운데로 지날 때에 내가 함께할 것이라 강을 건널 때에 물이 너를 침몰치 못할 것이며 네가 불 가운데로 행할 때에 타지도 아니할 것이요 불꽃이 너를 사르지도 못하리니 대저 나는 여호와 네 하나님이요 이스라엘의 거룩한 자요 네 구원자임이라(사 43:2-3)."라고 말씀하셨습니다. 하나님께서 보존하시는데 누가 감히 하나님의 손 안에서 빼앗아 갈 수 있습니까? 아무도 없습니다. 사도 요한은 "내가 저희에게 영생을 주노니 영원히 멸망치 아니할 터이요 또 저희를 내 손에서 빼앗을 자가 없느니라 저희를 주신 내 아버지는 만유보다 크시매 아무도 아버지 손에서 빼앗을 수 없느니라(요 10:28-29)."라고 말씀하셨습니다. 택함받은 자들은 구원의 확신을 이와 같은 것에 둡니다. 그리고 이 확신을 따라서 죄사함과 더불어 영원한 생명을 얻게 되는 것을 추호의 의심도 없이 믿고 나아가는 것입니다.

제10항 하나님의 말씀 안에서

그러므로 이 확신은 하나님의 말씀 없이, 혹은 말씀 외에 일어난 특별한 사적인 계시에 의해서가 아니라 다음의 세 가지를 통해 일어난다: 먼저, 이것은 우리가 하나님의 약속을 믿는 믿음으로부터 나오는데, 이 약속은 하나님께서 우리를 위로하시기 위해 자신의 말씀 속에서 매우 풍성하게 계시하신 것이다. 둘째로는, 이 확신은 성령님의 증거를 통해 일어나는데, 성령님은 우리가 하나님의 자녀이며 상속자임을 우리의 영에게 증거하신다. 마지막으로, 이 확신은 우리가 진지하고 거룩하게 깨끗한 양심과 선행을 추구함으로 생긴다. 그리고 만약 하나님의 택함받은 자가 이 세상을 사는 동안에 자신이 승리할 것이라는 확고한 위로와 영원한 영광에 대한 확실한 증거를 가지고 있지 않다면 그는 모든 사람 중에서 가장 불쌍한 자라고 할 것이다.

"성령이 친히 우리 영으로 더불어 우리가 하나님의 자녀인 것을 증거하시나니 자녀이면 또한 후사 곧 하나님의 후사요 그리스도와 함께한 후사니 우리가 그와 함께 영광을 받기 위하여 고난도 함께 받아야 될 것이니라(롬 8:16)."

"만일 그리스도 안에서 우리의 바라는 것이 다만 이생 뿐이면 모든 사람 가운데 우리가 더욱 불쌍한 자라라(고전 15:19)."

앞선 9항에서 구원의 확신을 가지는 것이 중요하다는 것을 보았습니다. 10항에서는 이 확신의 뿌리를 어디에 두어야 하는지 가르쳐 주고 있습니다. 뿌리를 잘못 내리면 죽습니다. 뿌리를 어디에 내려야 죽지 않고 살 수 있는지 알아야 합니다.

마태복음 13장을 보면 씨 뿌리는 비유가 나옵니다. 농부가 씨를 뿌렸는데 흙이 얇은 돌밭에 떨어지매 흙이 깊지 아니하므로 곧 싹이 나오나 해가 돋은 후에 타서 뿌리가 없으므로 말라버렸다고 합니다. 뿌리를 내릴 수 없는 곳에서는 아무리 힘써도 결국 뿌리를 내리지 못하고 죽습니다.

10항에서는 택함받은 자들이 구원의 확신을 하나님의 말씀, 즉 약속 위에 두어야 함을 강조하였습니다. 그 이유는 하나님의 말씀은 항상 살아 있고 변하지 않기 때문입니다. 그리고 계시된 말씀 안에서만 구원의 확신을 가져야 합니다. 계시된 말씀은 오직 66권(구약 39권, 신약 27권)입니다. 이 66권 외에 계시된 다른 모든 것들은 다 거짓입니다. 그런데 우리 주변에는 잘못된 계시들로 인하여 많은 문제들이 생기는 것을 봅니다. 어떤 이들은 음성을 들었다고, 또는 환상을 보았다고 말합니다. 이들에게는 이런 이상한 체험들이 구원의 확신을 준다고 믿고 있습니다. 과연 이러한 체험들이 구원의 확신을 지켜 줄지 의문입니다.

사도 바울은 많은 이적과 체험을 가졌습니다. 수많은 병자를 일으켰고 귀신을 쫓아냈습니다. 그럼에도 불구하고 바울은 이런 것들을 통해서 구원의 확신을 가졌다고 말한 적이 한 번도 없습니다. 바울은 "무익하나마 내가 부득불 자랑하노니 주의 환상과 계시를 말하리라 내가 그리스도 안에 있는 한 사람을 아노니 십사 년 전에 그가 셋째 하늘에 이끌려 간 자라(그가 몸 안에 있었는지 몸 밖에 있었는지 나는 모르거니와 하나님은 아시느니라) 내가 이런 사람을 아노니 (그가 몸 안에 있었는지 몸 밖에 있었는지 나는 모르거니와 하나님은 아시느니라) 그가 낙원으로 이끌려 가서 말할 수 없는 말을 들었으니 사람이 가히 이르지 못할 말이로다 내가 이런 사람을 위하여 자랑하겠으나 나를 위하여는 약한 것들 외에 자랑치 아니하리라(고후 12:1-5)."라고 말씀하였습니다. 사도 바울은 오히려 신비한 체험을 감추었으며 부득불 말함에 있어서도 자신을 내세우지 않았습니다.

구원의 확신이 낳는 또 하나의 결과는 선한 양심을 가져 선한 일을 이루어 나가는 것입니다. 쉽게 말하자면 선한 열매를 가지는 것입니다. 구원의 확신을 가진 자들은 성경에서 말씀하시는 성령의 열매를 맺습니다. "오직 성령의 열매는 사랑과 희락과 화평과 오래 참음과 자비와 양선과 충성과 온유와 절제니 이같은 것을 금지할 법이 없느니라(갈 5:22-23)." 왜냐하면 구원의 확신을 가진 자들은 육체의 열매를 맺지 않기 때문입니다. "육체의 일은 현저하니 곧 음행과 더러운 것과 호색과 우상 숭배와 술수와 원수를 맺는 것과 분쟁과 시기와 분냄과 당 짓는 것과 분리함과 이단과 투기와 술 취함과 방탕함과 또 그와 같은 것들이라… (갈 5:19-21)."

제11항 확신을 느끼지 못할 때

성경이 증거하는 바는 성도라 할지라도 이 세상에서 살아갈 때 여러 가지 육신적인 의심으로 마음의 갈등을 갖게 되며 심한 유혹으로 믿음과 성도의 견인에 대한 확신을 느끼지 못할 때가 있을 수도 있다는 것이다. 그러나 모든 위로의 아버지가 되시는 하나님은 성도를 견인토록 하는 성령의 도우심으로 사람이 감당치 못할 시험을 주시지 않고 다만 시험당할 즈음에 피할 길을 내사 능히 감당케 하신다.

"사람이 감당할 시험밖에는 너희에게 당한 것이 없나니 오직 하나님은 미쁘사 너희가 감당치 못할 시험당함을 허락지 아니하시고 시험당할 즈음에 또한 피할 길을 내사 너희로 능히 감당하게 하시느니라(고전 10:13)."

구원의 확신에 대해 앞서 많은 말씀들을 살펴보았지만 때때로 성도의 견인에 대한 확신을 느끼지 못할 때가 있습니다. 성도들이 세상을 살아가면서 평탄한 길만 가는 것이 아니라 때로는 생각지 못한 일을 만날 때도 있습니다. 사도 베드로는 "사랑하는 자들아 너희를 시련하려고 오는 불 시험을 이상한 일 당하는 것같이 이상히 여기지 말고(벧전 4:12)"라고 하였습니다. 성도들에게 예상하지 못한 일들이 있다는 것입니다. 욥의 경우를 보면 하루아

침에 모든 것이 무너져 버렸습니다. 욥이 당한 일은 자신도 생각지 못한 일이었습니다. '욥은 하나님의 백성인데 왜 하나님은 욥을 지켜 주시지 않았는가? 욥이 당한 환난을 보면서 하나님의 백성인 성도들을 과연 하나님이 지켜 주시고 계시는가? 만일 지켜 주신다면 왜 이런 일이 벌어지는가?' 하나님은 분명히 보존하시고 지켜 주시겠다고 말씀하셨는데 현실은 그렇지 않음을 보면서 의문을 가지며 의문과 의심을 가집니다.

성도들은 여기서 견인의 의미를 다시 한 번 생각해 보아야 합니다. 굳게 참고 견디게 하는 견인이란 어려움과 환난 없이 지나는 것을 의미하지 않습니다. 이 세상을 살아가면서 어려움이나 환난이 없이 지나가는 것이 하나님이 지키시는 견인의 은혜라고 말해서는 안 됩니다. 그런데 안타까운 사실은 많은 성도들이 견인의 은혜를 오해하고 있다는 것입니다. 만일 오해하는 부분이 맞는다고 하면 앞선 믿음의 순교자들이 걸어간 길을 무엇이라 평해야 하겠습니까? 예수 그리스도를 믿는 신앙을 지키기 위해서, 신앙의 정절을 지키기 위해서 황제들과 수많은 핍박자들의 손에 의해 고난을 당한 순교자들이 하나님의 견인을 받지 못해서 피를 흘리는 자리에 나갔다고 말할 수 있는지….

견인이란 어려움과 환난 가운데서도 예수 그리스도를 향한 믿음과 신앙을 버리지 않도록 하나님께서 지키신다는 것입니다. 택함 받은 자들이 신앙에서 떨어지지 않도록 하나님께서 굳건하게 붙잡고 견디게 하십니다. "너희를 넘겨 줄 때에 어떻게 또는 무엇을 말할까 염려치 말라 그때에 무슨 말할 것을 주시리니 말하는 이는 너희가 아니라 너희 속에서 말씀하시는 자 곧 너희 아버지의 성령이시니라… 또 너희가 내 이름을 인하여 모든 사람에게 미움을 받을 것이나 나중까지 견디는 자는 구원을 얻으리라(마 10:19-22)."

분명한 사실은 하나님은 택한 성도들을 지키신다는 것입니다. 인간은 변해도 변하지 않는 하나님은 택함받은 자들이 어떠한 상황에 있든지 하나님은 성도를 견인토록 하는 성령의 도우심으로 성도가 피할 수 있도록 길을 열어 주실 뿐만 아니라 감당하게 하신다고 약속하였습니다.

제12항 참 성도의 견인이란

그러나 끝까지 견딘다는 이러한 확신은 참 신자를 교만하게 하고 육적인 신뢰를 갖게 한다는 것과는 완전히 다르다. 이와는 반대로 이 확신은 겸손과 아이가 부모를 두려워하는 것과 같은 경외심, 진정한 경건과 온갖 갈등 중에서도 인내와 열렬한 기도와 십자가를 지는 것과 진리를 고백하는 데에 있어서 흔들리지 않는 것과 하나님 안에서 늘 기뻐하는 것의 근원이 된다(이 확신이 그 모든 것의 뿌리가 된다.). 그러므로 성도는 자신을 인내하도록 도와주시는 하나님의 선한 사역을 생각할 때, 진지하고도 계속적으로 감사와 선행을 실천하는 것에 고무된다. 이것은 우리가 성경의 증거와 성도들의 예를 통해서 알 수 있다.

"그러므로 형제들아 내가 하나님의 모든 자비하심으로 너희를 권하노니 너희 몸을 하나님이 기뻐하시는 거룩한 산 제사로 드리라 이는 너희의 드릴 영적 예배니라(롬 12:1)."

"주를 향하여 이 소망을 가진 자마다 그의 깨끗하심과 같이 자기를 깨끗하게 하느니라(요일 3:3)."

구원의 확신을 가지며 성도의 견인으로 더욱더 흔들리지 않는 확신 속에 택함받은 자들은 은혜를 누립니다. 그런데 알미니안주의 자들은 택함받은 자들이 갖는 성도의 견인의 교리가 구원에 대한 헛된 생각을 갖게 하여 경건의 삶을 살지 않게 한다고 주장합니다. 왜냐하면 택함받은 자들은 구원을 받았으며 잃어버리지 않는다고 하였으니 마음대로 살거나 또는 경건한 삶을 살지 않을 것이라는 것입니다. 잃어버리지 않는 구원을 받았으니 구원을 이루기 위해 노력할 필요도 없고, 애쓰지 않아도 된다는 것입니다.

그러나 칼빈주의자들은 알미니안주의자들이 말하는 것에 동의하지 않으며 오히려 구원으로 인해 더 경건의 삶을 사는 것이라 말합니다. 알미니안주의자들에게 반문하고 싶습니다. "당신들은 구원을 잃어버릴 수 있기에 구원을 지키기 위해 경건하며 거룩한 삶을 살고 있는가?" 실상은 그렇지 못하기에 저들은 대답을 하지 못합니다. 알미니안주의자들이 주장하는 내용을 가만히 보면 성도의 견인의 참된 의미와 본질을 모르는 무지의 소리에 지나지 않으며, 칼빈주의자들이 말하는 진리에 꼬투리를 잡는 것과 다를 바 없습니다. 칼빈주의자들이 말하는 성도의 견인 교리를 보면 어느 누구도 그리고 어느 곳에서도 "너희가 구원의 확신을 받았으며 성도의 견인 교리로 인하여 구원을 잃어버리지 않으니 마음대로 살아라, 죄를 지어도 괜찮다, 선한 삶을 살지 않아도 된다."라는 주장을 하지 않습니다. 오히려 두렵고 떨림으로 성경의 가르침을 따라갑니다. "그러므로 우리가 모든 들은 것을 더욱 간절히 삼갈지니 혹 흘러 떠내려갈까 염려하노라(히 2:1)." "그러므로 나의 사랑하는 자들아 너희가 나 있을 때 뿐 아니라 더욱 지금 나 없을 때에도 항상 복종하여 두렵고 떨림으로 너희 구원을 이루라(빌 2:12)."

칼빈주의자들 가운데 구원의 확신과 성도의 견인을 믿으면서 경건의 삶을 무시하거나 아무렇게나 세상을 사는 사람은 없습니다. 만일 있다고 하면 그 사람은 가짜 칼빈주의자이거나 위선적인 칼빈주의자일 것입니다. 진정한 칼빈주의자들은 결코 세상에서 방탕하며 쾌락을 추구하며 살지 않습니다. 참된 칼빈주의자들은 경건과 거룩한 삶을 추구합니다. 사도 바울과 같이 자신의 육신을 쳐서 복종시키며 십자가의 길을 걸어가는 자들입니다.

성도의 견인 교리는 성도들에게 방해가 되는 것이 아니라 오히려 더 신앙으로 인도합니다. 성도의 견인을 믿는 자들은 겸손한 마음을 가지며 믿음에 충성을, 그리고 모든 시험 가운데서도 참음으로 기도합니다. 그리하여 택함받은 자들은 자신을 세상의 모든 환난과 핍박 속에서도 주님을 버리지 않고 믿음으로 굳건하게 붙들어 주시는 하나님의 은혜를 생각하면서 날마다 하나님께 감사하고 선한 일을 행함으로 이 은혜에 보답하며 살아가는 자들입니다. 사도 바울의 고백처럼 나의 나 된 것은 전적으로 하나님의 은혜이기에 겸손합니다. 성도의 견인을 통하여 구원을 얻음이 자신에게 있지 않기에 자신을 자랑하지 않습니다. 이것이 칼빈주의자들이 말하는 성도의 견인입니다.

제13항 바른 길로 행하게 하심

타락한 이후 다시 회복한 자에게 견인에 대한 확신까지 회복될지라도, 그의 회복에 대한 체험이 그에게 과신이나 경건생활에 소홀히 하려는 마음이 생기게 하지 않고, 오히려 하나님의 법도를 열심히 지키려는 더 큰 근심을 낳는다. 이것은, 그가 하나님의 법도를 지키면서, 이 견인의 확신을 견지(계속 유지)하게 하고, 그분의 부성애적인 자비로움을 남용함으로써 새롭게 화해를 맺은 하나님의 얼굴이 그에게 다시 등을 돌려서 그가 더 큰 영혼의 고통 속에 빠지지 않도록 하기 위함이다. 하나님을 경외하는 자에게는 하나님의 얼굴을 보는 것이 생명보다 더 달콤하며, 그 얼굴이 감추어지는 것은 죽음보다 더 쓰다.

"하나님의 뜻대로 하는 근심은 후회할 것이 없는 구원에 이르게 하는 회개를 이루는 것이요 세상 근심은 사망을 이루는 것이니라(고후 7:10)."

"우리는 그의 만드신 바라 그리스도 예수 안에서 선한 일을 위하여 지으심을 받은 자니 이 일은 하나님이 전에 예비하사 우리로 그 가운데서 행하게 하려 하심이니라(엡 2:10)."

"주의 인자가 생명보다 나으므로 내 입술이 주를 찬양할 것이라(시 63:3)."

"주의 이름을 부르는 자가 없으며 스스로 분발하여 주를 붙잡는 자가 없사오니 이는 주께서 우리에게 얼굴을 숨기시며 우리의 죄악을 인하여 우리로 소멸되게 하셨음이니이다(사 64:7)."

"싸우려 하였으나 내가 나의 노와 분함으로 그들을 죽이고 그 시체로 이 성에 채우게 하였나니 이는 그들의 모든 악을 인하여 나의 얼굴을 가리워 이 성을 돌아보지 아니하였음이니라(렘 33:5)."

하나님께서 택함받은 자들을 견인하신다는 사실은 변함없는 진리입니다. 또한 성도의 견인은 택함받은 자들로 하여금 더욱 경건하게 만듭니다. 13항은 견인의 은혜를 받으며 구원의 확신을 가진 자들이 죄악에서 구원받은 후 그들이 바른 길로 행하고자 한다는 사실을 보여 주고 있습니다. 도르트 신조는 그들이 구원받은 후 안일하게 사는 것이 아니라 성경이 말씀하시는 진리의 길로 걸어간다고 말합니다.

그러나 간혹 성도의 견인 교리를 남용하기도 하는 자들이 있음을 인정합니다. 이들은 이 교리를 가볍게 여깁니다. 죄악에서 돌이켜 나온 후에 곧바로 하나님 앞에 애통함이나 간구함 없이 하나님의 용서를 받았다고 말하기도 합니다. 하지만 택함받은 자들이 죄에 빠졌을 때 하나님께서 벌을 내리지 않고 무조건 용서하신다고 생각하는 것은 잘못입니다. 하나님은 분명 용서해 주십니다. 그러나 죄에 따른 징계는 받습니다. 징계를 받음으로 아픔을 느낀 택함받은 자들은 자신이 지은 죄에 대한 미움이 생기며 더 경건의 자리에 들어가고자 합니다.

그리고 택함받은 자들은 하나님의 용서를 구하면서 심히 애통합니다. 한 예로, 다윗이 자신이 하나님 앞에 범죄한 후에 하나님의 용서를 구함에 있어서 얼마나 애통해 하였는가를 보아야 합니다. 다윗은 자신을 철저히 낮추며, 마음을 찢으며 하나님께 용서를 구하였습니다. "나의 죄악을 말갛게 씻기시며 나의 죄를 깨끗이 제하소서 내가 죄악 중에 출생하였음이여 모친이 죄 중에 나를 잉태하였나이다… 주의 얼굴을 내 죄에서 돌이키시고 내 모든 죄악을 도말하소서 하나님이여 내 속에 정한 마음을 창조하시고 내 안에 정직한 영을 새롭게 하소서 주 앞에서 쫓아내지 마시며 주의 성신을 내게서 거두지 마소서(시 51:2, 5, 9-11)." 다윗은 하나님 앞에서 왕으로서가 아니라 죄인으로서 하나님의 자비를 구하는 심정으로 애통하였습니다.

웨스트민스터 신앙고백서에는 "참 신자일지라도 그들의 구원의 확신이 여러 가지 모양으로 흔들리며, 약해지며 일시 중단될 수 있는데, 이 같은 일들은 그 확신을 보존하는 것을 게을리 하거나 양심에 상처를 주고 성령을 근심케 하는 어떤 특별한 죄에 빠지거나 어떤 갑작스럽거나 강렬한 시험에 의해서, 또는 하나님께서 그의 얼굴의 빛을 숨기시어 그를 경외하는 자일지라도 흑암 중에 행하며 전혀 빛이 없게 되게 하심으로 말미암는 것이다. 그렇지만 하나님의 씨와 믿음의 생활이나 그리스도와 형제들에 대한 사랑, 그리고 의무에 대한 신실한 마음과 양심이 결코 전적으로 그들에게 결여되어 있는 것이 아니기 때문에, 성령의 역사로 말미암아 이 확신이 적당한 때에 소생하게 되는 것이며, 또한 그간의 심한 절망에서도 이 성령의 역사로 말미암아 그들이 버티어 내는 것이다."[46]라고 고백하

---

46) 웨스트민스터 신앙고백서(1647), 제18장 4절.

고 있습니다.

　견인은 하나님의 은혜의 선물입니다. 폴라누스는 "견인의 선물은 하나님의 은택으로서, 이로써 그가 성령을 통하여 중생한 선택받은 자에게 그리스도의 구원적 은혜를 확인하며, 그 결과 그들은 끝까지 유지되고 이 은혜에서 결코 낙오될 수 없다."[47]라고 하였습니다.

제14항 견인의 방편

　복음을 외침으로 하나님을 기쁘시게 했던 것같이 우리 속에서 이 은혜가 역사함으로써 하나님은 우리를 보존해 주시되 그 말씀을 듣고, 보고, 묵상하며 또한 이 말씀에 의하여 권면하고 책망하며, 그 말씀의 약속에 의지하여 성례를 행하게 하심으로 그의 성도들을 지켜 주시는 것이다.

　"모든 성경은 하나님의 감동으로 된 것으로 교훈과 책망과 바르게 함과 의로 교육하기에 유익하니 이는 하나님의 사람으로 온전케 하며 모든 선한 일을 행하기에 온전케 하려 함이니라(딤후 3:16-17)."

　"저희가 사도의 가르침을 받아 서로 교제하며 떡을 떼며 기도하기를 전혀 힘쓰니라(행 2:42)."

　하나님께서는 성도들을 견인하심에 있어서 뜬구름 잡는 듯이 하지 않으십니다. 성도들로 하여금 하나님께서 견인하시는 방편들을 눈으로 보고 귀로 듣고 손으로 만진 바 되게 하여 확신을 가지게 하십니다. 14항에서는 하나님께서 어떠한 방편으로 성도들을 지키시는가를 보여 주고 있는 것입니다. 방편이란 '하나님께서 자신의 백성들에게 은혜를 베푸시기 위해 정한 방식'입니다. 하나님께서

---

47) 하인리히 헤페, 『개혁파 정통교의학』 (크리스찬다이제스트, 2011), p.827.

견인의 방편을 말씀과 성례로 성도들을 지키신다고 신조는 고백하고 있습니다.

첫째는 말씀입니다. 구원의 확신을 주는 견인은 허황된 소망에 근거한 것이 아니라 견인을 약속한 하나님의 진리에 근거한 믿음의 확신입니다. 하나님의 진리, 즉 말씀에 근거한 확신은 흔들리지 않습니다. 말씀에 근거한 확신은 변하지 않습니다. 구원의 확신과 견인하리라고 약속하신 말씀을 듣고, 보고, 묵상하게 합니다. 성도들은 목회자를 통하여 약속의 말씀들을 들으며, 목회자를 통하여 들은 그 말씀을 보고, 묵상합니다. 또한 이 약속의 말씀을 통하여 성도들은 권면을 받으며 또한 책망을 받기도 하여 하나님의 보존하심 속에 구원의 확신을 가지며 견인의 은혜에 거하게 되는 것입니다. 이것처럼 확실한 방식은 없습니다.

둘째는 성례입니다. 성례에 대해 벨직 신앙고백서는 "하나님께서는 복음의 말씀에 따라 우리에게 약속을 주시되, 두 가지 측면에서, 즉 그의 기록된 말씀의 선언하심을 따라 그리고 그가 우리 속에서 역사하심을 따라 좋은 것을 주시는데, 이로써 하나님은 우리에게 내려 주신 구원을 확증토록 하시는 것이다. 이런 것들은 내적이며 보이지 않는 것들에 대한 외적인 징표들인데, 이러므로 하나님께서는 성령의 능력으로 우리 속에 역사하는 것이다. 따라서 그 징표들은 우리를 기만하기 위한 속임수나 무의미한 것이 아닌 것이다. 왜냐하면 예수 그리스도는 이 모든 것의 참된 주인이시요, 그가 없이는 일순간이라도 이 모든 것이 무의미하기 때문이다. 더 나아가 우리는 그리스도께서 세우신 다음의 두 성례에 만족하는데, 이는 우리 주 예수 그리스도의 세례와 성찬인 것이다."[48]라고 고백하고 있습니다.

---

48) 벨직 신앙고백서 제33장.

말씀과 성례는 성도들의 구원을 확증토록 하시는 견인의 방편입니다. 다른 것으로 방편을 삼아서는 안 됩니다. 어떤 이들은 방언을 말하므로 구원의 확신을 가진다고 말합니다. 예언을 하며, 신유를 나타내며, 환상을 보는 것으로 구원의 확신이 있다고 말합니다. 방언이나 예언, 신유, 환상 그리고 이것들 외에 다른 어떤 은사나 신비로 구원의 확신을 확증하는 견인의 방편이 될 수 없습니다. 마태는 이런 부류의 사람들에 대해 "그 날에 많은 사람이 나더러 이르되 주여 주여 우리가 주의 이름으로 선지자 노릇하며 주의 이름으로 귀신을 쫓아 내며 주의 이름으로 많은 권능을 행치 아니하였나이까 하리니 그때에 내가 저희에게 밝히 말하되 내가 너희를 도무지 알지 못하니 불법을 행하는 자들아 내게서 떠나가라 하리라(마 7:22-23)."라고 말씀하시면서 구원과는 아무 상관없음을 보여 주고 있습니다.

말씀과 성례는 견인의 방편으로 성도들에게 주신 하나님의 은혜입니다.

제15항 견인하시는 하나님을 찬양

이 세상에 속한 사람들은 성도의 견인에 관한 이 교리와 계시된 말씀 속에서 충분히 나타난 확신성을 이해하지 못한다. 왜냐하면 하나님께서는 믿는 자들의 마음속에만 자신의 이름의 영광과 성도를 향하신 위로를 심어 주셨기 때문이다. 그러나 이 가르침은, 비록 육으로는 이해되지 않고, 사단이 증오하고, 세상이 조롱하고, 미숙한 사람과 위선자는 오용하고, 열광주의자들이 배척하지만, 그리스도의 신부는 이 가르침을 항상 헤아릴 수 없는 가치가 있는 보화로 여기고, 이것을 매우 애정 깊게 사랑하고 확고하게 옹호하였다. 그리고 어떠한 모사도, 어떠한 능력이라도 대항하여 이길 수 없는 하나님께서는, 교회가 앞으로도 계속해서 그렇게 하도록 도우실 것이다. 삼위일체 하나님이신 성부, 성자, 성령님께 영원토록 존귀와 영광이 있을지어다. 아멘.

"성도들의 인내가 여기 있나니 저희는 하나님의 계명과 예수 믿음을 지키는 자니라(계 14:12)."

"이 비밀이 크도다 내가 그리스도와 교회에 대하여 말하노라(엡 5:32)."

"여호와께서 열방의 도모를 폐하시며 민족들의 사상을 무효케 하시도다 여호와의 도모는 영영히 서고 그 심사는 대대에 이르리로다(시 33:10-11)."

"모든 은혜의 하나님 곧 그리스도 안에서 너희를 부르사 자기의 영원한 영광에 들어가게 하신 이가 잠깐 고난을 받은 너희를 친히 온전케 하시며 굳게 하시며 강하게 하시며 터를 견고케 하시리라 권력이 세세무궁토록 그에게 있을지어다 아멘(벧전 5:10-11)."

사단은 최후의 심판을 받아 영원히 꺼지지 않는 불못인 지옥에 들어가기 전까지 견인의 교리를 미워하여 성도들을 핍박할 것입니다. 알미니안주의자들도 성도의 견인 교리를 이해하지 못하여 받아들이지 않습니다. 이것은 우연한 일이 아닙니다. 하나님께서 이렇게 하셨습니다. 하나님은 이 성도의 견인 교리를 오직 하나님의 백성인 택함받은 자들에게만 주셨습니다. 그렇기 때문에 이 은혜를 받은 택함받은 자들은 복을 받은 사람들입니다.

성도의 견인 교리는 진리입니다. 이 진리를 싫어하는 무리들은 이 교리를 무너뜨리려고 온갖 수단과 방법을 가리지 않고 도전해 옵니다. 그러나 하나님의 진리를 대적하는 자들은 결국 산산이 부서질 것입니다. 성도들은 이 진리를 지켜야 합니다. 개혁주의자들은 온갖 고난과 핍박과 조롱에도 굴하지 않으면서 이 진리를 전하였고 지켜내었습니다. 오늘날의 성도들도 이것을 지켜나가야 합니다. 앞으로는 더욱 이 신조들을 거부할 세상이 올 것입니다. 그럼에도 불구하고 성도들은 이 신조들을 자녀들에게, 후손들에게 가르쳐야 합니다.

그런데 오늘날 성도들은 어떻습니까? 신조를 멀리하고 받아들이지 않습니다. 구시대의 유물로 생각하기도 합니다. 오늘날의 신앙과는 맞지 않는다고 생각합니다. 신조가 바로 서지 않으면 교회가 바로 설 수 없습니다. 신조가 무너지면 신앙도 무너집니다. 신조가 올바르지 않으면 올바른 믿음을 가질 수 없습니다. 개혁주의자들이 왜 신조들을 작성하였는지를 성도들이 알아야 합니다.

특히 성도의 견인 교리는 타락한 인간들은 절대로 이해할 수 없는 교리입니다. 오직 은혜를 입은 성도들만이 이 성도의 견인 교리를 받아들일 수 있습니다. 하나님은 이 세상 끝날까지 성도들을 보호해 주십니다. 이 진리는 불변입니다. 그러므로 성도들은 오직 한 분이신 하나님, 즉 성부, 성자, 성령께만 영원토록 영광과 찬송을 돌려야 합니다. "찬송하리로다 하나님 곧 우리 주 예수 그리스도의 아버지께서 그리스도 안에서 하늘에 속한 모든 신령한 복으로 우리에게 복 주시되 곧 창세 전에 그리스도 안에서 우리를 택하사 우리로 사랑 안에서 그 앞에 거룩하고 흠이 없게 하시려고 그 기쁘신 뜻대로 우리를 예정하사 예수 그리스도로 말미암아 자기의 아들들이 되게 하셨으니 이는 그의 사랑하시는 자 안에서 우리에게 거저 주시는 바 그의 은혜의 영광을 찬미하게 하려는 것이라(엡 1:3-6)." 아멘.

앞으로 이 세대는 더욱 악해질 것입니다. 특히 자유주의 신학과 종교다원주의 사상 같은 비진리들이 교회 안으로 더욱 많이 들어올 것입니다. 예수만이 구원의 길이 아니라 타종교를 통해서도 구원을 받을 수 있다는 거짓 가르침들이 지금도 난무하고 있음을 봅니다. 거짓 구원을 가르치는 이 세대에 교회 안에서 도르트 신조의 가르침이 얼마나 중요한가를 다시 한 번 깨닫고 "무조건적 선택, 제한 속죄, 전적 타락, 불가항력적 은혜, 성도의 견인"의 교리들을 신자들과 후세들에게 열심히 가르쳐야 하겠습니다.

알미니안주의의 잘못된 주장에 대한 반박

지금까지 올바른 교리가 설명되었으므로 종교회의에서는 다음과 같은 잘못된 주장을 배격하는 바이다.

제1절

주장　진실한 성도들의 견인은 택함받음의 결실도 아니요 그리스도의 죽으심으로 얻어진 하나님의 선물도 아니요 다만 새 언약의 조건일 뿐인데, 이는 (마치 그들이 주장하듯이) 자기의 결정적인 선택과 의로움 앞에서 인간은 자신의 자유의지를 통하여 이 조건을 채워야만 하는 것이다.

반박　그러나 위와는 달리 성경은 성도의 견인을 택함받은 데에서 나오는 것으로 증거하며 택함받은 자는 그리스도의 죽으심과 부활하심 그리고 그의 중보되심으로 인하여 이 성도의 견인을 받는 것이다. "그런즉 어떠하뇨 이스라엘이 구하는 그것을 얻지 못하고 오직 택하심을 입은 자가 얻었고 그 남은 자들은 완악하여졌느니라(롬 11:7)." "자기 아들을 아끼지 아니하시고 우리 모든 사람을 위하여 내어주신 이가 어찌 그 아들과 함께 모든 것을 우리에게 은사로 주지 아니하시겠느뇨 누가 능히 하나님의 택하신 자들을 송사하리요 의롭다 하신 이는 하나님이시니 누가 정죄하리요 죽으실 뿐 아니라 다시 살아나신 이는 그리스도 예수시니 그는 하나님 우편에 계신 자요 우리를 위한 간구하시는 자시니라 누가 우리를 그리스도의 사랑에서 끊으리요 환난이나 곤고나 핍박이나 기근이나 적신이나 위험이나 칼이랴(롬 8:32-35)."

제2절

주장 하나님께서는 성도들이 인내할 수 있도록 충분한 힘을 공급해 주시는데 이것은 성도들이 그 의무를 이행할 때에 되는 것이요, 비록 성도들이 인내하기에 충분한 모든 것들을 하나님이 예비해 놓으셨다 하더라도 그것은 성도들이 인내할 수 있느냐 없느냐에 따라 좌우될 뿐이다.

반박 이것은 펠라기우스의 생각을 분명히 보여 주는 것으로, 인간에게 자유를 부여하려고 하는 듯한 생각이기는 하나 하나님의 영광을 탈취하는 잘못된 주장이다. 성경은 인간으로 하여금 모든 교만한 마음을 버리고 모든 감사를 오직 하나님의 은혜로만 돌릴 것을 가르치고 있다. 또한 "너희를 우리 주 예수 그리스도의 날에 책망할 것이 없는 자로 끝까지 견고케(고전 1:8)" 하실 분은 오직 하나님이심을 분명히 말씀하고 있다.

제3절

주장 참 신자요 중생한 사람일지라도 의롭다 하는 믿음에서 떨어져 은혜와 구원에서 멀어질 수도 있을 뿐만 아니라 이 구원에서 벗어나 영원히 버림받을 수도 있다.

반박 이것은 하나님의 은혜와 칭의, 중생함 그리고 그리스도께서 계속하여 보급해 주시는 이 모든 사실을 무효화시키는 그릇된 주장으로써 다음과 같은 사도 바울의 말과 모순되는 것이다. "우리가 아직 죄인되었을 때에 그리스도께서 우리를 위하여 죽으심으로 하나님께서 우리에게 대한 자기의 사랑을 확증하셨느니라. 그러면 이제 우리가 그 피를 인하여 의롭다 하심을 얻었은즉 더욱 그로 말미암아 진노하심에서 구원을 얻을 것이니(롬 5:8-9)" 또한 사도 요한의 다음의 말과도 모순되는 것이다. "하나님께서로서 난 자마다 죄를 짓지 아니하나니 이는 하나님의 씨가 그의 속에 거함이요 저도 범죄치 못하는 것은 하나님께로 났음이라(요일 3:9)." "내가 저희에게 영생을 주노니 영원히 멸망치 아니할 터이요, 또 저희를 내 손에서 빼앗을 자가 없느니라. 저희를 주신 내 아버지는 만유보다 크시매 아무도 아버지 손에서 빼앗을 수 없느니라(요 10:28-29)."

제4절

주장　참 신자요 중생한 사람일지라도 사망에 이르는 죄를 지을 수 있으며 성령을 거스르는 죄를 범할 수 있다.

반박　사도 요한은 그의 첫 번째 서신인 요한일서 5:16-17에서 사망에 이르는 죄를 범하는 사람에 대하여 말하면서 그들을 위하여 구하라 하지 않노라고 한 후에 계속하여 이렇게 말하고 있다. "하나님께로서 난 자마다 범죄치 아니하는 줄을 우리가 아노라. 하나님께로서 나신 자가 저를 지키시매 악한 자가 저를 만지지도 못하느니라(요일 5:18)."

제5절

주장　우리는 특별한 계시가 없이는 이 세상에서 미래에 있을 성도의 견인에 대한 아무런 확신을 가질 수 없다.

반박　위의 주장은 참 신자들이 갖는 확실한 위로를 이 세상에서 빼앗아가며 가톨릭 교회의 잘못된 신앙이 교회 안에 다시 침투해 오도록 하는 것이다. 그러나 성경은 성도의 확신을 그 어떤 특별하고 비정상적인 계시에서 찾지 아니하고 다만 하나님의 자녀에게 임하는 성령의 증거에서, 또한 하나님의 일관된 약속에서 찾을 수 있는 것으로 말씀하고 있다. 따라서 사도 바울은 특별히 이렇게 말하고 있다. "다른 아무 피조물이라도 우리를 우리 주 그리스도 예수 안에 있는 하나님의 사랑에서 끊을 수 없으리라(롬 8:39)." 또한 사도 요한도 이렇게 말하고 있다. "그의 계명들을 지키는 자는 주 안에 거하고 주는 저 안에 거하시나니 우리에게 주신 성령으로 말미암아 그가 우리 안에 거하시는 줄을 우리가 아느니라(요일 3:24)."

제6절

주장　성도의 견인이나 구원에 관한 확신은 그 본성을 따져보면 나태한 마음에서 나오는 것이므로 거룩함이나 선한 행동, 또는 그밖의 다른 경건한 행위를 하는 데 방해될 뿐이요, 오히려 그러한 확신을 의심해 볼 필요가 있는 것이다.

반박　위의 주장을 하는 이유는 하나님의 은혜의 능력과 내재하는 성령의 역사를 전혀 알지 못하기 때문이다. 이것은 또한 사도 요한의 첫 번째 서신에서의 다음의 말과 모순되는 것이다. "사랑하는 자들아 우리가 지금은 하나님의 자녀라 장래에 어떻게 될 것은 아직 나타나지 아니하였으나 그가 나타내심이 되면 우리가 그와 같을 줄을 아는 것은 그의 계신 그대로 볼 것을 인함이니 주를 향하여 이 소망을 가진 자마다 그의 깨끗하심과 같이 자기를 깨끗하게 하느니라(요일 3:2-3)." 또한 이들의 주장은 신약과 구약에 나오는 성도들의 생애와도 모순되는데, 신·구약의 성도들은 믿음의 인내와 구원에 관하여 확신을 가졌으며 그렇다고 해서 그들이 기도하며 경건한 생활을 영위하는 데 결코 게으르지 않았음을 성경이 보여 주고 있다.

제7절

주장　잠시 동안 신앙생활을 했던 사람과 칭의를 받고 구원의 믿음을 가진 사람과의 차이는 단지 그 기간에 있을 뿐 근본적인 차이는 없다.

반박　그러나 그리스도께서는 마태복음 13:20과 누가복음 8:13 등에서 이에 대해 분명히 말씀하셨다. 즉 그 말씀은 잠시 동안 믿은 사람과 참 신자와의 차이가 세 가지 면에서 있는데, 첫째로 일시적인 믿음을 가진 사람은 돌 위에 떨어진 씨앗과 같으나 참 신자는 좋은 땅 위에 (마음 밭에) 떨어진 씨앗과 같으며, 둘째로 전자(前者)는 뿌리가 없으나 후자(後者)는 견고한 뿌리가 있으며, 셋째로 전자는 열매가 없으나 후자는 계속적인 인내를 가지고 많은 결실을 맺게 된다고 하셨다.

제8절

주장　은혜를 상실한 사람이 다시 새롭게 된다든지 또는 몇 번씩 새롭게 된다는 일은 불합리한 말이다.

반박　그러나 이러한 주장은 하나님의 썩지 아니할 씨, 즉 우리가 다시 새롭게 되는 사실을 부인하는 것으로써 다음과 같은 사도 베드로의 말과 모순된다. "너희가 거듭난 것이 썩어질 씨로 된 것이 아니요 썩지 아니할 씨로 된 것이니 하나님의 살아 있고 항상 있는 말씀으로 되었느니라(벧전 1:23)."

제9절

주장　그리스도께서는 신자들이 쓰러지지 않고 계속하여 믿음에 거해야 할 것을 그 어디에서고 기도하신 적이 없다.

반박　그러나 이런 주장은 "내가 너(베드로)를 위하여 네 믿음이 떨어지지 않기를 기도하였노니(눅 22:32)"라고 하신 그리스도의 말씀과 모순되며, 또한 사도들뿐만 아니라 그의 말씀을 통하여 믿고자 하는 사람들을 위해서도 기도하셨다고 하는 다음의 말씀과도 어긋나는 것이다. "내게 주신 아버지의 이름으로 저희를 보전하사…

내가 비옵는 것은 저희를 세상에서 데려가시기를 위함이 아니요 오직 악에 빠지지 않게 보전하시기를 위함이니이다… 내가 비옵는 것은 이 사람들만 위함이 아니요 또 저희 말을 인하여 나를 믿는 사람들도 위함이니(요 17:11, 15, 20)"

203

V. 결론

TULIP

Total Depravity
Unconditional Election
Limited Atonement
Irresistible Grace
Perseverance of the Saints

도르트 신조는 벨기에교회에서 논쟁되어 왔던 다섯 조항에 관한 정통 교리를 분명하고 간결하게 그리고 올바르게 선언한 것이며, 동시에 얼마 동안 말썽을 일으켰던 잘못된 주장을 지적하여 이를 배격한 것입니다. 이 종교회의에서 결정된 모든 것은 하나님의 말씀에 기초를 둔 동시에 개혁교회의 신앙고백과 일치하는 것입니다. 이 도르트 신조는 모든 진리와 공의와 은혜를 거스른 채 사람들로 하여금 다음과 같은 말로 현혹시키려는 몇몇 사람들의 잘못됨을 분명히 보여 주고 있는데, 그들의 주장은 다음과 같습니다.

　　예정론과 여기에 첨가된 몇몇 요소들에 관한 개혁교회의 교리는 그 특징적인 경향에 비춰볼 때 사람들에게서 모든 경건한 신자의 의무를 무시해 버리고 있으며, 이 세상적인 사단에 의해 조작된 일종의 마취제입니다. 또한 이것은 사단의 견고한 요새이며, 여기에서 사단은 모든 사람들에게 마음의 상처를 주며 실망과 나태함의 화살로서 사람들을 도덕적으로 타락시키며, 하나님을 죄와 불의의 원인으로 돌리며 또한 하나님을 폭군이요, 위선적인 분으로 만들어 버립니다. 이것은 스토이즘, 마니교, 자유주의 및 이교사상을 수정한 것이나 다름없으며 사람들을 육신적으로 있게 합니다. 왜냐하면 이 예정 교리는 그 어떤 것도 택함받은 자의 구원을 방해할 수 없다고 가르침으로써 사람들로 하여금 자기 마음대로 살아가도록 만들어 버리기 때문입니다. 그러므로 사람들은 온갖 흉악한 범죄를 마음대로 자행하도록 유도되고 있습니다.

　　또한 이 교리는 유기된 사람들, 심지어 성자들이 모든 선행을 진실로 행한다 할지라도 그 행위는 그들이 구원을 얻는 데 아무런 보탬이 되지를 못한다고 가르칩니다. 따라서 하나님께서는 사람들의 선행이나 죄악과는 무관하게 그분 마음대로 결정하시어서 어떤 사람들은 영원한 징벌에 처하도록 내버려두시며, 더욱이 그들을 만드신 목적도 영원히 벌하시기 위한 것이라고 가르치고 있습니다. 즉 선택이 신앙과 선행의 기초와 원인이 되는 것이며, 동시에 정죄(유기)는 불신과 불경건의 원인이라는 것입니다. 또한 믿는 자들의 많은 자녀들은 그 모태로부터 죄 없이 태어났다가도 무자비하게 지옥으로 떨어진다고 합니다. 그 결과 세례나 세례받을 때 교회의 기도 등이 그들에게 아무런 유익이 되지 못한다고 가르칩니다.

그들은 이상과 같이 터무니없는 주장, 즉 개혁교회가 인정하지도 않을 뿐만 아니라 전적으로 배척하는 것을 주장하고 있습니다. 따라서 이 도르트 종교회의에서는 개혁교회의 모든 신앙을 우리의 구주 예수 그리스도께서 판단해 주시되, 위에서 말한 잘못된 사람들의 중상모략으로부터가 아니요, 또한 옛날이나 지금의 가르치는 자가 정직하지 못하게 인용했다든지 또는 전혀 의미를 알지 못한 채 곡해해서 인용하는 등의 사사로운 표현으로부터도 아니요, 교회들의 공적인 신앙고백, 즉 종교회의를 통해 모든 교회가 다같이 찬성하여 확정지음으로 정통교리로서 선포한 것에서부터 판단해 주기를 기원하는 바입니다.

더 나아가 본 종교회의에서는 개혁교회의 참 신앙고백을 중상모략하고 거짓 증거를 하는 이 모든 일에 하나님의 심판이 있을 것을 그들에게 경고하는 바입니다. 왜냐하면 그들은 연약한 사람들의 양심을 상하게 하고 진실하게 믿음으로 살아가는 이 사회를 어지럽게 만들기 때문입니다.

마지막으로 본 종교회의에서는 그리스도의 복음 안에 있는 모든 형제들에게 경건하게 살아갈 것을 권면하는 동시에 대학이나 교회 안에서 이 교리를 조심스럽게 가르칠 것을 바라는 바입니다. 글을 쓰는 데 있어서나 설교를

함에 있어서 이 가르침은 하나님의 이름을 높이며 경건한 생활을 이루며 고난당한 영혼을 위로하도록 해야 하며, 성경에 의한 믿음의 견지에서 사람들의 감정뿐만 아니라 그 언어까지 잘 규정하며, 성경의 참 의미를 가지고 인간이 알 수 있는 그 이상의 불필요한 한계를 넘는 일이 없도록 조심하도록 하고, 거만한 마음으로 남을 공격하거나 중상모략하는 무례한 궤변론자들에게 개혁 교회의 교리를 가르쳐 주는 것입니다.

성부의 오른편에 앉으셔서 만민에게 선물을 주시는 하나님의 아들 예수 그리스도께서 우리를 진리 안에서 거룩케 하시며, 잘못을 범하는 사람들에게 참 진리를 주시며 건전한 가르침을 비방하는 사람들의 입을 막으시며, 그 진실한 말씀의 사역자들에게 지혜와 분별의 영을 내려 주셔서 그들로 하여금 오직 하나님의 영광만을 증거하게 하며, 그 말씀을 듣는 사람들을 잘 인도하게 되기를 기원하는 바입니다. 아멘.

글을 마치면서

도르트 신조를 마무리하면서 두 가지 생각이 들었습니다. 첫 번째 생각은 '구원에 대해 이 도르트 신조만큼 하나님의 절대적 주권을 잘 설명한 것이 또 있을까?' 하는 것이었습니다. 개인적으로는 없다고 봅니다. 아쉬운 것은 이 도르트 신조만이라도 교회에서 가르치면 오늘날 성도들은 구원에 대한 확신과 참 지식을 올바로 가지고 있었을 텐데 그렇지 못하다는 것입니다. 이 사실을 볼 때 너무 마음이 아픕니다. 오늘날 도르트 신조를 가르치는 교회는 극소수에 불과합니다.

오늘날 교회에서는 우리가 가르쳐야 할 신조는 멀리하고 오히려 비성경적이며 이상한 것들을 가지고 가르치고 있습니다. 그러다보니 뿌린 대로 거둔다는 원리가 지금 한국교회 안에서 일어나고 있습니다. 이단들이 우후죽순같이 일어나 성도들을 미혹하고 있으며, 구원에 대한 진리는 이제 종교다원주의로 흘러가고 있습니다. 참 신앙이 무엇인지, 성경에서 말씀하시는 구원이 무엇인지는 관심이 없습니다. 오직 세상에서의 번영과 성공을 목표로 살아가는 성도들이 되어버렸습니다.

이러한 잘못을 누가 만들었습니까? 우리 모두의 잘못이지만 먼저는 목회자들의 잘못입니다. 목회자들이 가르쳐야 할 것을 가르치지 않고 엉뚱한 것을 가르치니 성도들이 무엇을 배우겠습니까? 이제라도 목회자들 교회에서 도르트 신조를 가르쳐야 한다고 생각합니다.

두 번째 생각은 '우리의 앞선 개혁주의자들은 우리에게 값진 보화를 물려 주었는데 우리는 그것을 잘 사용하고 있는가?' 하는 것입니다. 이 생각에 그렇지 않다는 것입니다. 우리는 그 보화들을 창고에 넣어 골동품으로 만들어버렸습니다. 그리고는 어디서 왔는지도 모르는 이상한 싸구려 모조품들을 몸에 걸치고 있으면서 자랑을 하고 있습니다. 그런데 걸치는 사람도 문제이지만 보는 사람들도 그것이 싸구려 모조품인 줄 모르고 부러워한다는 것이 문제입니다.

　　생각을 해봅니다. '우리가 창고에 넣어두었던 그 골동품들이 정말 오늘날에는 가치가 없는 것일까? 싸구려 모조품보다 질이 떨어지는가?' 아무리 생각을 해봐도 그것은 아니라는 결론에 도달하게 됩니다. 이것이 저 혼자만의 생각은 아닐 것입니다. 분명한 사실은 우리가 가진 이 보화들은 결코 싸구려 골동품이 아니라는 것입니다.

　　이제는 우리가 창고에 넣어두었던 멋진 보화들을 꺼내어 깨끗이 닦고 소중히 여길 뿐만 아니라 후손들에게도 잘 물려 주어야 하는 사명이 있다고 봅니다.

　　오늘날의 성도들은 역사를 통하여 부끄러움을 느껴야 합니다. 개혁주의자들은 참 신앙과 믿음을 후손에게 남겨 주기 위하여 고백서와 신조들을 작성하였습니다. 이것을 작성하기 위해 피를 흘리며 순교의 자리에까지 나아갔습니다. 참 신앙과 교리들을 후세에 전해 주기 위해 목숨까지 버린 개혁주의자들의 피를 오늘날 개혁주의자들의 후손이라고 말하는 우리가 어떻게 하고 있는지 보시기 바랍니다. 말로는 개혁주의자들의 후손이라고 하면서 그들이 우리에게 물려 준 신앙의 유산들은 다 어디로 가버렸습니까? 이제라도 개혁주의교회와 성도들은 고백서와 신조들을 열심히 배워야 한다고 생각합니다.

스펄전 목사님이 이런 말씀을 하셨다고 합니다.

"바울이 전파하고 어거스틴이 전파하고 칼빈이 전파한 옛 진리야말로 오늘날 내가 전파해야 할 진리이다. 나는 칼빈주의라는 별명이 붙은 저 강력한 옛 교리들을 기쁘게 선포한다."

그렇습니다. 오늘날 목회자들이 전파해야 할 옛 진리가 옛날이나 오늘날이나 다르지 않습니다. 그렇습니다. 오늘날 성도들이 들어야 할 옛 진리가 옛날이나 오늘날이나 다르지 않습니다.

바라기는 앞으로 목회자들은 칼빈주의의 옛 교리들을 기쁘게 선포하며, 성도들은 칼빈주의의 옛 교리들을 잘 배워서 하나님의 뜻이 하늘에서도 이루어진 것같이 땅에서도 이루어지는 역사가 나타나기를 간절히 소망합니다. 오직 하나님께만 영광을 돌립니다.

부록 : The Canons of Dort (1619)

The Canons of Dort (1619)

First Head of Doctrine.

Divine Election and Reprobation

ARTICLE 1.

As all men have sinned in Adam, lie under the curse, and are deserving of eternal death, God would have done no injustice by leaving them all to perish and delivering them over to condemnation on account of sin, according to the words of the apostle: That every mouth may be stopped, and all the world may be brought under the judgment of God(Rom. 3:19). And: For all have sinned, and fall short of the glory of God(Rom. 3:23). And: For the wages of sin is death(Rom. 6:23).

ARTICLE 2.

But in this the love of God was manifested, that He sent his only begotten Son into the world, that whosoever believeth on him should not perish, but have eternal life(1 John 4:9; John 3:16).

ARTICLE 3.

And that men may be brought to believe, God mercifully sends the messengers of these most joyful tidings to whom He will and at what time He pleases; by whose ministry men are called to repentance and faith in Christ crucified. How then shall they call on him in whom they have not believed? And how shall they believe in him whom they have not heard? And how shall they hear without a preacher? And how shall they preach except they be sent?(Rom. 10:14- 15).

ARTICLE 4.

The wrath of God abides upon those who believe not this gospel. But such as receive it and embrace Jesus the Savior by a true and living faith are by Him delivered from the wrath of God and from destruction, and have the gift of eternal life conferred upon them.

ARTICLE 5.

The cause or guilt of this unbelief as well as of all other sins is no wise in God, but in man himself; whereas faith in Jesus Christ and salvation through Him is the free gift of God, as it is written: By grace have ye been saved through faith; and that not of yourselves, it is the gift of God(Eph. 2:8). Likewise: To you it hath been granted in the behalf of Christ, not only to believe on him, etc.(Phil. 1:29).

ARTICLE 6.

That some receive the gift of faith from God, and others do not receive it, proceeds from Gods eternal decree. For known unto God are all his works from the beginning of the world(Acts 15:18, A.V.). Who worketh all things after the counsel of his will(Eph. 1:11). According to which decree He graciously softens the hearts of the elect, however obstinate, and inclines them to believe; while He leaves the non-elect in His just judgment to their own wickedness and obduracy. And herein is especially displayed the profound, the merciful, and at the same time the righteous discrimination between men equally involved in ruin; or that decree of election and reprobation, revealed in the Word of God, which, though men of perverse, impure, and unstable minds wrest it to their own destruction, yet to holy and pious souls affords unspeakable consolation.

ARTICLE 7.

Election is the unchangeable purpose of God, whereby, before the foundation of the world, He has out of mere grace, according to the sovereign good pleasure of His own will, chosen from the whole human race, which had fallen through their own fault from their primitive state of rectitude into sin and destruction, a certain number of persons to redemption in Christ, whom He from eternity appointed the Mediator and Head of the elect and the foundation of salvation. This elect number, though by nature neither better nor more deserving than others, but with them involved in one common misery, God has decreed to give to Christ to be saved by Him, and effectually to call and draw them to His communion by His Word and Spirit; to bestow upon them true faith, justification, and sanctification; and having powerfully preserved them in the fellowship of His Son, finally to glorify them for the demonstration of His mercy, and for the praise of the riches of His glorious grace; as it is written: Even as he chose us in him before the foundation of the world, that we should be holy and without blemish before him in love: having foreordained us unto adoption as sons through Jesus Christ unto himself, according to the good pleasure of his will, to the praise of the glory of his grace, which he freely bestowed on us in the Beloved(Eph. 1:4-6). And elsewhere: Whom he foreordained, them he also called: and whom he called, them he also justified: and whom he justified, them he also glorified(Rom. 8:30).

ARTICLE 8.

There are not various decrees of election, but one and the same decree respecting all those who shall be saved, both under the Old and the New Testament; since the Scripture declares the good pleasure, purpose, and counsel of the divine will to be one, according to which He has chosen us from eternity, both to grace and to glory, to salvation and to the way of salvation, which He has ordained that we should walk therein(Eph. 1:4-5; 2:10).

ARTICLE 9.

This election was not founded upon foreseen faith and the obedience of faith, holiness, or any other good quality or disposition in man, as the prerequisite, cause, or condition on which it depended; but men are chosen to faith and to the obedience of faith, holiness, etc. Therefore election is the fountain of every saving good, from which proceed faith, holiness, and the other gifts of salvation, and finally eternal life itself, as its fruits and effects, according to the testimony of the apostle: He hath chosen us (not because we were, but) that we should be holy, and without blemish before him in love(Eph. 1:4).

ARTICLE 10.

The good pleasure of God is the sole cause of this gracious election; which does not consist herein that out of all possible qualities and actions of men God has chosen some as a condition of salvation, but that He was pleased out of the common mass of sinners to adopt some certain persons as a peculiar people to Himself, as it is written: For the children being not yet born, neither having done anything good or bad, etc., it was said unto her(namely, to Rebekah), The elder shall serve the younger. Even as it is written, Jacob I loved, but Esau I hated(Rom. 9:11-13). And as many as were ordained to eternal life believed(Acts 13:48).

ARTICLE 11.

And as God Himself is most wise, unchangeable, omniscient, and omnipotent, so the election made by Him can neither be interrupted nor changed, recalled, or annulled; neither can the elect be cast away, nor their number diminished. .

ARTICLE 12.

The elect in due time, though in various degrees and in different measures, attain the assurance of this their eternal and unchangeable election, not by inquisitively prying into the secret and deep things of God, but by observing in themselves with a spiritual joy and holy pleasure the infallible fruits of election pointed out in the Word of God such as, a true faith in Christ, filial fear, a godly sorrow for sin, a hungering and thirsting after righteousness, etc.

ARTICLE 13.

The sense and certainty of this election afford to the children of God additional matter for daily humiliation before Him, for adoring the depth of His mercies, for cleansing themselves, and rendering grateful returns of ardent love to Him who first manifested so great love towards them. The consideration of this doctrine of election is so far from encouraging remissness in the observance of the divine commands or from sinking men in carnal security, that these, in the just judgment of God, are the usual effects of rash presumption or of idle and wanton trifling with the grace of election, in those who refuse to walk in the ways of the elect.

ARTICLE 14.

As the doctrine of divine election by the most wise counsel of God was declared by the prophets, by Christ Himself, and by the apostles, and is clearly revealed in the Scriptures both of the Old and the New Testament, so it is still to be published in due time and place in the Church of God, for which it was peculiarly designed, provided it be done with reverence, in the spirit of discretion and piety, for the glory of Gods most holy Name, and for enlivening and comforting His people, without vainly attempting to investigate the secret ways of the Most High(Acts 20:27; Rom. 11:33-34; 12:3; Heb. 6:17-18).

ARTICLE 15.

What peculiarly tends to illustrate and recommend to us the eternal and unmerited grace of election is the express testimony of sacred Scripture that not all, but some only, are elected, while others are passed by in the eternal decree; whom God, out of His sovereign, most just, irreprehensible, and unchangeable good pleasure, has decreed to leave in the common misery into which they have wilfully plunged themselves, and not to bestow upon them saving faith and the grace of conversion; but, permitting them in His just judgment to follow their own ways, at last, for the declaration of His justice, to condemn and punish them forever, not only on account of their unbelief, but also for all their other sins. And this is the decree of reprobation, which by no means makes God the Author of sin(the very thought of which is blasphemy), but declares Him to be an awful, irreprehensible, and righteous Judge and Avenger thereof.

ARTICLE 16.

Those in whom a living faith in Christ, an assured confidence of soul, peace of conscience, an earnest endeavor after filial obedience, a glorying in God through Christ, is not as yet strongly felt, and who nevertheless make use of the means which God has appointed for working these graces in us, ought not to be alarmed at the mention of reprobation, nor to rank themselves among the reprobate, but diligently to persevere in the use of means, and with ardent desires devoutly and humbly to wait for a season of richer grace. Much less cause to be terrified by the doctrine of reprobation have they who, though they seriously desire to be turned to God, to please Him only, and to be delivered from the body of death, cannot yet reach that measure of holiness and faith to which they aspire; since a merciful God has promised that He will not quench the smoking flax, nor break the bruised reed. But this doctrine is justly terrible to those who, regardless of God and of the Savior Jesus Christ, have wholly given themselves up to the cares of the world and the pleasures of the flesh, so long as they are not seriously converted to God.

ARTICLE 17.

Since we are to judge of the will of God from His Word, which tes-tifies that the children of believers are holy, not by nature, but in vir-tue of the covenant of grace, in which they together with the parents are comprehended, godly parents ought not to doubt the election and salvation of their children whom it pleases God to call out of this life in their infancy(Gen. 17:7; Acts 2:39; 1 Cor. 7:14).

ARTICLE 18.

To those who murmur at the free grace of election and the just severity of reprobation we answer with the apostle: Nay but, O man, who art thou that repliest against God?(Rom. 9:20), and quote the lan-guage of our Savior: Is it not lawful for me to do what I will with mine own?(Matt. 20:15). And therefore, with holy adoration of these mysteries, we exclaim in the words of the apostle: O the depth of the riches both of the wisdom and the knowledge of God! how unsearchable are his judgments, and his ways past tracing out! For who hath known the mind of the Lord, or who hath been his counsellor? or who hath first given to him, and it shall be recompensed unto him again? For of him, and through him, and unto him are all things. To him be the glory for ever. Amen(Rom. 11:33-36).

REJECTION OF ERRORS

The true doctrine concerning election and reprobation having been explained, the Synod rejects the errors of those:

FIRST HEAD : PARAGRAPH 1.

Who teach: That the will of God to save those who would believe and would persevere in faith and in the obedience of faith is the whole and entire decree of election unto salvation, and that nothing else concerning this decree has been revealed in Gods Word.

For these deceive the simple and plainly contradict the Scriptures, which declare that God will not only save those who will believe, but that He has also from eternity chosen certain particular persons to whom, above others, He will grant, in time, both faith in Christ and perseverance; as it is written: I manifested thy name unto the men whom thou gavest me out of the world(John 17:6). And as many as were ordained to eternal life believed(Acts 13:48). And: Even as he chose us in him before the foundation of the world, that we should be holy and without blemish before him in love(Eph. 1:4).

FIRST HEAD : PARAGRAPH 2.

Who teach: That there are various kinds of election of God unto eternal life: the one general and indefinite, the other particular and definite; and that the latter in turn is either incomplete, revocable, non-decisive, and conditional, or complete, irrevocable, decisive, and absolute. Likewise: That there is one election unto faith and another unto salvation, so that election can be unto justifying faith, without being a decisive election unto salvation.

For this is a fancy of mens minds, invented regardless of the Scriptures, whereby the doctrine of election is corrupted, and this golden chain of our salvation is broken: And whom he foreordained, them he also called: and whom he called, them he also justified: and whom he justified, them he also glorified(Rom. 8:30).

FIRST HEAD : PARAGRAPH 3.

Who teach: That the good pleasure and purpose of God, of which Scripture makes mention in the doctrine of election, does not consist in this, that God chose certain persons rather than others, but in this, that He chose out of all possible conditions(among which are also the works of the law), or out of the whole order of things, the act of faith which from its very nature is undeserving, as well as its incomplete obedience, as a condition of salvation, and that He would graciously consider this in itself as a complete obedience and count it worthy of the reward of eternal life.

For by this injurious error the pleasure of God and the merits of Christ are made of none effect, and men are drawn away by useless questions from the truth of gracious justification and from the simplicity of Scripture, and this declaration of the apostle is charged as untrue: Who saved us, and called us with a holy calling, not according to our works, but according to his own purpose and grace, which was given us in Christ Jesus before times eternal(2 Tim. 1:9)

FIRST HEAD : PARAGRAPH 4.

Who teach: That in the election unto faith this condition is beforehand demanded that man should use his innate understanding of God aright, be pious, humble, meek, and fit for eternal life, as if on these things election were in any way dependent.

For this savors of the teaching of Pelagius, and is opposed to the doctrine of the apostle when he writes: Among whom we also all once lived in the lust of our flesh, doing the desires of the flesh and of the mind, and were by nature children of wrath, even as the rest; but God, being rich in mercy, for his great love wherewith he loved us, even when we were dead through our trespasses, made us alive together with Christ(by grace have ye been saved), and raised us up with him, and made us to sit with him in the heavenly places, in Christ Jesus; that in the ages to come he might show the exceeding riches of his grace in kindness towards us in Christ Jesus; for by grace have ye been saved through faith; and that not of yourselves, it is the gift of God; not of works, that no man should glory(Eph. 2:3-9).

FIRST HEAD : PARAGRAPH 5.

Who teach: That the incomplete and non-decisive election of particular persons to salvation occurred because of a foreseen faith, conversion, holiness, godliness, which either began or continued for some time; but that the complete and decisive election occurred because of foreseen perseverance unto the end in faith, conversion, holiness, and godliness; and that this is the gracious and evangelical worthiness, for the sake of which he who is chosen is more worthy than he who is not chosen; and that therefore faith, the obedience of faith, holiness, godliness, and perseverance are not fruits of the unchangeable election unto glory, but are conditions which, being re-quired beforehand, were foreseen as being met by those who will be fully elected, and are causes without which the unchangeable elec-tion to glory does not occur.

This is repugnant to the entire Scripture, which constantly incul-cates this and similar declara tions: Election is not of works, but of him that calleth(Rom. 9:11). And as many as were ordained to eternal life believed(Acts 13:48). He chose us in him before the foundation of the world, that we should be holy(Eph. 1:4). Ye did not choose me, but I chose you(John 15:16). But if it is by grace, it is no more of works(Rom. 11:6). Herein is love, not that we loved God, but that he loved us, and sent his Son(1 John 4:10).

FIRST HEAD : PARAGRAPH 6.

Who teach: That not every election unto salvation is unchangeable, but that some of the elect, any decree of God notwithstanding, can yet perish and do indeed perish.

By this gross error they make God to be changeable, and destroy the comfort which the godly obtain out of the firmness of their election, and contradict the Holy Scripture, which teaches that the elect can not be led astray(Matt. 24:24), that Christ does not lose those whom the Father gave him(John 6:39), and that God also glorified those whom he foreordained, called, and justified(Rom. 8:30).

FIRST HEAD : PARAGRAPH 7.

Who teach: That there is in this life no fruit and no consciousness of the unchangeable election to glory, nor any certainty, except that which depends on a changeable and uncertain condition.

For not only is it absurd to speak of an uncertain certainty, but also contrary to the experience of the saints, who by virtue of the consciousness of their election rejoice with the apostle and praise this favor of God(Eph. 1); who according to Christs admonition rejoice with his disciples that their names are written in heaven(Luke 10:20); who also place the consciousness of their election over against the fiery darts of the devil, asking: Who shall lay anything to the charge of Gods elect?(Rom. 8:33).

FIRST HEAD : PARAGRAPH 8.

Who teach: That God, simply by virtue of His righteous will, did not decide either to leave anyone in the fall of Adam and in the common state of sin and condemnation, or to pass anyone by in the communication of grace which is necessary for faith and conversion.

For this is firmly decreed: He hath mercy on whom he will, and whom he will he hardeneth(Rom. 9:18). And also this: Unto you it is given to know the mysteries of the kingdom of heaven, but to them it is not given(Matt. 13:11). Likewise: I thank thee, O Father, Lord of heaven and earth, that thou didst hide these things from the wise and understanding, and didst reveal them unto babes; yea, Father, for so it was well-pleasing in thy sight(Matt. 11:25-26).

FIRST HEAD : PARAGRAPH 9.

Who teach: That the reason why God sends the gospel to one people rather than to another is not merely and solely the good pleasure of God, but rather the fact that one people is better and worthier than another to which the gospel is not communicated.

For this Moses denies, addressing the people of Israel as follows: Behold, unto Jehovah thy God belongeth heaven and the heaven of heavens, the earth, with all that is therein. Only Jehovah had a delight in thy fathers to love them, and he chose their seed after them, even you above all peoples, as at this day(Deut. 10:14-15). And Christ said: Woe unto thee, Chorazin! woe unto thee, Bethsaida! for if the mighty works had been done in Tyre and Sidon which were done in you, they would have repented long ago in sackcloth and ashes(Matt. 11:21).

SECOND HEAD OF DOCTRINE.
THE DEATH OF CHRIST, AND THE REDEMPTION
OF MEN THEREBY

ARTICLE 1.

God is not only supremely merciful, but also supremely just. And His justice requires (as He has revealed Himself in His Word) that our sins committed against His infinite majesty should be punished, not only with temporal but with eternal punishments, both in body and soul; which we cannot escape, unless satisfaction be made to the justice of God.

ARTICLE 2.

Since, therefore, we are unable to make that satisfaction in our own persons, or to deliver ourselves from the wrath of God, He has been pleased of His infinite mercy to give His only begotten Son for our Surety, who was made sin, and became a curse for us and in our stead, that He might make satisfaction to divine justice on our behalf.

ARTICLE 3.

The death of the Son of God is the only and most perfect sacrifice and satisfaction for sin, and is of infinite worth and value, abundantly sufficient to expiate the sins of the whole world.

ARTICLE 4.

This death is of such infinite value and dignity because the person who submitted to it was not only really man and perfectly holy, but also the only begotten Son of God, of the same eternal and infinite essence with the Father and the Holy Spirit, which qualifications were necessary to constitute Him a Savior for us; and, moreover, because it was attended with a sense of the wrath and curse of God due to us for sin.

ARTICLE 5.

Moreover, the promise of the gospel is that whosoever believes in Christ crucified shall not perish, but have eternal life. This promise, together with the command to repent and believe, ought to be declared and published to all nations, and to all persons promiscuously and without distinction, to whom God out of His good pleasure sends the gospel.

ARTICLE 6.

And, whereas many who are called by the gospel do not repent nor believe in Christ, but perish in unbelief, this is not owing to any defect or insufficiency in the sacrifice offered by Christ upon the cross, but is wholly to be imputed to themselves.

ARTICLE 7.

But as many as truly believe, and are delivered and saved from sin and destruction through the death of Christ, are indebted for this benefit solely to the grace of God given them in Christ from everlasting, and not to any merit of their own.

ARTICLE 8.

For this was the sovereign counsel and most gracious will and purpose of God the Father that the quickening and saving efficacy of the most precious death of His Son should extend to all the elect, for bestowing upon them alone the gift of justifying faith, thereby to bring them infallibly to salvation; that is, it was the will of God that Christ by the blood of the cross, whereby He confirmed the new covenant, should effectually redeem out of every people, tribe, nation, and language, all those, and those only, who were from eternity chosen to salvation and given to Him by the Father; that He should confer upon them faith, which, together with all the other saving gifts of the Holy Spirit, He purchased for them by His death; should purge them from all sin, both original and actual, whether committed before or after believing; and having faithfully preserved them even to the end, should at last bring them, free from every spot and blemish, to the enjoyment of glory in His own presence forever.

ARTICLE 9.

This purpose, proceeding from everlasting love towards the elect, has from the beginning of the world to this day been powerfully accomplished, and will henceforward still continue to be accomplished, notwithstanding all the ineffectual opposition of the gates of hell; so that the elect in due time may be gathered together into one, and that there never may be wanting a Church composed of believers, the foundation of which is laid in the blood of Christ; which may steadfastly love and faithfully serve Him as its Savior (who, as a bridegroom for his bride, laid down His life for them upon the cross); and which may celebrate His praises here and through all eternity.

REJECTION OF ERRORS

The true doctrine having been explained, the Synod rejects the errors of those.

SECOND HEAD : PARAGRAPH 1.

Who teach: That God the Father has ordained His Son to the death of the cross without a certain and definite decree to save any, so that the necessity, profitableness, and worth of what Christ merited by His death might have existed, and might remain in all its parts complete, perfect, and intact, even if the merited redemption had never in fact been applied to any person.

For this doctrine tends to the despising of the wisdom of the Father and of the merits of Jesus Christ, and is contrary to Scripture. For thus says our Savior: I lay down my life for the sheep, and I know them(John 10:15, 27). And the prophet Isaiah says concerning the Savior: When thou shalt make his soul an offering for sin, he shall see his seed, he shall prolong his days, and the pleasure of Jehovah shall prosper in his hand(Is. 53:10). Finally, this contradicts the article of faith according to which we believe the catholic Christian Church.

SECOND HEAD : PARAGRAPH 2.

Who teach: That it was not the purpose of the death of Christ that He should confirm the new covenant of grace through His blood, but only that He should acquire for the Father the mere right to establish with man such a covenant as He might please, whether of grace or of works.

For this is repugnant to Scripture which teaches that Christ hath become the surety and mediator of a better, that is, the new covenant, and that a testament is of force where there hath been death(Heb. 7:22; 9:15, 17).

SECOND HEAD : PARAGRAPH 3.

Who teach: That Christ by His satisfaction merited neither salvation itself for anyone, nor faith, whereby this satisfaction of Christ unto salvation is effectually appropriated; but that He merited for the Father only the authority or the perfect will to deal again with man, and to prescribe new conditions as He might desire, obedience to which, however, depended on the free will of man, so that it therefore might have come to pass that either none or all should fulfill these conditions.

For these adjudge too contemptuously of the death of Christ, in no wise acknowledge the most important fruit or benefit thereby gained, and bring again out of hell the Pelagian error.

SECOND HEAD : PARAGRAPH 4.

Who teach: That the new covenant of grace, which God the Father, through the mediation of the death of Christ, made with man, does not herein consist that we by faith, inasmuch as it accepts the merits of Christ, are justified before God and saved, but in the fact that God, having revoked the demand of perfect obedience of faith, regards faith itself and the obedience of faith, although imperfect, as the perfect obedience of the law, and does esteem it worthy of the reward of eternal life through grace.

For these contradict the Scriptures: Being justified freely by his grace through the redemption that is in Christ Jesus; whom God set forth to be a propitiation, through faith, in his blood(Rom. 3:24-25). And these proclaim, as did the wicked Socinus, a new and strange justification of man before God, against the consensus of the whole Church.

SECOND HEAD : PARAGRAPH 5.

Who teach: That all men have been accepted unto the state of reconciliation and unto the grace of the covenant, so that no one is worthy of condemnation on account of original sin, and that no one shall be condemned because of it, but that all are free from the guilt of original sin.

For this opinion is repugnant to Scripture which teaches that we are by nature children of wrath(Eph. 2:3).

SECOND HEAD : PARAGRAPH 6.

Who use the difference between meriting and appropriating, to the end that they may instil into the minds of the imprudent and inexperienced this teaching that God, as far as He is concerned, has been minded to apply to all equally the benefits gained by the death of Christ; but that, while some obtain the pardon of sin and eternal life, and others do not, this difference depends on their own free will, which joins itself to the grace that is offered without exception, and that it is not dependent on the special gift of mercy, which powerfully works in them, that they rather than others should appropriate unto themselves this grace.

For these, while they feign that they present this distinction in a sound sense, seek to instil into the people the destructive poison of the Pelagian errors.

SECOND HEAD : PARAGRAPH 7.

Who teach: That Christ neither could die, nor needed to die, and also did not die, for those whom God loved in the highest degree and elected to eternal life, since these do not need the death of Christ.

For they contradict the apostle, who declares: Christ loved me, and gave himself up for me(Gal. 2:20). Likewise: Who shall lay anything to the charge of Gods elect? It is God that justifieth; who is he that condemneth? It is Christ Jesus that died(Rom. 8:33-34), namely, for them; and the Savior who says: I lay down my life for the sheep(John 10:15). And: This is my commandment, that ye love one another, even as I have loved you. Greater love hath no man than this, that a man lay down his life for his friends(John 15:12-13).

THIRD AND FOURTH HEADS OF DOCTRINE.
THE CORRUPTION OF MAN, HIS CONVERSION TO GOD,
AND THE MANNER THEREOF

ARTICLE 1.

Man was originally formed after the image of God. His understanding was adorned with a true and saving knowledge of his Creator, and of spiritual things; his heart and will were upright, all his affections pure, and the whole man was holy. But, revolting from God by the instigation of the devil and by his own free will, he forfeited these excellent gifts; and in the place thereof became involved in blindness of mind, horrible darkness, vanity, and perverseness of judgment; became wicked, rebellious, and obdurate in heart and will, and impure in his affections.

ARTICLE 2.

Man after the fall begat children in his own likeness. A corrupt stock produced a corrupt offspring. Hence all the posterity of Adam, Christ only excepted, have derived corruption from their original parent, not by imitation, as the Pelagians of old asserted, but by the propagation of a vicious nature, in consequence of the just judgment of God.

ARTICLE 3.

Therefore all men are conceived in sin, and are by nature children of wrath, incapable of saving good, prone to evil, dead in sin, and in bondage thereto; and without the regenerating grace of the Holy

Spirit, they are neither able nor willing to return to God, to reform the depravity of their nature, or to dispose themselves to reformation.

ARTICLE 4.

There remain, however, in man since the fall, the glimmerings of natural understanding, whereby he retains some knowledge of God, of natural things, and of the difference between good and evil, and shows some regard for virtue and for good outward behavior. But so far is this understanding of nature from being sufficient to bring him to a saving knowledge of God and to true conversion that he is incapable of using it aright even in things natural and civil. Nay further, this understanding, such as it is, man in various ways renders wholly polluted, and hinders in unrighteousness, by doing which he becomes inexcusable before God.

ARTICLE 5.

Neither can the decalogue delivered by God to His peculiar people, the Jews, by the hands of Moses, save men. For though it reveals the greatness of sin, and more and more convinces man thereof, yet, as it neither points out a remedy nor imparts strength to extricate him from this misery, but, being weak through the flesh, leaves the transgressor under the curse, man cannot by this law obtain saving grace.

ARTICLE 6.

What, therefore, neither the innate understanding nor the law could do, that God performs by the operation of the Holy Spirit through the word or ministry of reconciliation; which is the glad tidings concerning the Messiah, by means whereof it has pleased God to save such as believe, as well under the Old as under the New Testament.

ARTICLE 7.

This mystery of His will God revealed to but a small number under the Old Testament; under the New Testament (the distinction between various peoples having been removed) He reveals it to many. The cause of this dispensation is not to be ascribed to the superior worth of one nation above another, nor to their better use of the innate understanding of God, but results wholly from the sovereign good pleasure and unmerited love of God. Hence they to whom so great and so gracious a blessing is communicated, above their desert, or rather notwithstanding their demerits, are bound to acknowledge it with humble and grateful hearts, and with the apostle to adore, but in no wise curiously to pry into, the severity and justice of God s judgments displayed in others to whom this grace is not given.

ARTICLE 8.

As many as are called by the gospel are unfeignedly called. For God has most earnestly and truly declared in His Word what is acceptable to Him, namely, that those who are called should come unto Him. He also seriously promises rest of soul and eternal life to all who come to Him and believe.

ARTICLE 9.

It is not the fault of the gospel, nor of Christ offered therein, nor of God, who calls men by the gospel and confers upon them various gifts, that those who are called by the ministry of the Word refuse to come and be converted. The fault lies in themselves; some of whom when called, regardless of their danger, reject the Word of life; others, though they receive it, suffer it not to make a lasting impression on their heart; therefore, their joy, arising only from a temporary faith, soon vanishes, and they fall away; while others choke the seed of the Word by perplexing cares and the pleasures of this world, and produce no fruit. This our Savior teaches in the parable of the sower(Matt. 13).

ARTICLE 10.

But that others who are called by the gospel obey the call and are converted is not to be ascribed to the proper exercise of free will, whereby one distinguishes himself above others equally furnished with grace sufficient for faith and conversion(as the proud heresy of Pelagius maintains); but it must be wholly ascribed to God, who, as He has chosen His own from eternity in Christ, so He calls them effectually in time, confers upon them faith and repentance, rescues them from the power of darkness, and translates them into the kingdom of His own Son; that they may show forth the praises of Him who has called them out of darkness into His marvelous light, and may glory not in themselves but in the Lord, according to the testimony of the apostles in various places.

ARTICLE 11.

But when God accomplishes His good pleasure in the elect, or works in them true conversion, He not only causes the gospel to be externally preached to them, and powerfully illuminates their minds by His Holy Spirit, that they may rightly understand and discern the things of the Spirit of God; but by the efficacy of the same regenerating Spirit He pervades the inmost recesses of man; He opens the closed and softens the hardened heart, and circumcises that which was un-circumcised; infuses new qualities into the will, which, though here-tofore dead, He quickens; from being evil, disobedient, and refractory, He renders it good, obedient, and pliable; actuates and strengthens it, that like a good tree, it may bring forth the fruits of good actions.

ARTICLE 12.

And this is that regeneration so highly extolled in Scripture, that renewal, new creation, resurrection from the dead, making alive, which God works in us without our aid. But this is in no wise ef-fected merely by the external preaching of the gospel, by moral sua-sion, or such a mode of operation that, after God has performed His part, it still remains in the power of man to be regenerated or not, to be converted or to continue unconverted; but it is evidently a super-natural work, most powerful, and at the same time most delightful, astonishing, mysterious, and ineffable; not inferior in efficacy to crea-tion or the resurrection from the dead, as the Scripture inspired by the Author of this work declares; so that all in whose heart God works in this marvelous manner are certainly, infallibly, and effectually regenerated, and do actually believe. Whereupon the will thus renewed is not only actuated and influenced by God, but in consequence of this influence becomes itself active. Wherefore also man himself is rightly said to believe and repent by virtue of that grace received.

ARTICLE 13.

The manner of this operation cannot be fully comprehended by believers in this life. Nevertheless, they are satisfied to know and experience that by this grace of God they are enabled to believe with the heart and to love their Savior.

ARTICLE 14.

Faith is therefore to be considered as the gift of God, not on account of its being offered by God to man, to be accepted or rejected at his pleasure, but because it is in reality conferred upon him, breathed and infused into him; nor even because God bestows the power or ability to believe, and then expects that man should by the exercise of his own free will consent to the terms of salvation and actually believe in Christ, but because He who works in man both to will and to work, and indeed all things in all, produces both the will to believe and the act of believing also.

ARTICLE 15.

God is under no obligation to confer this grace upon any; for how can He be indebted to one who had no previous gifts to bestow as a foundation for such recompense? Nay, how can He be indebted to one who has nothing of his own but sin and falsehood? He, therefore, who becomes the subject of this grace owes eternal gratitude to God, and gives Him thanks forever. Whoever is not made partaker thereof is either altogether regardless of these spiritual gifts and satisfied with his own condition, or is in no apprehension of danger, and vainly boasts the possession of that which he has not. Further, with respect to those who outwardly profess their faith and amend their lives, we are bound, after the example of the apostle, to judge and speak of them in the most favorable manner; for the secret recesses of the heart are unknown to us. And as to others who have not yet been called, it is our duty to pray for them to God, who calls the things that are not as if they were. But we are in no wise to conduct ourselves towards them with haughtiness, as if we had made ourselves to differ.

ARTICLE 16.

But as man by the fall did not cease to be a creature endowed with understanding and will, nor did sin which pervaded the whole race of mankind deprive him of the human nature, but brought upon him depravity and spiritual death; so also this grace of regeneration does not treat men as senseless stocks and blocks, nor take away their will and its properties, or do violence thereto; but it spiritually quickens, heals, corrects, and at the same time sweetly and powerfully bends it, that where carnal rebellion and resistance formerly prevailed, a ready and sincere spiritual obedience begins to reign; in which the true and spiritual restoration and freedom of our will consist. Wherefore, unless the admirable Author of every good work so deal with us, man can have no hope of being able to rise from his fall by his own free will, by which, in a state of innocence, he plunged himself into ruin.

ARTICLE 17.

As the almighty operation of God whereby He brings forth and supports this our natural life does not exclude but require the use of means by which God, of His infinite mercy and goodness, has chosen to exert His influence, so also the aforementioned supernatural operation of God by which we are regenerated in no wise excludes or subverts the use of the gospel, which the most wise God has ordained to be the seed of regeneration and food of the soul. Wherefore, as the apostles and the teachers who succeeded them piously instructed the people concerning this grace of God, to His glory and to the abasement of all pride, and in the meantime, however, neglected not to keep them, by the holy admoni tions of the gospel, under the influence of the Word, the sacraments, and ecclesiastical discipline; so even now it should be far from those who give or receive instruction in the Church to presume to tempt God by separating what He of His good pleasure has most intimately joined together. For grace is conferred by means of admonitions; and the more readily we perform our duty, the more clearly this favor of God, working in us, usually manifests itself, and the more directly His work is advanced; to whom alone all the glory, both for the means and for their saving fruit and efficacy, is forever due. Amen.

REJECTION OF ERRORS

The true doctrine having been explained, the Synod rejects the errors of those:

THIRD AND FOURTH HEAD : PARAGRAPH 1.

Who teach: That it cannot properly be said that original sin in itself suffices to condemn the whole human race or to deserve temporal and eternal punishment.

For these contradict the apostle, who declares: Therefore, as through one man sin entered into the world, and death through sin; and so death passed unto all men, for that all sinned(Rom. 5:12). And: The judgment came of one unto condemnation(Rom. 5:16). And: The wages of sin is death(Rom. 6:23).

THIRD AND FOURTH HEAD : PARAGRAPH 2.

Who teach: That the spiritual gifts or the good qualities and virtues, such as goodness, holiness, righteousness, could not belong to the will of man when he was first created, and that these, therefore, cannot have been separated therefrom in the fall.

For such is contrary to the description of the image of God which the apostle gives in Eph. 4:24, where he declares that it consists in righteousness and holiness, which undoubtedly belong to the will.

THIRD AND FOURTH HEAD : PARAGRAPH 3.

Who teach: That in spiritual death the spiritual gifts are not separate from the will of man, since the will in itself has never been corrupted, but only hindered through the darkness of the understanding and the irregularity of the affections; and that, these hindrances having been removed, the will can then bring into operation its native powers, that is, that the will of itself is able to will and to choose, or not to will and not to choose, all manner of good which may be presented to it.

This is an innovation and an error, and tends to elevate the powers of the free will, contrary to the declaration of the prophet: The heart is deceitful above all things, and it is exceedingly corrupt(Jer. 17:9); and of the apostle: Among whom (sons of disobedience) we also all once lived in the lusts of our flesh, doing the desires of the flesh and of the mind(Eph. 2:3).

THIRD AND FOURTH HEAD : PARAGRAPH 4.

Who teach: That the unregenerate man is not really nor utterly dead in sin, nor destitute of all powers unto spiritual good, but that he can yet hunger and thirst after righteousness and life, and offer the sacrifice of a contrite and broken spirit, which is pleasing to God.

For these things are contrary to the express testimony of Scripture: Ye were dead through your trespasses and sins(Eph. 2:1, 5). And: Every imagination of the thoughts of his heart was only evil continually (Gen. 6:5; 8:21). Moreover, to hunger and thirst after deliverance from misery and after life, and to offer unto God the sacrifice of a broken spirit, is peculiar to the regenerate and those that are called blessed (Ps. 51:17; Matt. 5:6).

THIRD AND FOURTH HEAD : PARAGRAPH 5.

Who teach: That the corrupt and natural man can so well use the common grace (by which they understand the light of nature), or the gifts still left him after the fall, that he can gradually gain by their good use a greater, that is, the evangelical or saving grace, and salvation itself; and that in this way God on His part shows Himself ready to reveal Christ unto all men, since He applies to all sufficiently and efficiently the means necessary to conversion.

For both the experience of all ages and the Scriptures testify that this is untrue. He showeth his word unto Jacob, his statutes and his ordinances unto Israel. He hath not dealt so with any nation; and as for his ordinances, they have not known them(Ps. 147:19-20). Who in the generations gone by suffered all the nations to walk in their own way(Acts 14:16). And: And they (Paul and his companions) having been forbidden of the Holy Spirit to speak the word in Asia, when they were come over against Mysia, they assayed to go into Bithynia, and the Spirit of Jesus suffered them not(Acts 16:6-7).

THIRD AND FOURTH HEAD : PARAGRAPH 6.

Who teach: That in the true conversion of man no new qualities, powers, or gifts can be infused by God into the will, and that therefore faith, through which we are first converted and because of which we are called believers, is not a quality or gift infused by God but only an act of man, and that it cannot be said to be a gift, except in respect of the power to attain to this faith.

For thereby they contradict the Holy Scriptures, which declare that God infuses new qualities of faith, of obedience, and of the consciousness of His love into our hearts: I will put my law in their inward parts, and in their heart will I write it(Jer. 31:33). And: I will pour water upon him that is thirsty, and streams upon the dry ground; I will pour my Spirit upon thy seed(Is. 44:3). And: The love of God hath been shed abroad in our hearts through the Holy Spirit which was given unto us(Rom. 5:5). This is also repugnant to the constant practice of the Church, which prays by the mouth of the prophet thus: Turn thou me, and I shall be turned(Jer. 31:18).

THIRD AND FOURTH HEAD : PARAGRAPH 7.

Who teach: That the grace whereby we are converted to God is only a gentle advising, or (as others explain it) that this is the noblest manner of working in the conversion of man, and that this manner of working, which consists in advising, is most in harmony with mans nature; and that there is no reason why this advising grace alone should not be sufficient to make the natural man spiritual; indeed, that God does not produce the consent of the will except through this manner of advising; and that the power of the divine working, whereby it surpasses the working of Satan, consists in this that God promises eternal, while Satan promises only temporal goods.

But this is altogether Pelagian and contrary to the whole Scripture, which, besides this, teaches yet another and far more powerful and divine manner of the Holy Spirits working in the conversion of man, as in Ezekiel: A new heart also will I give you, and a new spirit will I put within you; and I will take away the stony heart out of your flesh, and I will give you a heart of flesh(Ezek. 36:26).

THIRD AND FOURTH HEAD : PARAGRAPH 8.

Who teach: That God in the regeneration of man does not use such powers of His omnipotence as potently and infallibly bend mans will to faith and conversion; but that all the works of grace having been accomplished, which God employs to convert man, man may yet so resist God and the Holy Spirit, when God intends mans regeneration and wills to regenerate him, and indeed that man often does so resist that he prevents entirely his regeneration, and that it therefore remains in mans power to be regenerated or not.

For this is nothing less than the denial of all the efficiency of Gods grace in our conversion, and the subjecting of the working of Almighty God to the will of man, which is contrary to the apostles, who teach that we believe according to the working of the strength of his might(Eph. 1:19); and that God fulfills every desire of goodness and every work of faith with power(2 Thess. 1:11); and that his divine power hath granted unto us all things that pertain unto life and godliness(2 Peter 1:3).

THIRD AND FOURTH HEAD : PARAGRAPH 9.

Who teach: That grace and free will are partial causes which to-gether work the beginning of conversion, and that grace, in order of working, does not precede the working of the will; that is, that God does not efficiently help the will of man unto conversion until the will of man moves and determines to do this.

For the ancient Church has long ago condemned this doctrine of the Pelagians according to the words of the apostle: So then it is not of him that willeth, nor of him that runneth, but of God that hath mercy(Rom. 9:16). Likewise: For who maketh thee to differ? and what hast thou that thou didst not receive?(1 Cor. 4:7). And: For it is God who worketh in you both to will and to work, for his good pleasure(Phil. 2:13).

FIFTH HEAD OF DOCTRINE.
THE PERSEVERANCE OF THE SAINTS

ARTICLE 1.

Those whom God, according to His purpose, calls to the communion of His Son, our Lord Jesus Christ, and regenerates by the Holy Spirit, He also delivers from the dominion and slavery of sin, though in this life He does not deliver them altogether from the body of sin and from the infirmities of the flesh.

ARTICLE 2.

Hence spring forth the daily sins of infirmity, and blemishes cleave even to the best works of the saints. These are to them a perpetual reason to humiliate themselves before God and to flee for refuge to Christ crucified; to mortify the flesh more and more by the spirit of prayer and by holy exercises of piety; and to press forward to the goal of perfection, until at length, delivered from this body of death, they shall reign with the Lamb of God in heaven.

ARTICLE 3.

By reason of these remains of indwelling sin, and also because of the temptations of the world and of Satan, those who are converted could not persevere in that grace if left to their own strength. But God is faithful, who, having conferred grace, mercifully confirms and powerfully preserves them therein, even to the end.

ARTICLE 4.

Although the weakness of the flesh cannot prevail against the power of God, who confirms and preserves true believers in a state of grace, yet converts are not always so influenced and actuated by the Spirit of God as not in some particular instances sinfully to deviate from the guidance of divine grace, so as to be seduced by and to comply with the lusts of the flesh; they must, therefore, be constant in watching and prayer, that they may not be led into temptation. When these are neglected, they are not only liable to be drawn into great and heinous sins by the flesh, the world, and Satan, but sometimes by the righteous permission of God actually are drawn into these evils. This, the lamentable fall of David, Peter, and other saints described in Holy Scripture, demonstrates.

ARTICLE 5.

By such enormous sins, however, they very highly offend God, incur a deadly guilt, grieve the Holy Spirit, interrupt the exercise of faith, very grievously wound their consciences, and sometimes for a while lose the sense of Gods favor, until, when they change their course by serious repentance, the light of Gods fatherly countenance again shines upon them.

ARTICLE 6.

But God, who is rich in mercy, according to His unchangeable purpose of election, does not wholly withdraw the Holy Spirit from His own people even in their grievous falls; nor suffers them to proceed so far as to lose the grace of adoption and forfeit the state of justification, or to commit the sin unto death or against the Holy Spirit; nor does He permit them to be totally deserted, and to plunge themselves into everlasting destruction.

ARTICLE 7.

For in the first place, in these falls He preserves in them the incorruptible seed of regeneration from perishing or being totally lost; and again, by His Word and Spirit He certainly and effectually renews them to repentance, to a sincere and godly sorrow for their sins, that they may seek and obtain remission in the blood of the Mediator, may again experience the favor of a reconciled God, through faith adore His mercies, and henceforward more diligently work out their own salvation with fear and trembling.

ARTICLE 8.

Thus it is not in consequence of their own merits or strength, but of Gods free mercy, that they neither totally fall from faith and grace nor continue and perish finally in their backslidings; which, with respect to themselves is not only possible, but would undoubtedly happen; but with respect to God, it is utterly impossible, since His counsel cannot be changed nor His promise fail; neither can the call according to His purpose be revoked, nor the merit, inter- cession, and preservation of Christ be rendered ineffectual, nor the sealing of the Holy Spirit be frustrated or obliterated.

ARTICLE 9.

Of this preservation of the elect to salvation and of their perseverance in the faith, true believers themselves may and do obtain assurance according to the measure of their faith, whereby they surely believe that they are and ever will continue true and living members of the Church, and that they have the forgiveness of sins and life eternal.

ARTICLE 10.

This assurance, however, is not produced by any peculiar revelation contrary to or independent of the Word of God, but springs from faith in Gods promises, which He has most abundantly revealed in His Word for our comfort; from the testimony of the Holy Spirit, witnessing with our spirit that we are children and heirs of God (Rom. 8:16); and lastly, from a serious and holy desire to preserve a good conscience and to perform good works. And if the elect of God were deprived of this solid comfort that they shall finally obtain the victory, and of this infallible pledge of eternal glory, they would be of all men the most miserable.

ARTICLE 11.

The Scripture moreover testifies that believers in this life have to struggle with various carnal doubts, and that under grievous temptations they do not always feel this full assurance of faith and certainty of persevering. But God, who is the Father of all consolation, does not suffer them to be tempted above that they are able, but will with the temptation make also the way of escape, that they may be able to endure it(1 Cor. 10:13), and by the Holy Spirit again inspires them with the comfortable assurance of persevering.

ARTICLE 12.

This certainty of perseverance, however, is so far from exciting in believers a spirit of pride, or of rendering them carnally secure, that on the contrary it is the real source of humility, filial reverence, true piety, patience in every tribulation, fervent prayers, constancy in suffering and in confessing the truth, and of solid rejoicing in God; so that the consideration of this benefit should serve as an incentive to the serious and constant practice of gratitude and good works, as appears from the testimonies of Scripture and the examples of the saints.

ARTICLE 13.

Neither does renewed confidence of persevering produce licentiousness or a disregard of piety in those who are recovered from backsliding; but it renders them much more careful and solicitous to continue in the ways of the Lord, which He has ordained, that they who walk therein may keep the assurance of persevering; lest, on account of their abuse of His fatherly kindness, God should turn away His gracious countenance from them (to behold which is to the godly dearer than life, and the withdrawal of which is more bitter than death) and they in consequence thereof should fall into more grievous torments of conscience.

ARTICLE 14.

And as it has pleased God, by the preaching of the gospel, to begin this work of grace in us, so He preserves, continues, and perfects it by the hearing and reading of His Word, by meditation thereon, and by the exhortations, threatenings, and promises thereof, and by the use of the sacraments.

ARTICLE 15.

The carnal mind is unable to comprehend this doctrine of the perseverance of the saints and the certainty thereof, which God has most abundantly revealed in His Word, for the glory of His Name and the consolation of pious souls, and which He impresses upon the hearts of the believers. Satan abhors it, the world ridicules it, the ignorant and hypocritical abuse it, and the heretics oppose it. But the bride of Christ has always most tenderly loved and constantly defended it as an inestimable treasure; and God, against whom neither counsel nor strength can prevail, will dispose her so to continue to the end. Now to this one God, Father, Son, and Holy Spirit, be honor and glory forever. Amen.

REJECTION OF ERRORS

The true doctrine having been explained, the Synod rejects the errors of those:

FIFTH HEAD : PARAGRAPH 1.

Who teach: That the perseverance of the true believers is not a fruit of election, or a gift of God gained by the death of Christ, but a condition of the new covenant, which (as they declare) man before his decisive election and justification must fulfil through his free will.

For the Holy Scripture testifies that this follows out of election, and is given the elect in virtue of the death, the resurrection, and intercession of Christ: But the election obtained it, and the rest were hardened(Rom. 11:7). Likewise: He that spared not his own Son, but delivered him up for us all, how shall he not also with him freely give us all things? Who shall lay anything to the charge of Gods elect? It is God that justifieth; who is he that condemneth? It is Christ Jesus that died, yea rather, that was raised from the dead, who is at the right hand of God, who also maketh intercession for us. Who shall separate us from the love of Christ?(Rom. 8:32-35).

FIFTH HEAD : PARAGRAPH 2.

Who teach: That God does indeed provide the believer with sufficient powers to persevere, and is ever ready to preserve these in him if he will do his duty; but that, though all things which are necessary to persevere in faith and which God will use to preserve faith are made use of, even then it ever depends on the pleasure of the will whether it will persevere or not.

For this idea contains an outspoken Pelagianism, and while it would make men free, it makes them robbers of Gods honor, contrary to the prevailing agreement of the evangelical doctrine, which takes from man all cause of boasting, and ascribes all the praise for this favor to the grace of God alone; and contrary to the apostle, who declares that it is God, who shall also confirm you unto the end, that ye be unreprovable in the day of our Lord Jesus Christ(1 Cor. 1:8).

FIFTH HEAD : PARAGRAPH 3.

Who teach: That the true believers and regenerate not only can fall from justifying faith and likewise from grace and salvation wholly and to the end, but indeed often do fall from this and are lost forever.

For this conception makes powerless the grace, justification, regeneration, and continued preservation by Christ, contrary to the expressed words of the apostle Paul: That, while we were yet sinners, Christ died for us. Much more then, being now justified by his blood, shall we be saved from the wrath of God through him(Rom. 5:8-9). And contrary to the apostle John: Whosoever is begotten of God doeth no sin, because his seed abideth in him; and he can not sin, because he is begotten of God(1 John 3:9). And also contrary to the words of Jesus Christ: I give unto them eternal life; and they shall never perish, and no one shall snatch them out of my hand. My Father, who hath given them to me, is greater than all; and no one is able to snatch them out of the Fathers hand(John 10:28-29).

FIFTH HEAD : PARAGRAPH 4.

Who teach: That true believers and regenerate can sin the sin unto death or against the Holy Spirit.

Since the same apostle John, after having spoken in the fifth chapter of his first epistle, vs. 16 and 17, of those who sin unto death and having forbidden to pray for them, immediately adds to this in vs. 18: We know that whosoever is begotten of God sinneth not(meaning a sin of that character), but he that was begotten of God keepeth himself, and the evil one toucheth him not(1 John 5:18).

FIFTH HEAD : PARAGRAPH 5.

Who teach: That without a special revelation we can have no certainty of future perseverance in this life.

For by this doctrine the sure comfort of the true believers is taken away in this life, and the doubts of the papist are again introduced into the Church, while the Holy Scriptures constantly deduce this assurance, not from a special and extraordinary revelation, but from the marks proper to the children of God and from the very constant promises of God. So especially the apostle Paul: No creature shall be able to separate us from the love of God, which is in Christ Jesus our Lord(Rom. 8:39). And John declares: And he that keepeth his commandments abideth in him, and he in him. And hereby we know that he abideth in us, by the Spirit which he gave us(1 John 3:24).

FIFTH HEAD : PARAGRAPH 6.

Who teach: That the doctrine of the certainty of perseverance and of salvation from its own character and nature is a cause of indolence and is injurious to godliness, good morals, prayers, and other holy exercises, but that on the contrary it is praiseworthy to doubt.

For these show that they do not know the power of divine grace and the working of the indwelling Holy Spirit. And they contradict the apostle John, who teaches the opposite with express words in his first epistle: Beloved, now are we children of God, and it is not yet made manifest what we shall be. We know that, if he shall be manifested, we shall be like him; for we shall see him even as he is. And every one that hath this hope set on him purifieth himself, even as he is pure(1 John 3:2-3). Furthermore, these are contradicted by the example of the saints, both of the Old and the New Testament, who though they were assured of their perseverance and salvation, were nevertheless constant in prayers and other exercises of godliness.

FIFTH HEAD : PARAGRAPH 7.

Who teach: That the faith of those who believe for a time does not differ from justifying and saving faith except only in duration.

For Christ Himself, in Matt. 13:20, Luke 8:13, and in other places, evidently notes, besides this duration, a threefold difference between those who believe only for a time and true believers, when He declares that the former receive the seed in stony ground, but the latter in the good ground or heart; that the former are without root, but the latter have a firm root; that the former are without fruit, but that the latter bring forth their fruit in various measure, with constancy and steadfastness.

FIFTH HEAD : PARAGRAPH 8.

Who teach: That it is not absurd that one having lost his first regeneration is again and even often born anew.

For these deny by this doctrine the incorruptibleness of the seed of God, whereby we are born again; contrary to the testimony of the apostle Peter: Having been begotten again, not of corruptible seed, but of incorruptible(1 Peter 1:23).

FIFTH HEAD : PARAGRAPH 9.

Who teach: That Christ has in no place prayed that believers should infallibly continue in faith.

For they contradict Christ Himself, who says: I made supplication for thee(Simon), that thy faith fail not(Luke 22:32), and the evangelist John, who declares that Christ has not prayed for the apostles only, but also for those who through their word would believe: Holy Father, keep them in thy name, and: I pray not that thou shouldest take them from the world, but that thou shouldest keep them from the evil one(John 17:11, 15, 20).

CONCLUSION

And this is the perspicuous, simple, and ingenuous declaration of the orthodox doctrine respecting the five articles which have been controverted in the Belgic Churches; and the rejection of the errors, with which they have for some time been troubled. This doctrine the Synod judges to be drawn from the Word of God, and to be agreeable to the confession of the Reformed Churches. Whence it clearly appears that some, whom such conduct by no means became, have violated all truth, equity, and charity, in wishing to persuade the public:

That the doctrine of the Reformed Churches concerning predestination, and the points annexed to it, by its own genius and necessary tendency, leads off the minds of men from all piety and religion; that it is an opiate administered by the flesh and the devil; and the stronghold of Satan, where he lies in wait for all, and from which he wounds multitudes, and mortally strikes through many with the darts both of despair and security; that it makes God the author of sin, unjust, tyrannical, hypocritical; that it is nothing more than an interpolated Stoicism, Manicheism, Libertinism, Turcism; that it renders men carnally secure, since they are persuaded by it that nothing can hinder the salvation of the elect, let them live as they please; and, therefore, that they may safely perpetrate every species of the most atrocious crimes; and that, if the reprobate should even perform truly all the works of the saints, their obedience would not in the least contribute to their salvation; that the same doctrine teaches that God, by a mere arbitrary act of his will, without the least respect or view to any sin, has predestinated the greatest part of the world to eternal damnation, and has created them for this very purpose; that in the same manner in which the election is the fountain and cause of faith and good works, reprobation is the cause of unbelief and impiety; that many children of the faithful are torn, guiltless, from their mothers breasts, and tyrannically plunged into hell: so that neither baptism nor the prayers of the Church at their baptism can at all profit them; and many other things of the same kind which the Reformed Churches not only do not acknowledge, but even detest with their whole soul.

Wherefore, this Synod of Dordt, in the name of the Lord, conjures as many as piously call upon the name of our Savior Jesus Christ to judge of the faith of the Reformed Churches, not from the calumnies which on every side are heaped upon it, nor from the private expressions of a few among ancient and modern teachers, often dishonestly quoted, or corrupted and wrested to a meaning quite foreign to their intention; but from the public confessions of the Churches themselves, and from this declaration of the orthodox doctrine, confirmed by the unanimous consent of all and each of the members of the whole Synod. Moreover, the Synod warns calumniators themselves to consider the terrible judgment of God which awaits them, for bearing false witness against the confessions of so many Churches; for distressing the consciences of the weak; and for laboring to render suspected the society of the truly faithful.

Finally, this Synod exhorts all their brethren in the gospel of Christ to conduct themselves piously and religiously in handling this doctrine, both in the universities and churches; to direct it, as well in discourse as in writing, to the glory of the Divine name, to holiness of life, and to the consolation of afflicted souls; to regulate, by the Scripture, according to the analogy of faith, not only their sentiments, but also their language, and to abstain from all those phrases which exceed the limits necessary to be observed in ascertaining the genuine sense of the Holy Scriptures, and may furnish insolent sophists with a just pretext for violently assailing, or even vilifying, the doctrine of the Reformed Churches. May Jesus Christ, the Son of God, who, seated at the Fathers right hand, gives gifts to men, sanctify us in the truth; bring to the truth those who err; shut the mouths of the calumniators of sound doctrine, and endue the faithful ministers of his Word with the spirit of wisdom and discretion, that all their discourses may tend to the glory of God, and the edification of those who hear them. Amen.